贵州省教育厅自然基金项目创新群体重大研究项目（黔教合 KY 字〔2016〕055）
贵州省科学技术基金项目（黔科合基础〔2018〕1145） 资助
黔南民族师范学院 2019 年高层次人才研究专项（QNSY2019RC06）

黔南布依族苗族自治州旅游生态环境及其可持续发展

许玉凤 著

地质出版社
·北 京·

内 容 简 介

本书为全面掌握贵州省黔南布依族苗族自治州旅游发展的现状及其发展趋势，揭示其驱动机制，为喀斯特地区生态环境改善和区域经济发展提供参考资料，为有效遏制石漠化扩展趋势，加快贫困地区脱贫攻坚进程，对黔南布依族苗族自治州旅游业展开了深入研究。从各县基本状况调查入手，结合遥感数字图像、社会统计数据、走访座谈等资料，进行多方面数据综合分析，从A级景区时空演变、地表覆被状况变化、城市发展与生态环境的协调关系、气候变化等多角度开展了黔南布依族苗族自治州旅游发展总体状况研究，并对各县市状况进行了SWOT优势分析，提出了适合不同县市发展状况的旅游模式。

本书可供旅游专业院校师生及相关人员参考使用。

图书在版编目（CIP）数据

黔南布依族苗族自治州旅游生态环境及其可持续发展 / 许玉凤著 . — 北京 ：地质出版社，2021.1

ISBN 978-7-116-12493-6

Ⅰ . ①黔 … Ⅱ . ①许 … Ⅲ . ①旅游环境—生态环境建设—研究—黔西南布依族苗族自治州 Ⅳ . ① F592.773.2

中国版本图书馆 CIP 数据核字（2021）第 007381 号

QIANNAN BUYIZU MIAOZU ZIZHIZHOU LVYOU SHENGTAI HUANJING JIQI KECHIXU FAZHAN

责任编辑： 肖莹莹　龚法忠　白凌燕

责任校对： 李　玫

出版发行： 地质出版社

社址邮编： 北京市海淀区学院路31号，100083

电　　话： （010）66554528（发行部）；（010）66554571（编辑室）

网　　址： http://www.gph.com.cn

传　　真： （010）66554576

印　　刷： 北京地大彩印有限公司

开　　本： 787mm × 1092mm $^1/_{16}$

印　　张： 13.5

字　　数： 260千字

版　　次： 2021年1月北京第1版

印　　次： 2021年1月北京第1次印刷

定　　价： 80.00元

书　　号： ISBN 978-7-116-12493-6

前　言

旅游产业是充分利用自身条件优势发展的产业，是每个地方都可以实现的产业。随着人们消费水平的逐步提高，对休闲旅游业的需求不断增加，要求旅游文化建设不断提升、不断升级，旅游产品种类不断增加，以满足不同群体的不同旅游需求。不论是沉浸在令人惊叹的自然景观中，还是流连在历史丰厚的人文古迹里，都可以使人放下工作或生活的困扰，清空自己的同时也充实了内心，因此，出游减压已成为重要的放松方式。

我国节假日连续时间段的安排，为假日旅游提供了基本条件，假日旅游成为新时尚，在春节、清明节、五一国际劳动节、端午节、国庆节、中秋节等法定节假日期间，旅游人数不断攀升。旅游产业已经成为社会发展的重要推动因素，已成为许多地方的重要支柱产业，尤其是在经济基础薄弱、生态环境原生性较好的地区，发展旅游产业具有得天独厚的优势，是必须抓住的发展机遇。

贵州省交通建设飞速发展，高铁、高速、航空等建设为贵州发展插上翅膀。贵州省由于地形地貌复杂，地表崎岖不平，山高谷深、沟壑纵横，交通极其不便，其经济发展异常艰难。但是也正是在这种情况下，才保留了原生态的资源条件，为发展旅游提供了优势。同时贵州转变了经济发展理念，提出建设“山地公园省”的旅游发展构想，推进全域旅游发展，加大乡村旅游扶持力度，促使曾经的极端贫困区域实现了精准脱贫。

贵州省旅游产业发展大会从 2006 年起每年举办一届，已成为统一旅游发展认识、改善旅游发展环境、提升旅游影响力、助推旅游业和经济社会发展的重要平台。黔南布依族苗族自治州借助交通发展、旅游产业发展大会等为其旅游发展提供了助推力量。

为全面掌握黔南布依族苗族自治州旅游发展的现状及其发展趋势，揭示其驱动机制，为喀斯特地区生态环境改善和区域经济发展提供参考资料，为有效遏制石漠化扩展趋势，加快贫困地区脱贫攻坚进程，对黔南布依族苗族自治州旅游业展开了深入研究。从各县基本状况调查入手，结合遥感数字图像、社会统计数据、走访座谈等资料，进行多方面数据综合分析，从 A 级景区时空演变、地表覆被状况变化、城市发展与生态环境的协调关系、气候变化等多角度开展了黔南布依族苗族自治州旅游发展总体状况研究，并对各县市状况进行了 SWOT 优势分析，提出了适合不同县市发展状况的旅游模式。

本书分为三篇。第一篇为黔南布依族苗族自治州旅游发展研究。随着社会经济发展、人民生活水平的提高、信息技术的发展和观念的不断更新，我国旅游业正在从传统的景点旅游向全域旅游转变，旅游业正在成为极具发展潜力的服务产业。通过总体分析黔南布依族苗族自治州旅游发展现状及其存在问题，结合旅游生态环境的优势和不足，找出旅游产业发展过程中的不足和弊端，分析旅游产业发展中所面临的关键性、瓶颈性问题，探索提出适合自身特色的发展对策，实现转型升级，提高旅游产业质量，巩固拓展客源市场，增强品牌核心竞争力。结合实际，综合各种因素探讨如何合理利用黔南布依族苗族自治州及其各县市美丽的自然风光和丰富的历史文化旅游资源相结合的旅游优势，促进黔南布依族苗族自治州旅游健康发展和经济持续增长。

第二篇为黔南旅游生态环境及其演化格局。黔南布依族苗族自治州旅游业快速发展，在推动旅游地经济发展的同时，部分地区存在对自然环境的过度开发或不合理利用等问题，如对水体、山地的不合理开发，使旅游地自然环境遭到破坏，进而导致旅游产品质量下降，影响了旅游地对人们的吸引力。本篇结合高程、坡度、土地利用类型等环境因子敏感性的高低，对旅游景区的资源敏感性程度进行分析，促进旅游景区的可持续发展。对已开发或未开发景区的合理开发和保护提出可行性建议，以期促进社会和经济持续发展。

第三篇为黔南布依族苗族自治州各县市旅游发展探究。基于当前对黔南布依族苗族自治州具体县市区域旅游产业发展的研究较少的情况，针对性研究具体县市区域旅游产业发展，通过对近年来各县市旅游产业发展情况进行梳理，进行全方位、多角度的总结和分析，并结合各县市具体情况提出有针对性和可行性的对策建议，以期有助于黔南布依族苗族自治州旅游产业发展提升及其各县市国民经济平衡健康发展。

本书部分数据资料来源于贵州省人民政府、贵州省文化与旅游厅、黔南布依族苗族自治州人民政府、黔南州各县市人民政府及文旅局等部门网站，《黔南日报》等媒体资料，在此一并致以深深的谢意！

目　录

第一篇

黔南布依族苗族自治州旅游发展研究

>>>

第一章　黔南布依族苗族自治州旅游发展概况

第一节　黔南布依族苗族自治州旅游资源概况

一、黔南布依族苗族自治州旅游资源及其分布

黔南布依族苗族自治州旅游资源很多，典型的喀斯特地貌和生态极具开发价值，拥有国家级和省级风景名胜区、国家级自然保护区、国家级地质公园、全国重点文物保护单位等。

针对A级旅游景区对黔南布依族苗族自治州旅游资源及其分布进行分析。旅游景区是指经过县级及县级以上行政管理部门批准成立的、有统一管理结构、范围明确的，具有参观游览度假等功能，能够提供与之相对应的旅游服务设施的独立单位，并按照旅游景区的质量等级划分为五级（A、AA、AAA、AAAA、AAAAA）。A级景区是衡量景区质量的重要标志，依据《旅游景区质量等级的划分与评定》国家标准进行评审。从2000年开始，国家旅游局开始对全国范围内的旅游景点进行质量等级评定。

根据贵州省文化和旅游厅2020年1月2日A级旅游景区名录，黔南布依族苗族自治州旅游资源的景区名称、A级等级、批准时间等基本状况如表1–1所列。截至目前的统计数据，黔南布依族苗族自治州共有A级旅游景区48处，其中AAAAA级旅游景区1处，AAAA级旅游景区8处，AAA级旅游景区36处，AA级旅游景区3处。从A级等级汇总情况看，黔南布依族苗族自治州A级景区以AAA和AAAA级旅游景区为主，说明黔南布依族苗族自治州州旅游资源质量较高。

表1–1　黔南布依族苗族自治州A级旅游景区名录（截至2020年1月2日）

序号	旅游景区名称	A级等级	批准时间
1	黔南布依族苗族自治州荔波县樟江旅游景区	AAAAA	2015.7.13
2	黔南布依族苗族自治州平塘县掌布“藏字石”景区	AAAA	2009.1.23
3	黔南布依族苗族自治州瓮安县草塘千年古邑旅游区	AAAA	2015.3.11
4	黔南布依族苗族自治州龙里县中铁双龙镇巫山峡谷旅游区	AAAA	2016.12.30
5	黔南布依族苗族自治州福泉市古城文化旅游景区	AAAA	2016.12.30
6	黔南布依族苗族自治州惠水县好花红乡村旅游区	AAAA	2017.11.10

续表

序号	旅游景区名称	A 级等级	批准时间
7	黔南布依族苗族自治州都匀市茶文化影视小镇景区	AAAA	2017.11.10
8	黔南布依族苗族自治州平塘县中国天眼景区	AAAA	2017.11.10
9	黔南布依族苗族自治州贵定县金海雪山景区	AAAA	2007.12.19
10	黔南布依族苗族自治州都匀市文峰园景区	AAA	2007.12.19
11	黔南布依族苗族自治州长顺县杜鹃湖景区	AAA	2007.12.19
12	黔南布依族苗族自治州都匀市斗篷山景区	AAA	2007.12.19
13	黔南布依族苗族自治州龙里县龙架山景区	AAA	2009.12.24
14	黔南布依族苗族自治州三都水族自治县姑鲁产蛋崖景区	AAA	2010.8.19
15	黔南布依族苗族自治州荔波县瑶山古寨景区	AAA	2011.12
16	黔南布依族苗族自治州惠水县涟江公园景区	AAA	2014.7.18
17	黔南布依族苗族自治州瓮安县朱家山景区	AAA	2016.2.15
18	黔南布依族苗族自治州福泉市黄丝旅游景区	AAA	2016.11.4
19	黔南布依族苗族自治州荔波县古镇景区	AAA	2016.11.4
20	黔南布依族苗族自治州贵定县金海雪山四季花谷旅游景区	AAA	2016.11.4
21	黔南布依族苗族自治州福泉市双谷生态体育公园旅游区	AAA	2016.12.19
22	黔南布依族苗族自治州都匀市青云湖景区	AAA	2016.12.19
23	黔南布依族苗族自治州龙里县大草原景区	AAA	2016.12.19
24	黔南布依族苗族自治州罗甸县高原千岛湖休闲旅游区	AAA	2016.12.19
25	黔南布依族苗族自治州都匀市杉木湖景区	AAA	2016.12.19
26	黔南布依族苗族自治州荔波县恩铭故里景区	AAA	2017.8.24
27	黔南布依族苗族自治州荔波县寨票渔隐民宿景区	AAA	2017.8.24
28	黔南布依族苗族自治州龙里县十里刺梨沟景区	AAA	2017.7.13
29	黔南布依族苗族自治州平塘县甲茶景区	AAA	2017.8.24
30	黔南布依族苗族自治州贵定县阳宝山文化旅游区	AAA	2017.8.24
31	黔南布依族苗族自治州独山县天洞景区	AAA	2017.12.18
32	黔南布依族苗族自治州贵定县云雾茶乡旅游景区	AAA	2017.12.18
33	黔南布依族苗族自治州荔波县佳荣大土苗寨景区	AAA	2017.12.18
34	黔南布依族苗族自治州荔波县梦柳布依风情小镇景区	AAA	2017.12.18
35	黔南布依族苗族自治州龙里县孔雀寨景区	AAA	2017.12.18
36	黔南布依族苗族自治州荔波县瑶麓青瑶古风园景区	AAA	2017.12.26
37	黔南布依族苗族自治州平塘县六硐景区	AAA	2017.12.26
38	黔南布依族苗族自治州长顺县神泉谷休闲旅游区	AAA	2018.5.16
39	黔南布依族苗族自治州长顺县凤凰坝乡村休闲旅游区	AAA	2018.5.16

续表

序号	旅游景区名称	A 级等级	批准时间
40	黔南布依族苗族自治州独山县深河抗日文化园景区	AAA	2009.12.19
41	黔南布依族苗族自治州荔波县万亩梅原景区	AAA	2019.11.13
42	黔南布依族苗族自治州荔波县布洛亚景区	AAA	2019.11.13
43	黔南布依族苗族自治州都匀市东方记忆景区	AAA	2019.11.13
44	黔南布依族苗族自治州都匀市黔南职院研学旅游景区	AAA	2019.11.13
45	黔南布依族苗族自治州龙里县贾托山风景区	AAA	2019.11.13
46	黔南布依族苗族自治州都匀市东山公园景区	AA	2001.10.15
47	黔南布依族苗族自治州瓮安县映山红景区	AA	2009.12.19
48	黔南布依族苗族自治州独山县奎文阁景区	AA	2010.12.10

二、黔南布依族苗族自治州 A 级景区演化分析

截至 2020 年 1 月，黔南布依族苗族自治州旅游资源 AA 级及其以上景区 48 处，人文景观 21 处，自然景观 27 处，以自然景观为主。自然景观发展较早，随着旅游业的发展，人文景观逐渐增加。

从时间变化看，2001 年以来，黔南布依族苗族自治州 A 级景区呈显著增加趋势，由 2001 年的 1 处增加到 2019 年的 48 处，其中 AA 级景区由 1 处个增加到 3 处，AAA 级景区由 0 增加到 37 处，AAAA 级景区由 0 增加到 7 处，AAAAA 级景区增加到 1 处。其中，AAA 级景区增加最多。A 级景区的确定主要综合反映旅游景区景观质量、环境质量和服务质量，从以上分析看，AAA 级景区数量最多，AAAA 级和 AAAAA 级景区也在增加，说明黔南布依族苗族自治州 A 级旅游景区逐步呈现管理水平高、服务质量好、资源品位强、市场知名度大、影响范围广等特点（图 1–1）。

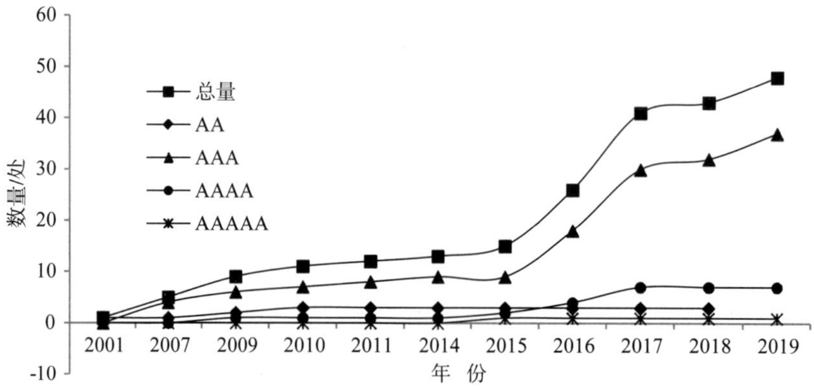

图 1–1　2001 年以来黔南布依族苗族自治州 A 级景区增加数量变化

从数量增加变化看，黔南布依族苗族自治州2001年以来的1处增加到2019年的48处，A级景区数量增加变化有明显的阶段性，其中2007年为第一个高峰值，2016年、2017年为第二和第三个高峰值，尤其是2016年和2017年分别增加了11处和15处A级景区。2018年稍有下降，2019年开始有所增加。总体来看，黔南布依族苗族自治州A级景区数量增加较快（表1–2）。

表1–2 2000～2019年黔南布依族苗族自治州各县市A级景区发展状况汇总（截至2020年1月）

年份	荔波县	平塘县	罗甸县	惠水县	龙里县	都匀市	贵定县	长顺县	瓮安县	福泉市	三都水族自治县	独山县
2001						东山公园AA						
2007						文峰园、斗篷山AAA	金海雪山AAA	杜鹃湖AAA				
2009		掌布"藏字石"AAAA			龙架山AAA				映山红AA			深河抗日文化园AAA
2010											姑鲁产蛋崖AAA	奎文阁AA
2011	瑶山古寨AAA											
2014				涟江公园AAA								
2015	樟江AAAAA								草塘千年古邑AAAA			
2016	古镇AAA		高原千岛湖AAA		中铁双龙镇巫山峡谷AAAA、大草原AAA	青云湖、杉木湖AAA	金海雪山四季花谷AAA		朱家山AAA	古城文化AAAA、黄丝AAA、双谷生态体育公园AAA		
2017	恩铭故里、寨票渔隐民宿、佳荣大土苗寨、梦柳布依风情小镇、瑶麓青瑶古风园AAA	中国天眼AAAA、甲茶、六硐AAA		好花红AAAA	十里刺梨沟、孔雀寨AAA	茶文化影视小镇AAAA	阳宝山文化AAA、云雾茶乡AAA					天洞AAA

续表

年份	荔波县	平塘县	罗甸县	惠水县	龙里县	都匀市	贵定县	长顺县	瓮安县	福泉市	三都水族自治县	独山县
2018								神泉谷、凤凰坝 AAA				
2019	万亩梅原、布洛亚 AAA				贾托山 AAA	东方记忆、黔南职院研学旅游 AAA						

注：数据来源于贵州省文化和旅游厅《贵州省 A 级旅游景区名录》。

第二节　黔南布依族苗族自治州旅游发展分析

一、黔南布依族苗族自治州旅游发展

1. 政策优势

《关于加快发展旅游业的意见（国发〔2009〕41 号）》《关于促进旅游业改革发展的若干意见》(2014 年)，对旅游业转型升级、新时期旅游业发展做出了全面部署，明确了“把旅游业培育成国民经济的战略性支柱产业和人民群众更加满意的现代服务业”的具体发展目标。《中共中央国务院关于实施乡村振兴战略的意见》（2018 年）明确要求“实施休闲农业和乡村旅游精品工程，建设一批设施完备、功能多样的休闲观光园区、森林人家、康养基地、乡村民宿、特色小镇”；提出“加快发展森林草原旅游、河湖湿地观光、冰雪海上运动、野生动物驯养观赏等产业，积极开发观光农业、游憩休闲、健康养生、生态教育等服务。创建一批特色生态旅游示范村镇和精品线路，打造绿色生态环保的乡村生态旅游产业链”。2019 年相继出台的《国家级非物质文化遗产代表性传承人认定与管理办法》《国家级旅游度假区管理办法》，为旅游业的具体领域发展提供了重要依据。

贵州省委、省政府高度重视旅游业发展，《贵州省国民经济和社会发展第十三个五年规划纲要》（2016 年）提出了全域旅游发展，《省人民政府关于推进旅游业供给侧结构性改革的实施意见》(黔府发〔2016〕24 号)、《省人民政府办公厅关于印发贵州省发展旅游业助推脱贫攻坚三年行动方案（2017 ~ 2019 年）的通知》(黔府办发〔2017〕44 号)、《贵州省“十三五”旅游业发展规划》《贵州省山地旅游发展总体规划》《贵州省乡村旅游村寨、经营户（农家乐）、客栈质量等级评定管理办法》《贵州省乡村旅游客栈服务质量等级划分与评定》(DB52/T 1174-2017）等先后出台实施，以“全域旅游”为基本理念，以建设“山地公园省”为目标定位，充分发挥旅游业的关联效应和带动效应，活跃市场、带活经济，把资源优势转化为经济优势，有力地促进了旅游业的健康发展。

黔南布依族苗族自治州政府非常重视旅游业的发展。《黔南布依族苗族自治州鼓励投资若干规定（试行）》（2016年）、《黔南布依族苗族自治州促进旅游业发展奖励扶持办法（试行）》（黔南府办函〔2018〕153号）、《关于印发黔南布依族苗族自治州现代服务业发展行动方案的通知》（黔南府办函〔2019〕3号）等旅游业发展的指导性文件，指出要以供给侧结构性改革为主线，充分发挥黔南自然资源景观和民族文化资源景观优势，着力打造以非遗创意、文化旅游、文化演艺、影视、传媒、娱乐等产业为重点的特色旅游产品，提高旅游资源、旅游产品的商品转化率，推动旅游产业市场化、规模化和实体化，加快传统旅游产业的转型升级，着力提升规模、质量和效益，将旅游产业培育成为国民经济战略性支柱产业。黔南布依族苗族自治州政府制定的《文化产业发展三年行动方案》《黔南布依族苗族自治州促进旅游业发展奖励扶持办法》等一系列文件，鼓励发展文化与旅游业融合的文化旅游产业，更好地促进区域经济增长，助力脱贫攻坚工作的顺利进行。近几年，随着文化旅游产业的兴起，以自然景观为主的景区内逐渐增添了民族特色文化的内容，延展了旅游产业链条，拓展了旅游发展空间。其中苗族、布依族、瑶族和水族等少数民族特色文化产业与当地的旅游业融合较好。荔波县的瑶族文化旅游发展就是很好的案例。荔波瑶山古寨是典型的瑶族古镇，在该景区设计了瑶山文化展示厅，突出了传统瑶族文化代表景观如原始叉叉房、瑶王府、图腾柱园址等，并借助定期组织瑶族传统节目表演如陀螺表演、原生态瑶族歌舞、铜鼓等丰富少数民族特色文化旅游内容，提高了当地的旅游产业的神秘感，增加了旅游吸引力。瑶山古寨与著名小七孔景区之间交通便利，少数民族特色文化与自然景观为主的景区融合，促进了民族特色文化旅游事业的发展。三都水族自治县的水族文化保存较为完整，独有的马尾绣、水书、铜鼓舞、端节、卯节等水族特色文化和旅游业融合发展，成了黔南民族特色文化旅游的一张靓丽的名片。黔南布依族苗族自治州各县市在挖掘各自独特的民族文化优势基础上，创造内容丰富、形式多样的旅游产品，努力打造具有地方特色的旅游文化产业。

近年来黔南布依族苗族自治州旅游工作始终围绕“生态之州·幸福黔南”品牌塑造，大力促进基础设施建设、优化旅游环境、治理旅游市场、拓展旅游发展空间、强化各项服务保障，在政府大力扶持下，黔南布依族苗族自治州旅游吸引力显著提升，2016年以来，黔南布依族苗族自治州旅游业呈现“井喷式”发展，旅游经济效益明显提升。

黔南特色民族文化旅游逐步成为带动地方经济的重要力量，发展民族特色文化旅游能够促进经济发展，助力于脱贫攻坚目标的实现，旨在提高人们生活水平，实现全面小康。近几年，黔南布依族苗族自治州正在尝试发挥文化旅游资源丰富的优势，挖掘当地仅有的民族特色文化优势，在旅游业发展中融入少数民族特色文化，如民族特色的风俗习惯、语言文化、传统节日等，逐渐成为黔南旅游产业发展的主要优势。通过以上发展，逐步将黔南布依族苗族自治州建设成特色文化旅游目的地、生态旅游的典范、康养最佳示范区，努力建成旅游名区。

2. 交通条件逐步改善和优化

黔南位于贵州省中南部，东部连接黔东南苗族侗族自治州，南部毗邻广西壮族自治区，西部接壤安顺市、黔西南布依族苗族自治州，北部紧邻省会贵阳市。

主要交通干线黔桂铁路、湘黔铁路和320、321国道线构成了黔南布依族苗族自治州交通骨架，瓮安至马场坪铁路、凯里至麻江至都匀城际铁路等交通线路的规划建设成为黔南布依族苗族自治州交通发展的重要补充。陆续开通的贵新（贵阳－新寨）高等级公路、厦蓉高速公路（贵州段）、贵广（贵阳—广州）高速公路、贵百（贵阳—广西百色）高速公路、贵新（贵阳—广西新寨）高速公路、厦蓉（厦门—成都）高速公路、马武（马场坪—重庆武隆）高速公路等交通路线，“县县通高速”目标的实现，促进了黔南布依族苗族自治州交通条件质的飞跃。2007年建成的荔波机场为荔波县发展及其周边县市交通提供了便利条件。

据《黔南布依族苗族自治州2018年国民经济和社会发展统计公报》，2018年黔南布依族苗族自治州扎实推进交通基础设施建设，建成三都至荔波、荔波至榕江、罗甸至望谟等高速公路143千米，州境内高速公路通车里程突破1000千米大关，通车总里程居全省前列。完成普通国省干线改造231千米，新改建农村公路1128千米。建成脱贫攻坚“组组通”公路5860千米，全面实现全州30户及以上自然村寨组组通硬化路目标。建成贵定北客运枢纽和三都中和客运站点。建成渡改桥14座、便民码头12座。全州出租车企业69家，拥有出租车4784辆，同比增长18.1%，市民出行难问题基本解决。公交同质化、均等化发展成效显著。80个乡镇开通公交，公交线路达167条，公交车779辆，公交化率达75.5%。全州公路运输累计完成客运量3.19亿人、旅客周转量330.16亿人千米、货运量3.67亿吨、货物周转量508.96亿吨千米。

3. 人民生活水平提高

2011 ~ 2018年间，黔南布依族苗族自治州地区生产总值、城镇人均可支配收入和农民人均可支配收入都呈显著的上升趋势，尤其是2014年后，各指标增长上升趋势更加显著（图1–2）。

国民生产总值的增加，人均可支配收入水平的提高，直观反映了人民生活水平的提升。近年来，随着人民生活水平的提高，人们开始追求提升精神生活层次，其中旅游业发展是扩大视野、增长知识等的重要方式，同时，生活水平的提高促进了家庭交通工具的更新换代，因此，人们外出旅游的需求越来越强烈，旅游方式也发生了变化，从以观光旅游为主向以参与体验旅游为主的方式转变。

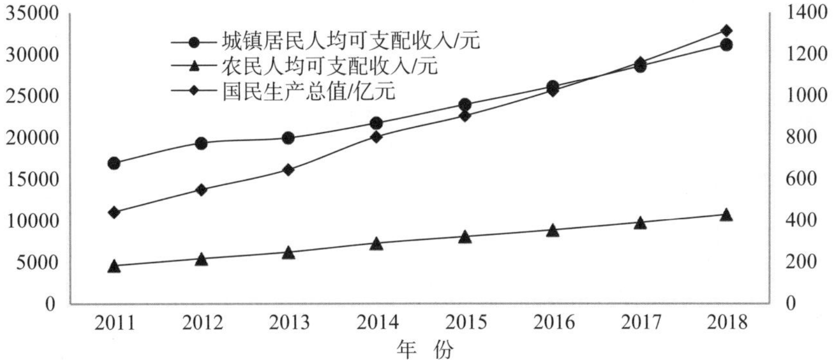

图 1-2　2011 ~ 2018 年黔南布依族苗族自治州国民生产总值、城镇居民可支配收入和农民人均可支配收入变化

4. 特色旅游资源优势逐渐凸显

黔南布依族苗族自治州具有典型的喀斯特地貌自然景观，森林覆盖率在 50% 以上，是世界上的绿色喀斯特地区，独具特色的民族文化，还有在此基础之上的农耕文化、茶文化、红色文化，还有近年来努力打造且初见成效的影视文化。黔南旅游资源具有自然山水、民族风情完美组合优势。自然山水的代表品牌是中国南方喀斯特世界自然遗产地——荔波；民族风情的代表品牌是具有悠久历史古朴神秘的水族、苗族、瑶族等民族村寨。

具体分析来看，黔南各县市具有发展相关文化的集中区域，其中，都匀市、贵定县、独山县具有发展茶产业的自然条件优势和历史文化积淀，因此可以发展特色茶文化旅游基地。

瓮安县长征文化资源富集、意义重大，有猴场会议会址、红军强渡乌江遗址、毛泽东行居等红色旅游资源，因此，可以充分挖掘红色文化资源，打造以猴场红色文化新村为核心区，再加上商贾文化、土司文化，发展成红色文化基地。

福泉市的古长城被称为“贵州八达岭”，这种资源在贵州非常独特，近年来，福泉市政府将建设和发展古长城作为其旅游发展特色和方向。

平塘县、独山县、荔波县是黔南布依族苗族自治州少数民族人口集中的区域，由于交通不便，与外界联系较少，民族特点保持得比较完整，具有发展民族特色文化的优势，同时各县市还有发展旅游业的独特优势，平塘县的 FAST 项目具有引领天文观察、普及天文知识的重要优势，目前其附近的天文小镇——克度镇已享誉国内外，尤其是国内外天文爱好者的天堂；三都水族自治县水族文化特色占优势，其中天然景观的产蛋崖景区一直还是未解之谜；荔波县的樟江旅游区是 AAAAA 景区，其天然喀斯特植被是世界罕见的旅游资源，同时其瑶族、布依族和苗族的村寨特色、民族服饰都有特色优势，适合发展特色旅游景区；长顺县、惠水县、龙里县、罗甸县农耕资源丰富，具有发展农耕体验旅游区域的条件；黔南布依族苗族自治州大坪经济开发区已建成多处影视基地，发展影视文化产业成为今后发展的方向。

二、黔南布依族苗族自治州旅游发展历程

一般认为我国旅游业发展经历了3个阶段（宋斐红，2017），分别为：

1949 ~ 1978年间的起步阶段。中华人民共和国成立后，国民经济逐渐恢复，人民生活水平逐步改善，中国的国家地位不断提高。这一时期旅游业的主要作用是外事接待，经济特征不明显。

1979 ~ 2000年间的平稳发展阶段。明确了改革开放的经济发展道路，中国旅游业迈入稳定发展阶段，不断加大在饭店、景区、交通等设施上的投资力度，提升接待能力。针对旅游业专门出台了一系列政策文件。1990年至20世纪末，中国旅游业有了新发展，国内旅游速度大于入境旅游，一方面是国内经济发展，人民对精神文化生活的要求进一步提高；同时双休日、五一、十一小长假都对旅游市场发展起到了重要的助推作用。旅游政策的正确引导，旅游产业成为推动我国国民经济增长的关键因素，我国旅游业在国民经济中的地位不断提升。

2001年以来进入高速发展阶段。我国从2000年开始更加重视旅游业发展，国务院于2001年召开全国旅游发展工作会议，并出台了《国务院关于进一步加强旅游业发展的通知》(国发〔2001〕9号文件)，从国家层面促进了旅游业的发展。2006年国务院制定了有关旅游业发展的十一五规划纲要，确定了旅游业在国民经济中的重要地位。2009年出台了《国务院关于加快发展旅游业的意见》(国发〔2009〕41号)，我国旅游业进入快速发展阶段。2013年国务院印发了《全民休闲纲要》，使休闲旅游上升到全国公共政策管理的层次，对于旅游业发展具有重要意义。2016年，国家旅游局提出，新时期我国旅游业将从传统的景点模式向全域旅游模式转变，确定了我国旅游业发展的新方向。

借鉴中国旅游业的发展历程特点和相关研究成果（宋斐红，2017；闻达，2018），结合A级旅游景区数量的变化，分析黔南布依族苗族自治州旅游发展历程。

1. 起步阶段（1990 ~ 2000年）

黔南布依族苗族自治州旅游业最早起步于20世纪90年代末，在全国各地大部分旅游业起步的背景下，开始转变观念。这个阶段，经济落后，观念保守，没有对旅游进行有意识的宣传，没有完善的接待设施，游客稀少，以当地散客为主。

2. 初步发展阶段（2001 ~ 2015年）

分析代表旅游质量和品质的A级旅游景区的数量变化，可以直观看出黔南布依族苗族自治州旅游业发展变化。

在这个阶段，2001 年实现了 A 级旅游景区零的突破，2015 年实现了 AAAAA 级旅游景区零的突破。A 级旅游景区数量由 2001 年的 1 处增加到 17 处（图 1–3）。

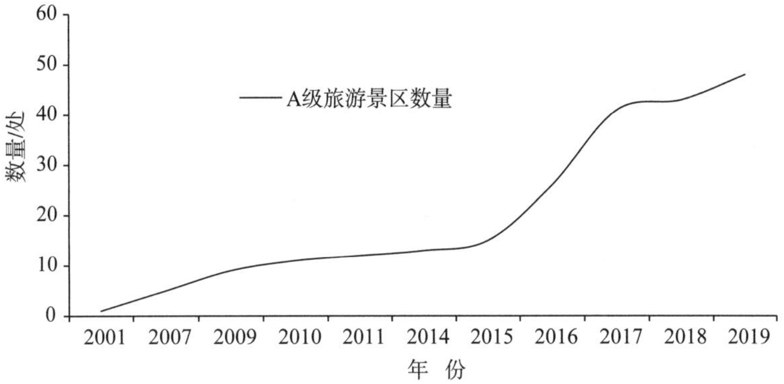

图 1–3　黔南布依族苗族自治州 A 级旅游景区数量变化

这一时期，黔南布依族苗族自治州审时度势，制定了相关政策，依托日益完善的旅游资源优势，确立了“旅游兴州”，突出发展旅游业。尤其是在 2010 ~ 2015 年间迅速完成了旅游业发展相关的交通、食宿等基础设施建设，带动了相关景区的发展。

这一时期，加强了对外宣传，开拓了市场，举办和承办的会议、活动越来越多。尤其是旅发大会、茶人会等引起国际、国内的高度关注。旅游大会的开展带动了黔南旅游业的飞速发展。2008 年 9 月 21 日，首届黔南布依族苗族自治州旅游产业发展大会在平塘掌布国家地质公园召开，揭开了黔南旅游发展史册的崭新一页。相继举办的黔南布依族苗族自治州第二届旅游产业发展大会暨都匀剑江民族风情旅游节、黔南布依族苗族自治州第三届旅游产业发展大会暨中国水族文化旅游节、第四届黔南布依族苗族自治州旅游产业发展大会暨中国贵定乡村旅游文化节、以“世遗荔波 · 健康之旅——人与自然和谐发展的典范”为主题的第七届黔南旅游产业发展大会等，助推着黔南布依族苗族自治州旅游业的发展，调动了各县市发展旅游业的积极性。

以“健康之旅 · 养生黔南——游风情小镇，品岩画神韵”为主题的黔南布依族苗族自治州第八届旅游产业发展大会在龙里中铁国际旅游度假区云栖谷 · 双龙镇举行，充分展示了黔南举办旅游盛会新形象，展示了黔南打造旅游升级版、突出体旅融合发展新业态的风采。黔南布依族苗族自治州第九届旅游产业发展大会如期在福泉召开，古城是壳，文化是魂，充分展示了福泉的历史文化底蕴，通过举办旅发大会，福泉市在短短一年时间内，改造旧城，扩建新城，打造景区，既改善了城市形象，提升了城市品位，又培育了一个新兴产业。

每一次旅发大会的举办，都极大地改善了当地基础设施，提升了地方的知名度和美誉度，有力带动了地方经济发展。并以此推动地方经济转型，培育新的经济增长点，成功向市场推出了平塘掌布景区、瓮安猴场千年古邑区、贵定金海雪山、都匀秦汉影视城等新景区。在旅发大会的影响下，旅游基础设施改善了，旅游服务设施提质了，旅游环境优化了。旅发大会成为促进全州各地旅游创新和开展合作竞争的重要平台，成为国内外客商了解黔南、投资黔南的窗口，成为有效整合全州优势资源、推动黔南旅游业不断取得新突破的持久动力源泉。

3. 提质升级阶段（2016 年至今）

2015 年以后，黔南布依族苗族自治州旅游业获得了极大的发展，旅游收入、旅游接待人数等各项指标呈显著上升趋势。A 级旅游景区由 17 处增加为 2019 年的 48 处，实现了“井喷式”发展。

2016 年全域旅游的展开，开启了全域旅游建设发展之路。这个阶段，各县市都在结合各自优势，努力打造旅游品牌。黔南布依族苗族自治州旅游资源丰富，类型齐全，构成了以山水、地质地貌奇观、古城古村、红色文化、美丽乡村、蔬菜瓜果规模种植等旅游资源体系。荔波的典型喀斯特山水、平塘的中国 FAST 天文科普考察、罗甸的民族特色风光、长顺的农耕文化、惠水的茶文化、贵定的乡村旅游、瓮安的红色文化和农耕文化、福泉的古长城文化、都匀市的休闲文化和影视文化、独山的静心文化、三都的水族特色文化、龙里的森林草原文化等，呈现各自的发展优势和特色，构成了黔南布依族苗族自治州旅游特色化、差异化的基础。

旅游产品继续丰富。2015 年后，黔南布依族苗族自治州进一步强化了旅游产品研发，鼓励、推动了旅游商品生产创新发展，在农家乐、采摘园和民宿等项目中应用推广电子商务，在重点景区、游客服务中心设立了旅游产品购物商店，并开发了一批一日游和多日游产品。

黔南布依族苗族自治州旅游资源类型涵盖了地文、水域、生物、遗址遗迹、建筑与设施、旅游商品、人文活动等种类，具有发展旅游业的优势资源条件，正在呈现蓬勃发展的态势。

三、黔南布依族苗族自治州旅游发展存在问题分析

当前，黔南布依族苗族自治州旅游环境呈现良好发展的态势。但由于自然条件、历史原因、经济发展等各方面限制，在其发展过程中仍然存在诸多问题。对旅游发展过程中存在的问题进行分析，有助于合理开发利用和科学规划旅游资源，促进黔南布依族苗族自治州旅游产业的可持续发展。

1. 旅游资源分布不均、旅游业发展不均衡

以 A 级旅游景区作为代表分析黔南布依族苗族自治州旅游资源总体分布状况。黔南布依族苗族自治州 A 级旅游景区主要分布格局呈“西北－东南”走向，主要分布在中部

和东南部，北部和西南部较少（图 1–4）。其中 AAAAA 级景区 1 处，分布在东南部的荔波县境内。AAA 级旅游景区分布比较均匀。旅游资源相对分散，旅游景点相对孤立，导致旅游发展空间不均衡，不利于旅游资源的组合与开发。由于全域旅游处于起步阶段，景区与景区之间联系较少，竞争大于合作，同时景区配套服务体系不完善，旅游业还没有形成旅游产业集群。

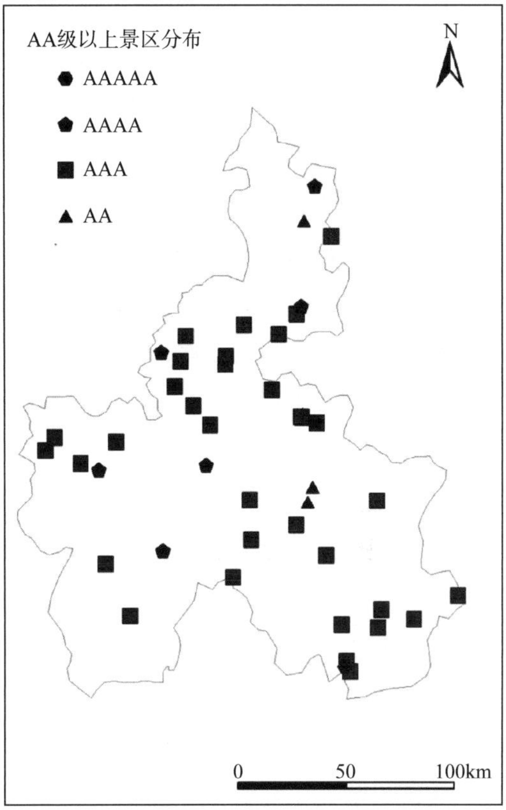

图 1–4　黔南布依族苗族自治州 AA 级及以上旅游景区空间分布

2. 民族特色文化旅游起步晚，文化旅游产业开发意识亟待提高

黔南旅游业以传统自然景观旅游模式为主，长期以来忽视了民族特色文化的优势，尤其在旅游业发展过程中，缺乏民族特色产业与旅游融合，旅游业的发展没有凸显当地文化特色，故其旅游文化产业发展滞后，亟待成熟与完善。同时，文化旅游产品市场化程度低，发展模式单一，缺乏吸引力；群众参与度、支持度较低，缺乏对文化资源的挖掘，开发意识不足阻碍了旅游产业发展的步伐。因此，文化旅游产业发展意识亟待提高。

3. 旅游发展基础设施不完善，交通瓶颈依然存在

黔南布依族苗族自治州自然景观景点开发较早，基础设施基本完善。但是在黔南布依族苗族自治州民族特色文化旅游景区开发过程中，很多景区存在配套基础设施不完善的问题，交通、住宿、餐饮和卫生等工程设施、生活服务设施都存在不完善的问题，尤其是交通问题最严重，很多民族村寨公共交通较薄弱，外地游客尤其感觉不便利；另外民族村寨还存在卫生管理制度不完善的问题，这是影响游客满意度的重要方面。

4. 旅游资源存在同质竞争，旅游定位仍需明确

黔南布依族苗族自治州旅游业的生态旅游、民俗旅游、红色旅游等方式发展比较完善，如荔波的樟江风景区、大小七孔景区、瓮安猴场会议会址、贵定金海雪山等景区发展势头良好，但是民族特色文化旅游资源是发展旅游业的优势所在，而在旅游业发展过程中并没有被凸显出来。

黔南布依族苗族自治州旅游发展起步和成型相对较晚，受到云南、广西、贵阳市、黔东南苗族侗族自治州的旅游遮蔽作用，当地特色文化优势亟待发挥。黔南布依族苗族自治州各县市在景区景点开发中出现同质化现象，导致区域内部旅游竞争激化。

在旅游业开发过程中，非物质文化遗产没有与旅游景区进行统一规划，文化资源与旅游业融合还不够深入，黔南布依族苗族自治州旅游资源开发保护过程中，需要关注传统文化流失问题，旅游业可持续发展意识亟待提升。

旅游产业开发没有充分凸显优势，可持续发展理念亟待提升。

5. 旅游发展服务和管理人才缺乏

旅游资源丰富但是旅游发展水平不高的主要原因在于人才匮乏。由于历史发展、传统理念的影响，当地旅游业服务人员服务意识不强、素质较低。同时，旅游业管理人才缺乏，导致旅游业在发展过程中出现规划、宣传、发展及后期管理等环节不合理的问题，影响了整个旅游业的长远发展。

6. 原生态旅游环境保护不到位

由于历史发展原因，黔南布依族苗族自治州许多地方还保持着原始状态，这是极有价值的旅游资源，是民族质朴的风貌，应当合理利用、正确引导具有历史文化价值的旅游资源健康发展。2019 年 9 月，住房和城乡建设部发布《住房和城乡建设部办公厅关于加强贫困地区传统村落保护工作的通知》（建办村〔2019〕61 号），提出要合理利用贫困地区传统村落文化资源，发展旅游经济，助力脱贫攻坚。2020 年中央一号文件提出“保护好历史文化名镇（村）、传统村落、民族村寨、传统建筑、农业文化遗产、古树名木等”。但是人民生活水平的提高，促使人们追求更加舒适的生活环境，在一定程度上使原生态居住环境遭到破坏；由于原始手工艺费时较多，因此，在经济利益的驱使下，传统手工艺失传现象严重。

参考文献

宋斐红 .2017. 沂南县全城旅游发展研究 [D]. 济南：山东大学 .

闻达 .2018. 全城旅游视角下费县旅游业发展研究 [D]. 成都：西南民族大学 .

第二章　黔南布依族苗族自治州旅游资源空间演变分析

第一节　研究意义及进展分析

旅游业是资源消耗低、带动系数大、就业机会多、综合效益好的重要的新兴产业。世界旅游组织预测，2020 年世界旅游人数将会达到 15.6 亿人次（张学文，2011）。近几十年来，旅游业发展无论是旅游人数还是旅游收入，都在迅速增长，各国都将争夺国际市场作为旅游业发展的重要措施，如日本、韩国、欧洲国家等都相继出台旅游发展政策、打造具有世界竞争力的旅游目的地。我国也从政策层面上对旅游业发展大力支持（马一帆，2019；张学文，2019）。中国经济经历迅速发展阶段之后，已进入到新时代，社会主要矛盾已经转化为人民日益增长的美好生活需要和不平衡不充分发展之间的矛盾。旅游业作为现代服务业的重要组成部分，是满足人民美好生活需要的重要体现。为了让旅游业更好地为人民服务，国家出台了相关文件，从多方面扶持旅游业的发展，如增强基础设施建设、加大政策扶持力度、鼓励社会力量投资等，尤其是 2009 年的《国务院关于加快发展旅游业的意见》提出了把旅游业培育成国民经济战略性支柱产业和人民满意的现代服务业。2017 年“旅游 +”首次被写入中央一号文件，教育部将研学旅行纳入中小学必修课程。

旅游景区对旅游业发展的支持和决定作用日益突出。旅游业的发展对旅游景区有重要的依赖作用，决定着旅游业的发展程度。旅游景区是旅游系统尤其是旅游目的地的重要组成部分，是吸引旅游者的首要因素。由于旅游景区是分散分布的，因此，如何合理组合和优化配置旅游景区，需要从具体旅游景区和整个区域等微观和宏观层面进行深入研究，是旅游景区空间结构理论的重要研究内容。合理布局和优化旅游景区空间格局成为重要的研究课题。

在旅游业发展的良好氛围下，运用点轴理论、增长极理论和生长轴理论对黔南布依族苗族自治州旅游资源的空间格局进行研究，采用地理集中指数、基尼系数、核密度、泰森多边形、规模度和优势度指数、等级模型等方法分析了黔南布依族苗族自治州旅游资源空间分布类型、集中度、均衡度、密度、规模度、优势度和等级的关系，深入研究黔南布依族苗族自治州旅游资源空间格局，探讨黔南布依族苗族自治州旅游景区的空间结构及其空间分布规律，揭示黔南布依族苗族自治州旅游资源空间分布与自然和人文要素的关系，优化旅游资源空间格局，为进一步推动旅游资源空间格局的发展提供重要的理论参考；利用 GIS 等技术手段对旅游资源空间格局进行定量研究，探究旅游景区空间结构特征，有助于从整体上优化旅游景区的空间布局，有效组织旅游景区的保护、开发顺序，促进旅游业均衡发展，为政府旅游决策和规划提供基础资料，从而实现资源优化配置，达到旅游业全面、协调、可持续发展的目的。

旅游空间结构研究是旅游地理和旅游规划的研究重点，已成为国内外学者的重要研究内容，并逐步形成系统理论。国外对空间格局的研究初期以经济学中的区位理论为主（马一帆，2019）。早期杜能的农业区位论 [约翰・冯・杜能（吴衡康译，1986）]、韦伯的工业区位论（陆大道，1995）、缪什的市场区位论（李小建，1999）、克里斯泰勒的中心地理论（Christaller，1964）对空间结构有重要的理论指导意义。以上理论在地理学研究中的应用，直接指导了旅游地理学理论与方法的提升和扩张。

20 世纪 60 年代后，旅游地理学的科学体系逐渐建立；20 世纪 70 年代开始将系统思维和方法运用到旅游学科研究中，许多学者开始关注旅游地理学，因学者学科背景的差异，创造了许多旅游学科的概念和模型。Gunn(1972) 提出了旅游目的地地带的概念，认为旅游目的地系统的组成要素包括旅游景点、服务社区、对外通道和区内连接通道等四部分。

20 世纪 80 年代，地理学家开始将经济学中的理论模型、方法吸收过来，应用到旅游地理学中。Lundgren（1980）等建立了核心 – 边缘理论模型。冈恩（1988）提出地域旅游系统。关发兰（1989）对四川省的区域旅游系统模式进行研究，认为区域旅游开发要以区域旅游系统为核心，以系统整体优化为目的。张亚林（1989）对旅游地域系统及其构成进行了研究。濮静娟（1987 ）利用舒适度指数和风效指数对我国旅游资源进行划分。

20 世纪 90 年代，定量研究和规律探究成为研究重点。孙多勇等（1990）综合系统动力学与自组织理论，从经济学角度，探讨了案例地区旅游系统的发展战略问题。Smith（1991）采用建立相关数学模型的方法，定量地分析区域旅游空间结构特征。Pearce（1995）将旅游规划的范围分为全国、区域、地方三个层次。Miossec（1976）对区域旅游景区空间结构分布特征的理论研究进行了总结，首次将分形几何方法应用于景区空间结构的讨论。随后，Nathaniel A. Lifton（1992），Giovaznli Dietler（1992），Isabelle Thomas（2008）等先后通过分形方法研究区域旅游空间格局的形成过程。Bevilacqua et al.（1989）对威尼托地区旅游景区空间结构的分布特征进行了分析。Gormsen（1981）从系统动力学的视角分析了旅游目的地空间格局的演化，根据旅游者的行为和地理分布的关系分析了旅游地空间演变的过程。Judd（1995）从旅游景点和旅游设施入手，进一步分析了城市旅游地空间结构。Briton（1980）分析了旅游中心地对周围边缘地区的影响。Dianne Dredge（1999）分析了旅游目的地的三种结构模式及其结构的演变方式。Mihail（2007）以海洋旅游市场结构的演变为例对其主要旅游项目进行了详细分析。Cocklin et al.（1990）对新西兰旅游资源的赋存状况进行技术性评估，明确了旅游资源的空间分布特征。Priskin（2001）对澳大利亚西部旅游资源的赋存状况进行技术性评估，明确了旅游资源的空间分布特征。Weaver（1998 利用核心—边缘理论模型对加勒比海地区的特立尼达和多巴哥、安提瓜和巴布达群岛进行了案例研究。

随着科学技术的革新，大量的数学方法、模型以及其他学科的理论方法被应用于旅游地理学，尤其是 GIS 技术的应用，极大地促进了旅游地理学的研究。学者们利用 GIS 技术、数学方法对旅游资源的空间格局、空间结构以及其演变过程等进行定量研究。Tri Rahayuningsih et al.（2016）立足于印度尼西亚重要旅游城市茂物，凭借 GIS 技术对自然旅游资源进行量化分析，依据旅游资源对游客的吸引程度，提出优化资源空间布局的对策。Ralf buckey（2007）阐述了生态旅游资源空间分布与旅游可持续发展之间的相互关系。Jose V. Ball（2005）通过研究伦敦市区旅游景观的地理位置与空间结构，从而反映出旅游者偏好和行为特征。Bargeman et al.（2006）分析了荷兰旅游者选择游览线路的决策行为，认为旅游资源分布状况是其假日旅游活动的重要影响因子。

综上来看，对旅游资源空间格局研究是以区位论为主要理论依据，结合数学方法和模型，在 GIS 技术支持下，国外学者定量研究了大区域研究范围，对地市县等中观尺度的研究较少。

从近几十年的研究来看，国内研究主要关注旅游资源的空间分布特征及影响因素、旅游资源的空间结构、空间格局及优化等三个方面（马一帆，2019）。

关于旅游资源的空间分布特征及影响因素方面的研究，成果丰硕。国内研究主要关注大区域的空间分布特征以及石窟、宗教等特殊旅游资源的空间分布特征，研究方法多采用 GIS 技术、洛伦兹曲线等地理学方法对其进行定量研究。哈格特（P.Haggett，1977）从宏观层面将区域抽象为点，利用运动模式、路径、结点、节点层次、地面和扩散等六个几何要素描述空间结构模式与秩序。吴必虎（1998）提出旅游系统由客源地市场系统、出行系统、目的地系统和支持系统四个部分组成。

21 世纪初，王筱春等（2002）对云南旅游目的地空间结构进行了研究，阐述旅游目的地空间结构的形成规律。吴必虎（2003）利用空间分析，研究了全国 AAAA 级以上景区在全国层面、省级层面的空间结构特征。朱青晓（2005）在其他人研究的基础上，提出“三层次、七要素”的旅游目的地系统模型。毛彦斌（2006）研究发现山西重点旅游景区呈现大分散、小聚集的空间分布特征。朱竑（2008）分析了我国 A 级景区的空间分布特征及其变化规律。汪德根（2008）对呼伦贝尔和阿尔山地区的旅游资源空间分布状态、网络分布结构进行了定量分析。赵振斌（2009）对旅游资源空间分异模式进行了总结，分析了汉中市的旅游资源空间分异特征。袁书琪运用定性的分析方法对福建省生态旅游资源的总体特征与空间分布进行研究。王恒（2010）运用地理数学方法中的网络分析方法、最邻近距离模型和基尼系数的研究方法以及拓扑和度量的空间分析方法，对大连市旅游景区空间结构进行了分析并提出优化对策。宋福临等（2010）应用变异系数、基尼系数分析了2001年以来江苏省旅游等级景区的发展态势和等级结构演变特征，并对2007年全省旅游等级景区空间分布特征进行研究。李玏等（2013）以北京市为例，对18洞及以上共51处标准高尔夫旅游资源空间分布特征及影响因素进行研究。郭泉恩等（2013）以集中系数、基尼系数、洛伦兹曲线、网格维度等分析江西省宗教旅游资源空间分布特征及影响因素。王昕等（2013）基于GIS技术，运用最邻近点指数、基尼系数、核密度分析等研究方法，分析了中国黑色旅游资源的空间分布特征。王国新等（2015）分析了浙江省临安市山地气候旅游资源时空分布特征。吴杨等（2015）以城市工业旅游资源的空间结构为研究对象，运用地统计方法和GIS的最邻近点指数、α指数、β指数、γ指数和通达性指数测度上海市64家有代表性的工业旅游景区总体空间分布类型与联动特征。樊昊等（2015）运用最邻近点指数、地理集中指数、不平衡指数、基尼系数、核密度等方法和Arc View GIS分析软件，对我国石窟旅游资源的空间分布特征进行定量分析。王燕（2009）对新疆旅游资源做系统分类，总结其类型、等级和空间分布特征，并从新疆地理环境变迁和多民族、多文化的社会环境两方面分析新疆高品质旅游资源的成因。

国内研究主要关注海岛、经济带、城市群等大尺度的空间格局研究，以及A级景区、岩溶、体育等具体的旅游资源的空间格局研究。研究方法采用数学方法和GIS技术以及景观生态学、复杂适应系统理论等跨学科的理论方法对旅游资源空间格局进行研究。杨效忠等（2004）将舟山群岛作为案例地，分析了海岛旅游资源要素结构、交通结构的空间结构特征。王良健（2004）运用景观生态学的空间格局指数定量分析旅游资源空间分布格局，并对入境旅游客源市场进行分类。韦跃龙分析了中国岩溶旅游资源空间格局。吕建树（2011）利用层次分析法确定了鲁北滨海湿地相应的开发时序和空间格局。朱鹤（2015）采用多种空间分析方法对北京市的旅游资源吸引力的空间格局进行分析。梁滨（2015）选用局域自相关分析对长江中游城市群旅游经济空间格局演化进行分析；陈帅（2016）对湖南省A级旅游景区的空间分布格局和优化对策进行了研究。刘俊（2016）借助ArcGIS软件分析了长江旅游带旅游资源单体的空间分布以及旅游资源空间格局。杨仲元等（2016）利用复杂适应系统理论，以安徽皖南旅游区为案例地，探讨了其空间演化进程。刘俊等（2016）借助ArcGIS软件，运用空间自相关分析和核密度估计法对长江旅游带旅游资源空间格局进行了分析。吴黎等（2017）运用计量统计和GIS工具对湖北省体育旅游资源空间分布格局进行研究。

关于空间结构的研究，国内研究主要关注旅游资源空间结构的特征、连接度和影响因素等方面。吴晋峰（2002）将旅游系统空间结构模式界定为以目的地和客源地为结点、交通线路为连接所形成的占据一定空间范围的网络。席建超（2004）等对我国佛教寺院旅游资源进行了空间结构的分析。章锦河（2004）运用最近邻指数 R、β 指数、γ 指数、通达度指数、平均径路长、紧密度指数 6 种分析技术，对皖南旅游资源的空间分布形态以及空间网络结构的连接性、通达性等进行了全面的分析。戴学军（2005）以南京市旅游景区为研究对象，对景区的空间结构和等级结构进行了分形研究。程胜龙（2008）利用统计 (Spss) 和地信软件 (GIS)，对甘肃旅游资源类型的地域组合和空间结构进行了定量分析。杨小梅（2008）运用空间分布、积聚效应、连接度和平均路径长等分析方法，详细研究了武威市旅游资源的空间结构。耿丽娟（2009）对陕西商洛市旅游资源进行了空间结构研究。肖光明（2009）对广东传统山水旅游目的地肇庆市的旅游资源空间结构进行了系统分析，主要包括旅游资源的要素结构、交通网络结构、区域旅游线路组织、旅游集散地空间分布等内容。戴学军（2009）采用测算与分析网格容量维数和信息维数的方法对南京市旅游景区（点）系统不同方向局部系统以及整体系统的空间网络结构进行了研究。张志斌（2009）运用模糊聚类的相关知识对平凉市七个县（区）的旅游资源进行了定量分析。薛领等（2010）动态地观察和探讨了沿海与内地旅游空间结构变动的微观基础、影响因素和动态过程。齐邦锋等（2010）认为山东省旅游经济发展的空间差异较大，构建了“两核、两带和四区”的旅游空间结构，提出了促进山东旅游空间结构形成的举措。董瑞杰（2013）基于 GPS 定位和 ArcGIS 软件，分析了中国沙漠旅游资源空间结构特征。樊亚明等（2013）研究了广东省旅游地的空间结构及其演化，发现其演化经历了 4 个阶段。魏鸿雁等（2006）运用最邻近点指数、基尼系数，从空间分布、区域空间差异以及红色旅游资源分区等角度分析了中国红色旅游资源的空间结构特征。杨明举（2013）利用数量地理的方法和 ArcGIS 分析工具，对中国国家级风景名胜区旅游空间结构进行了分析。苗红（2014）对西北民族地区“非遗”旅游资源分别开展了基于点 (优秀旅游城市、AAAAA 级旅游景区)、线 (铁路、国道) 以及点 - 线综合的 GIS 缓冲区分析，以总结其空间结构及资源属性特征。王录仓（2016）借助 ArcGIS 空间网络分析模块和 Excel 平台，对黄河三峡景区旅游资源空间结构进行定量分析。林巧莺（2016）利用平均最近邻指数、标准差椭圆分析、缓冲区分析等 GIS 空间分析方法研究了泉州市宗教旅游资源的空间分布结构，并对其形成原因进行探析。马勇等（2016）以长江中游城市群 60 处国家水利风景区为研究对象，利用最邻近点指数、Voronoi 多边形面积变异系数、核密度分析、图层叠加分析等空间分析手段和 GIS 空间分析工具，对区域水利旅游资源的空间结构特征进行分析。王婷（2016）对四川省乡村旅游空间结构现状进行了详细分析。

近年来旅游空间分布及格局研究已经成为研究热点，具有前沿性，当前研究多以东部和中部地区为案例地，缺乏西部欠发达地区的研究。因此利用 GIS 技术，并采用多种数学方法对黔南布依族苗族自治州旅游资源空间格局进行研究，有利于丰富喀斯特地区旅游资源空间格局地市县级尺度的研究，具有一定的理论价值和现实意义。

当前，研究旅游资源空间演变的旅游空间结构理论主要包括：

1. 增长极理论

增长极理论最早由经济学家佩鲁提出，其基本思想认为每个区域的经济增长速度不同，经济空间的各种向心力或离心力所指向的中心是首先增长的地方即增长极，然后通过扩散效应带动整个区域的发展。

2. 点 – 轴理论

陆大道在中心地理论、空间扩散理论、增长极理论等理论的基础上，提出了点 – 轴系统理论模型，并系统阐述了点 – 轴空间结构的形成过程等问题。该理论认为社会经济空间结构不均衡是空间扩散的根本原因，区域重点发展的“点”，通过交通线、通信线和能源通道等“轴”连接起来形成，形成空间扩散，与区域社会和产业相互结合，推动地区社会经济发展，最终导致区域空间结构均衡化。

3. 核心 – 边缘理论

1966 年美国区域规划专家 J.R.Frideman 提出了一种揭示经济空间结构演变模式理论。核心区是指具有工业发达、技术先进、资本集中、人口稠密、经济增长速度较快等特征的地区；边缘区是指经济、技术、资本、人口等相对较弱的区域。在经济增长过程中，资金、人流、物流、信息流等首先涌向核心区，导致核心区与边缘区的不平衡；随着核心区空间扩展，核心区最终与边缘区一体化。

第二节　黔南布依族苗族自治州旅游资源空间结构分析

2003 年颁布的中华人民共和国国家标准《旅游区点质量等级的划分与评定》指出旅游景区和景点的区别主要体现在空间尺度的不同，旅游景点是旅游景区的基本单元。

旅游空间结构是在一定地域范围内，旅游经济客体相互作用形成的空间聚集程度及聚集状态，体现了旅游活动的空间属性和相互关系，是旅游活动在地理空间上的投影（Pears，1999；吴必虎等，2003；卞显红，2007）。因此，旅游空间结构是旅游要素在空间上的投影，是研究旅游系统中各要素之间的空间组织关系的，包括诸要素的相互位置、相互关联、相互作用。

合理的旅游景区空间结构有助于旅游业的发展，旅游景区空间结构优化既包括对其量的改变也包括对其内部结构的调整（肖绪信，2006）。

进行黔南布依族苗族自治州旅游资源格局的空间分布特征分析、空间分布均衡性分析、空间分布等级规模分析，主要通过在可视化处理后进行图上显示旅游资源单体的位置，描述其空间分布特征，在此基础上运用地理集中指数、基尼系数、核密度等对黔南布依族苗族自治州旅游资源空间分布格局进行定量分析。

图 2-1　黔南布依族苗族自治州 A 级景区分布

黔南布依族苗族自治州旅游资源整体呈现"中部和东南部多、北部和西南部少"的格局，尤其是以荔波县、都匀市、龙里县、贵定县为集中。从各县市看，其 A 级景区的分布也不均衡（图 2-1）。

一、黔南布依族苗族自治州 A 级景区空间均衡程度

1. 地理集中指数

地理集中指数是测度旅游资源在黔南布依族苗族自治州的集中程度的重要指标。其公式为

$$G = 100 \times \sqrt{\sum_{i=1}^{n}\left(\frac{X_i}{T}\right)^2}$$

式中：G 为黔南布依族苗族自治州 A 级旅游景区地理集中指数，G 取值范围为 0 ~ 100，G 值越大，A 级旅游景区分布越集聚；G 值越小，A 级旅游景区分布越分散；X_i 为黔南布依族苗族自治州第 i 个区县的 A 级旅游景区数量；T 为 A 级旅游景区总数；n 为地市县数量。

为了进一步揭示黔南布依族苗族自治州 A 级景区的分布状况，计算各县市之间的地理集中指数和基尼系数，直观反映了黔南布依族苗族自治州 A 级旅游资源分布的集中程度和均衡状况（表 2-1）。

表 2–1　黔南布依族苗族自治州各县市 A 级景区数量统计

县市名称	A 级景区数量 / 处	所占比重 /%	累计比重 /%
荔波县	10	20.83	20.83
都匀市	8	16.67	37.5
龙里县	6	12.5	50
贵定县	4	8.33	58.33
平塘县	4	8.33	66.67
长顺县	3	6.25	72.92
瓮安县	3	6.25	79.17
福泉市	3	6.25	85.42
独山县	3	6.25	91.67
惠水县	2	4.17	95.83
罗甸县	1	2.08	97.92
三都水族自治县	1	2.08	100
合计	48	100	

黔南布依族苗族自治州旅游资源整体分布是分散的。根据计算可知，黔南布依族苗族自治州 A 级景区总数为 48 处，县市总数为 12 个，计算得到 A 级景区的地理集中指数为 34.49。其中，黔南布依族苗族自治州 A 级景区所占比重最大的是荔波县，为 20.83%；所占比重最小的为罗甸县和三都水族自治县，仅为 2.08%，其他县市所占比重由大到小为都匀市＞龙里县＞贵定县 = 平塘县＞长顺县 = 瓮安县 = 福泉市 = 独山县＞惠水县。

2. 基尼系数

1964 年德国著名经济学家赫希曼用基尼系数衡量一个国家或地区居民收入差距，1991 年美国经济学家克鲁格曼对其进行改进并提出空间基尼系数，用以衡量产业空间集聚程度，后来地理学家通过比较不同研究对象的区域差异，找出地域分布的变化规律。

基尼系数计算公式如下：

$$\mathrm{G} = -\left(\sum_{i=1}^{n}\right) P_i \ln P_i / \ln N$$

$$C = 1 - \mathrm{G}$$

式中：P_i 表示第 i 个县市内 A 级景区数量占研究区景区总数量的比重；N 为研究区县市

数量；G 为基尼系数。基尼系数介于 0 和 1 之间，数值越小说明研究区内 A 级景区数量越均衡，数值越大表明非均衡性越大、集中程度越高。

人文地理学中利用基尼系数描述一定范围内点状要素空间分布离散情况（王洪桥等，2017），是直观反映区域内点要素分布的均衡程度。

黔南布依族苗族自治州各县市内部 A 级景区分布差距较大。总体来看，虽然各县市均有分布，但 A 级景区主要集中在某些区域，表现为集中程度较高。根据计算，得到基尼系数为 0.92；分布均衡度为 0.08（表 2–2）。

表 2–2 黔南布依族苗族自治州不同时间的基尼系数

年份	2007	2009	2010	2011	2014	2015	2016	2017	2018	2019
基尼系数	0.38	0.74	0.79	0.84	0.89	0.89	0.94	0.93	0.94	0.92

二、黔南布依族苗族自治州 A 级景区空间分布规模度与优越度分析

旅游规模度指数和优越度指数可以从宏观上展现各地所拥有旅游资源数量和质量的具体情况。规模度指数就是区域旅游资源数量与区域面积的比值，其值越大，说明区县内旅游资源规模越大。公式如下：

$$D_i = M_i/S_i$$

式中：i 代表某区；D_i 代表 i 区规模度指数；M_i 代表 i 区旅游资源的数量；S_i 代表 i 区的面积。规模度指数与旅游资源数量成正比。

优越度指数代表的是优势旅游资源数量在区域旅游资源总数量下所占比重，代表着区域旅游资源的旅游价值和吸引力。公式如下：

$$A_i = N_i/T_i$$

式中：A_i 表示旅游资源优越度；N_i 表示优势旅游资源数量；T_i 表示旅游资源总量。优越度指数越大表示区域旅游资源的价值和品位越高。

利用规模度和优越度分析黔南布依族苗族自治州各县市 A 级景区的规模度和优越度。

一般来说，A 级景区的规模度指数越大，区域内单位面积的 A 级景区数量就越多，规模就越大，反之越小（刘丽梅等，2016）。通过计算黔南布依族苗族自治州各县市 A 级景区的规模度指数，按照由大到小的顺序排列前四位的为荔波县 > 都匀市 > 龙里县 > 贵定县（表 2–3）。

黔南布依族苗族自治州整体上规模度较低，其中大于平均水平的县市有荔波县、都匀市、龙里县、贵定县，规模度水平最低的是惠水县、三都水族自治县和罗甸县。

表 2-3 黔南布依族苗族自治州 A 级景区规模度统计表

	A 级景区数量 / 处	规模度指数 /（个 /100km^2）
荔波县	10	0.4112
都匀市	8	0.3518
龙里县	6	0.3945
贵定县	4	0.2452
平塘县	4	0.1421
长顺县	3	0.1944
瓮安县	3	0.1520
福泉市	3	0.1777
独山县	3	0.1228
惠水县	2	0.0810
罗甸县	1	0.0332
三都水族自治县	1	0.0417
合计	48	0.1956

优越度代表高等级旅游资源与资源总量之间的比值。代表旅游资源的价值和品位（张会会，2015）。优越度指数越高，说明该区域的高等级景区占有量越大，反之越少。根据公式计算黔南布依族苗族自治州旅游资源优越度指数比较（表 2-4）。

黔南布依族苗族自治州旅游资源的优越度差别较大。平均优越度指数为 0.26，优越度指数最高的为荔波县，最低的为三都水族自治县和罗甸县。各县市优越度水平高于黔南布依族苗族自治州平均水平的仅有 5 个，分别为荔波县、都匀市、龙里县、贵定县和平塘县，其他县市低于黔南布依族苗族自治州平均水平。综合来看，黔南布依族苗族自治州旅游资源分布不均，导致黔南布依族苗族自治州旅游业存在区域差距，影响黔南布依族苗族自治州旅游业平稳、快速、均衡发展。

表 2-4 黔南布依族苗族自治州 A 级景区优越度统计表

荔波县	都匀市	龙里县	贵定县	平塘县	长顺县	瓮安县	福泉市	独山县	惠水县	罗甸县	三都水族自治县	平均
0.6667	0.5417	0.3958	0.3333	0.2917	0.1875	0.1875	0.2083	0.1042	0.0833	0.0625	0.0625	0.26

第三节　黔南布依族苗族自治州旅游资源空间结构影响因素分析

一、黔南布依族苗族自治州旅游资源空间格局与自然要素的关系

1. 黔南布依族苗族自治州旅游资源空间格局与地形地貌的关系

在 ArcGIS 平台上添加 A 级景区数据、黔南布依族苗族自治州 DEM 数据和黔南布依族苗族自治州行政区数据，绘制黔南布依族苗族自治州 A 级景区在 DEM 上的分布图（图 2-2）。为了更好地探讨旅游资源空间布局与海拔的关系，将黔南布依族苗族自治州海拔分为 400 米以下，400 ～ 800 米、800 ～ 1200 米、1200 ～ 1600 米、1600 米以上 5 个海拔分级，统计不同海拔范围内的旅游资源数量。

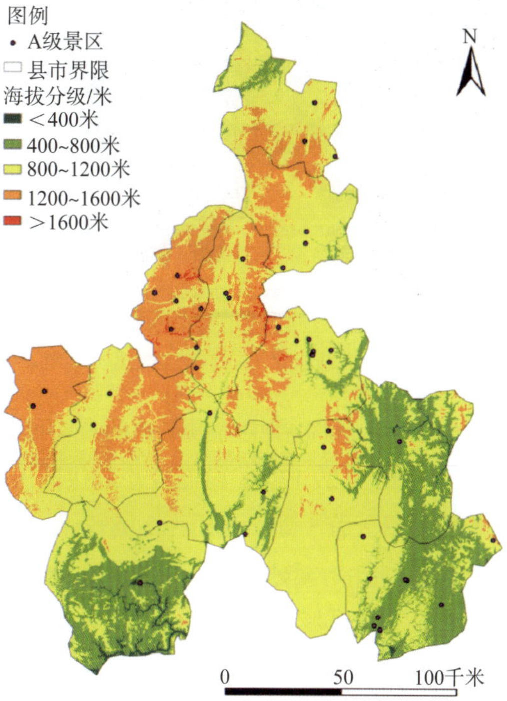

图 2-2　黔南布依族苗族自治州 A 级景区与海拔分级关系

黔南布依族苗族自治州海拔分级统计表明，低于 400 米的区域占总面积的 0.57%，400 ～ 800 米之间的区域占总面积的 19.79%，800 ～ 1200 米之间的区域占总面积的 58.33%，1200 ～ 1600 米之间的区域占总面积的 20.88%，高于 1600 米的区域占总面积的 0.28%。可见，黔南布依族苗族自治州海拔以 800 ～ 1200 米之间的区域为主，其次为 1200 ～ 1600 米和 400 ～ 800 米之间的区域，低于 400 米和高于 1600 米的区域面积较小。

黔南布依族苗族自治州旅游资源主要分布在 800 ～ 1200 米海拔范围内，随着海拔的上升或降低而减少。其中，400 米以下海拔范围内有 1 处旅游景区，占比为 2.08%；400 ～ 800 米海拔范围内有 10 处 A 级景区，占比为 20.83%；800 ～ 1200 米海拔范围内有 28 处 A 级景区，占比为 58.33%；1200 ～ 1600 米海拔范围内有 9 处 A 级景区，占比为 18.75%；1600 米以上海拔范围内没有 A 级景区。这表明，A 级景区的分布与海拔有密切关系，海拔越低的区域，气温湿热、地势低洼、崎岖不平，不利于开发，旅

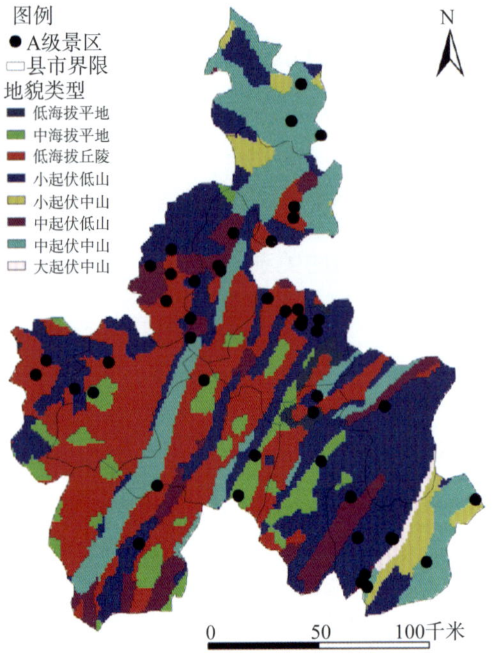

图 2-3　级景区分布与地貌类型

游景区较少；海拔较高的区域，旅游资源开发少。海拔成为旅游资源空间分布的重要影响因素。

黔南布依族苗族自治州地貌类型分析表明，低海拔平地占总面积的 1.11%，中海拔平地占总面积的 6.81%，低海拔丘陵占总面积的 30.02%，小起伏低山占总面积的 32.34%，小起伏中山占总面积的 3.34%，中起伏低山占总面积的 8.14%，中起伏中山占总面积的 17.69%，大起伏中山占总面积的 0.55%。可见，黔南布依族苗族自治州地貌类型以低海拔丘陵和小起伏低山为主，其次为中起伏中山和中起伏低山，其他类型的地貌较少。

从 A 级景区分布与地貌的关系看（图 2–3），分布在低海拔平地的景区有 1 处，占比 2.08%；分布在中海拔平地的有 4 处，占比为 8.33%；分布在低海拔丘陵的景区有 14 处，占比为 29.17%；分布在小起伏低山的景区有 14 处，占比为 29.17%；分布在小起伏中山的景区有 1 处，占比为 2.08%；分布在中起伏低山和中起伏中山的景区各有 7 处，占比为 14.58%。这表明，A 级景区主要分布在低海拔丘陵和小起伏低山、中起伏的低山和中山，其他区域较少。

统计不同坡度范围的 A 级景区数量。按照国家标准将坡度分为 0 ～ 5° 为平坡、6° ～ 15° 为缓坡、16° ～ 25° 为斜坡，26° ～ 35° 为陡坡、36° ～ 45° 为急坡、＞ 45° 为险坡等 6 个坡度范围。

黔南布依族苗族自治州坡度状况分析表明，其平坡区域占总面积的 14.26%；缓坡区域占总面积的 44.90%；斜坡区域占总面积的 28.40%；陡坡区域占总面积的 10.34%；急坡区域占总面积的 1.92%；险坡区域占总面积的 0.18%。可见，黔南布依族苗族自治州地形以缓坡和斜坡为主，其次为平坡和陡坡，急坡和险坡面积较少。

黔南布依族苗族自治州 A 级景区分布与坡度有密切关系（图 2–4）。分布在平坡的景区有 17 处，占比为 35.42%；分布在缓坡的景区有 19 处，占比为 39.58%；分布在斜坡的景区有 9 处，占比为 18.75%；分布在陡坡的景区有 3 处，占比为 6.25%。可见，黔南布依族苗族自治州 A 级景区主要分布在平坡、缓坡，其次是分布在斜坡地区，分布在陡坡的较少，没有分布在急坡和险坡的景区。

2. 黔南布依族苗族自治州旅游资源空间格局与河流水系关系

黔南布依族苗族自治州大部分旅游资源靠近河流，与河流分布有密切的关系。黔南布依族苗族自治州旅游资源受水系影响较大，大多数 A 级景区呈现沿河流分布的状态（图 2–5）。

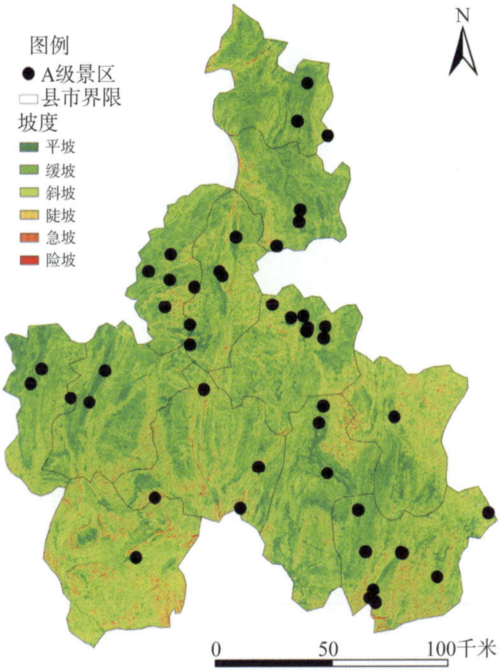

图 2–4　黔南布依族苗族自治州 A 级景区分布与坡度关系

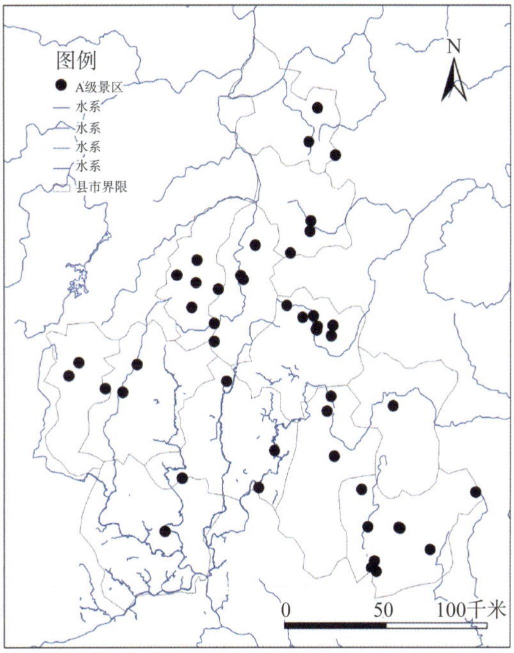

图 2–5　黔南布依族苗族自治州 A 级景区分布与河流关系

二、黔南布依族苗族自治州旅游资源空间格局与人文要素的关系

1. 黔南布依族苗族自治州 A 级景区空间格局与经济的关系

由于数据的可获得性，以 2018 年各县市生产总值作为经济发展水平代表性指标。从经济发展水平看，都匀市经济发展水平最高，其次为福泉市，然后是瓮安县。从 A 级景区数量看，荔波县数量最多，其次是都匀市。

黔南布依族苗族自治州都匀市的 A 级旅游景区数量与经济发展水平呈正比关系，其他县市呈反比关系，尤其是荔波县、龙里县、福泉市等（图 2–6）。

福泉市、瓮安县经济水平较高，主要是由于其工业产值较高，其旅游收入水平不高。因此，黔南布依族苗族自治州旅游资源的潜力还没有得到充分发挥。

2. 黔南布依族苗族自治州 A 级景区空间格局与文化的关系

黔南布依族苗族自治州都匀市由于其作为州府所在地，是当地的经济文化交流中心，

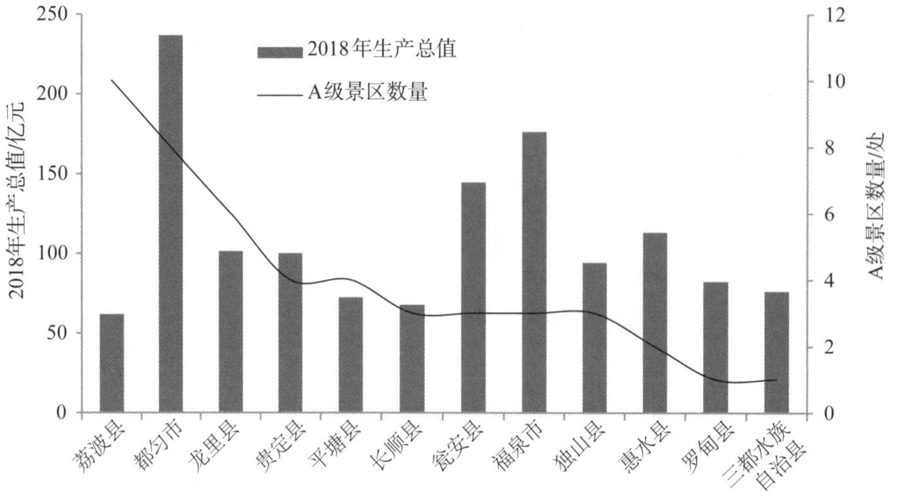

图 2-6　黔南布依族苗族自治州 A 级景区数量与 2018 年生产总值关系

因此，旅游资源比较丰富。北部地区和东部地区的旅游资源亟待发掘。黔南布依族苗族自治州是多民族聚集的区域，尤其是南部几个县市的民族文化具有独特的优势和特色，少数民族文化底蕴深厚，孕育了丰富的人文景观。但由于历史发展原因和客观条件的限制，很多县市的民族文化资源没有得到充分的挖掘和开发，亟待发展。

3. 黔南布依族苗族自治州 A 级景区空间格局与交通的关系

交通状况是决定旅游发展水平的关键因素。一般来说，交通密度大的地区，其旅游发展状况也较好。黔南布依族苗族自治州 A 级旅游景区主要沿交通线分布，交通密度大的区域，景区数量也较多。因此，加强交通设施建设是促进地区旅游发展的重要措施之一。

参考文献

卞显红 .2007. 长江三角洲国家 AAAA 级旅游区空间结构 [J]. 经济地理，27（1）：157-160.

陈帅 .2016 湖南省 A 级旅游景区空间格局及其优化研究 [D]. 华中师范大学 .

程胜龙，陈思源，马交国，等 .2008. 甘肃旅游资源类型及其空间结构研究 [J]. 人文地理，102（4）：105-111.

戴学军，丁登山，许志晖，等 .2005. 旅游景区（点）系统空间结构随机聚集分形研究—以南京市旅游景区（点）系统为例 [J]. 自然资源学报，（5）：706-713.

戴学军，庄大昌，丁登山 .2009. 旅游景区（点）系统空间结构网格分形维数研究 [J]. 人文地理，108（4）：120-137.

董瑞杰，董治宝，曹晓仪 .2014. 中国沙漠旅游资源空间结构与主体功能分区 [J]. 中国沙漠，34（02）：582-589.

樊昊，杨晓霞，白洋 .2015. 我国石窟旅游资源的空间分布特征及影响因素分析 [J]. 西南大学学报（自然科学版)，37（12）：98-103.
樊亚明，徐颂军 .2013. 广东省温泉旅游地空间结构及演化发展 [J]. 华南师范大学学报（自然科学版)，45（03）：99-105.
耿丽娟 .2009. 商洛市旅游资源评价与空间结构研究 [D]. 西安：陕西师范大学 .
关发兰 .1989. 区域旅游系统理论、模式及应用研究 [D]. 北京：中国科学院地理研究所 .
郭泉恩，钟业喜，黄哲明，等 .2013. 江西省宗教旅游资源空间分布特征 [J]. 东华理工大学学报（社会科学版)，32（03）：284-290.
李玏，刘家明，王润，等 .2013. 北京市高尔夫旅游资源空间分布特征及影响因素 [J]. 地理研究，32（10）：1937-1947.
李小建 . 经济地理学 [M]. 北京：高等教育出版社，1999，9.
梁滨，邓祖涛 .2015. 长江中游城市群旅游经济空间格局演化分析 [J]. 经济问题，（09）：125-128.
林巧莺 .2016. 基于 GIS 的泉州市宗教旅游资源空间结构及其成因分析 [J]. 曲阜师范大学学报（自然科学版)，42（04）：89-93.
刘俊，李云云，林楚，等 .2016. 长江旅游带旅游资源空间格局研究 [J]. 长江流域资源与环境，25（07）：1009-1015.
刘丽梅，吕君 .2016. 内蒙古 A 级旅游景区空间结构研究 [J]. 干旱区资源与环境，30（11）：203-208.
陆大道 .1995. 区域发展及其空间结构 [M]. 北京：科学出版社 .
吕建树，刘洋，张祖陆，等 .2011. 鲁北滨海湿地生态旅游资源开发潜力评价及开发策略 [J]. 资源科学，33（9）：1788-1798.
马一帆 .2019. 西宁市旅游资源空间格局研究 [D]. 西宁：青海师范大学 .
马勇，童昀 .2016. 水利旅游资源空间结构特征及自驾车可达性研究——以长江中游城市群国家水利风景区为例 [J]. 长江流域资源与环境，25（08）：1167-1175.
毛彦斌，贾文敏，张爱国 .2006. 山西旅游吸引物空间结构的初步分析 [J]. 山西师范大学学报（自然科学版)，20（3）：84-87.
苗红，张敏 .2014. 基于 GIS 缓冲区分析的西北民族地区“非遗”旅游资源空间结构研究 [J]. 干旱区资源与环境，28（04）：179-186.
齐邦锋，江冲，刘兆德 .2010. 山东省旅游经济差异及旅游空间结构构建 [J]. 地理与地理信息科学，26（05）：98-102.
史密斯 . 南开大学旅游学系译 .1991. 旅游决策与分析方法 [M]. 北京：中国旅游出版社，131-132.
宋福临，汤澎，吴小根 .2010. 江苏省旅游等级景区发展及其空间分布特征研究 [J]. 河南科学，28（1）：121-126.
孙多勇，王银生 .1990. 旅游经济的系统发展战略研究 [J]. 系统工程，8（2）：66-72.
汪德根 .2008. 呼伦贝尔 - 阿尔山旅游区旅游资源空间结构研究 [J]. 干旱区地理，（03）：456-463.
王国新，杨晓娜，苏飞 . 临安市山地气候旅游资源时空分布特征 [J]. 浙江农林大学学报，2015，32（02）：298-307.
王恒，李悦铮 .2010. 大连市旅游景区空间结构分析与优化 [J]. 地域研究与开发，29（1）：84-89.
王洪桥，袁家冬，孟祥君 .2017. 东北地区 A 级旅游景区空间分布特征及影响因素 [J]. 地理科学，37（06）：

895-903.
王良健，杨伟，何剑，等.2004.旅游地域结构的量化研究——以湖南省为例[J].旅游科学，(02)：20-25.
王录仓，杨志鹏，武荣伟，等.甘2016.肃黄河三峡景区旅游资源空间结构研究[J].干旱区研究，33(01)：215-222.
王婷.2016.四川省乡村旅游资源空间结构优化研究[J].中国农业资源与区划，37(07)：232-236.
王昕，齐欣，韦杰.2013.中国黑色旅游资源空间分布研究[J].重庆师范大学学报(自然科学版),30(01)：101-105.
王燕，阎顺，赵彩龙.2009.新疆旅游资源的类型、等级及空间分布特征[J].干旱区地理，127(5)：783-790.
韦跃龙，陈伟海，黄保健，等.2008.中国岩溶旅游资源空间格局[J].桂林工学院学报，28(04)：473-483.
魏鸿雁，章锦河，潘坤友.2006.中国红色旅游资源空间结构分析[J].资源开发与市场，(06)：510-513.
吴必虎，唐子颖.2003.旅游吸引物空间结构分析——以中国首批国家级AAAA级旅游区(点)为例[J].人文地理，18(1)：607-615.
吴必虎.1998.旅游系统：对旅游活动与旅游科学的一种解释[J].旅游学刊，14(1)：21-25.
吴晋峰，包浩生.2002.旅游系统的空间结构模式研究[J].地理科学，22(1)：96-101.
吴黎，李细归，吴清，等.2017.湖北省体育旅游资源空间分布格局研究[J].资源开发与市场，33(02)：223-227.
吴杨，倪欣欣，马仁锋，等.2015.上海工业旅游资源的空间分布与联动特征[J].资源科学，37(12)：2362-2370.
席建超，葛全胜，成升魁，等.2004.旅游资源群：概念特征、空间结构、开发潜力研究——以全国汉地佛教寺院旅游资源为例[J].资源科学，(01)：91-98.
肖光明，陈锦清.2009.肇庆市旅游资源空间结构研究[J].热带地理，29(6)：572-599.
肖绪信.2006.金华市旅游目的地空间结构优化研究[D].金华：浙江师范大学.
薛领，翁瑾.2010.我国区域旅游空间结构演化的微观机理与动态模拟研究[J].旅游学刊，25(08)：26-33.
杨明举，白永平，张晓州，等.2013.中国国家级风景名胜区旅游资源空间结构研究[J].地域研究与开发，32(03)：56-60.
杨小梅，王录仓，李宗省，等.2008.武威市旅游资源空间结构分析及旅游开发优化途径[J].干旱区资源与环境，22(11)：138-145.
杨效忠，陆林，张光生，等.2004.舟山群岛旅游资源空间结构研究[J].地理与地理信息科学，(05)：87-90，113.
杨仲元，徐建刚，林蔚.2016.基于复杂适应系统理论的旅游地空间演化模式——以皖南旅游区为例[J].地理学报，71(06)：1059-1074.
袁书琪.2005.福建省生态旅游资源的总体特征与空间分布[J].辽宁师范大学学报(自然科学版),28(3)：349-351.
约翰•冯•杜能.1986.孤立国同农业和国民经济的关系[M].吴衡康，译.北京：商务印书馆.

张会会 .2015 内蒙古旅游景区（点）区域空间结构分析 [D]. 呼和浩特：内蒙古师范大学 .
张学文 .2011. 常熟旅游景区（点）系统空间结构分析及其优化研究 [J]. 南京：南京师范大学 .
张亚林 .1989. 旅游地域系统及其构成初探 [J]. 地理学与国土研究，（2）.
张志斌，樊芳卉 .2009. 基于模糊聚类的区域旅游资源评价及开发对策研究 [J]. 干旱区资源与环境，23（10）：182-188.
章锦河，赵勇 .2004. 皖南旅游资源空间结构分布 [J]. 地理与地理信息科学，20（1）：99-108.
赵振斌，薛亮，马耀峰 .2009. 旅游资源空间分异模式与区划研究 - 以汉中市为例 [J]. 干旱区资源与环境，23（7）：191-195.
朱鹤，刘家明，陶慧，等 .2015. 基于网络信息的北京市旅游资源吸引力评价及空间分析 [J]. 自然资源学报，30（12）：2081-2094.
朱竑，陈晓亮 .2008. 中国旅游景区空间分布结构研究 [J]. 地理科学，28（5）：607-614.
朱青晓 .2007. 旅游目的地系统空间结构模式探讨 [J]. 地域研究与开发，26（3）：56-60.
Bargeman B,Poel V.2006. The Role of Routines in the Vacation Decision-making Process of Dutch Vacationers[J].Tourism Management,27(4):707-720.
Bevilacqua E,Casti E. 1989. The structure and impact of international tourism in the Veneto region,Italy[J]. Geojournal,19 (3):285-287.
Briton,S.G.1980. The spatial organlzation of tourism in neo-colonial economy:Afijicase study [J].Pacific Viewpoint,21(2):44-65.
Chris Cocklin,Michael Harte,John Hay. 1990. Resource assessment for recreation and tourism:a New Zea land example [J].Landscape and Urban Planning,19(3):291-303.
Christaller. 1964. Some considerations of tourism location in Europe: the peripheral region underdeveloped countries recreation areas[J].Paper and Proceedings of Regional Science Association,12:95-105.
Dianne Dredge. 1999. Destination Place Planning And Design[J].Annals of Tourism Research,26(4): 786.
Douglas G. Pearce. 1999.Tourism in Paris studies at the Microscale[J].Annals of Tourism Research,26(1):77-97.
Giovamli Dietler,Yi-cheng Zhang, 1992. Aspects of the Swiss landscape[J].Statistical Mechanics arid its Applications,191(1):213-219.
Gormsen,E, 1981. The spatio-temporal development of international tourism: attempt at a center-periphery model. In La Consummation D escape Parle Tourism preservation,Chet,Aix-en-Provence,1(10):170.
Gunn C A. 1988. Tourism planning. New York: Taylor& Francis
Gunn C A. 1988. Vaeatlonscape: designing Tourist Regions[M].New York: Van Nestrand Reinhold.
Isabelle Thomas,Pierre Frankhauser,Christophe Biernacki. 2008. The morphology of built-up landscapes in Wallonia (Belgium):a classification using fractal indices[J].Landscape and Urban Planning,
Jose V Ball.2005. Landscape preferences and behavior of visitors to London[J].Lands cape and Urban Planning,2(9):45-60.
Judd.1995. Promoting Tourism in US Cites [J].Tourism Management.
Julianna Priskin.2001. Assessment of natural resources for nature-based tourism:the case of the Central Coast

Region of Western Australia[J].Tourism Management, 22(5):637-648.

Lundgren. 1977. The impacts of tourism in the Caribean,A methodological study[J]. Annals of Tourism Researeh, 4(5):248-267.

Mihail N,Diakomihalis.2007. Chapter 13 Greek Maritime Tourism: Evolution Structure and Prospects. Research in Transportation Economics,Volume 21,:419-455.

Miossec.R W. 1976. The concept of a tourist area cycle of evolution: Implications for management of resources[J].Canadian Geographer, 24,(1):5-12.

Nathaniel A Lifton,Clement G Chase.1992. Tectonic, Climatic and lithologic influences on landscape evaluation dimension and hypsometry: implications for lands cape the San Gabriel Mountains,California[J]. Geomorphology,5(1-2):77-114.

Pearce Douglas. 1995. Tourist development.A Geogaphical Analysis[M].Longman Press, l-25.

Ralf Buckey.2007. A framework for eco-tourism[J]Annals of tourism reasearth,21(3):661-664.

Tri Rahayuningsih,Harini Muntasib. 2016. Nature Based Tourism Resoures Assessment Using Geographic Information System(GIS): Case Study in Bogor[J]. Procedia Environmental Sciences,33(3): 365-375.

Weaver D B.1998. Peripheries of the periphery: tourism in Tobago and Barbuda[J].Annals of Tourism Research,25(2):292-313.

第三章　黔南布依族苗族自治州旅游扶贫效率分析

第一节　背景及意义

黔南旅游资源丰富，集革命老区、世界自然遗产地、FAST 工程、世界地质公园等于一体，自然旅游资源类型多样，人文资源品位较高。但长期受制于社会经济水平低、交通基础薄弱、自然环境脆弱，气象灾害和地质灾害易发多发等旅游业未能充分开发。本区社会经济水平较低，是国家进行扶贫攻坚的主战场之一，实践证明旅游扶贫是比较有效的扶贫方式。

近年来，黔南旅游业在改善公共基础设施、优化产业结构、促进文化交流等方面发挥了重要作用，在增加经济收入、缓解就业压力等方面也具有重要的拉动作用，作为现代服务业的重要组成部分，其经济社会效应开始显现。但黔南旅游业发展在空间分布上存在较大差异，因此，立足黔南旅游业发展现状，定量分析黔南布依族苗族自治州旅游发展水平、评估旅游扶贫效率，并揭示其驱动机制，有助于优化旅游发展空间布局，挖掘旅游业发展潜力，促进黔南布依族苗族自治州旅游竞争力提升、旅游扶贫政策的调整和完善，实现该区域旅游业健康发展。

随着人民生活水平的不断提高，国民开阔眼界、增长文化见识、享受自然美景的愿望不断增强，旅游需求旺盛，休闲旅游逐渐成为人们生活的重要组成部分。旅游是提高人民生活质量的重要方式。旅游业的迅速发展对增加国民经济收入、解决就业、拉动消费等方面的影响显著（万红莲等，2017；李秋雨等，2016）。旅游产业的明显效益促进了县域旅游产业发展。各县在统筹城乡发展的角度，在“旅游兴县”的目标指引下，为了破除城乡二元结构、拉动内需、增加就业、招商引资等方面的需要，积极挖掘旅游资源、完善旅游发展思路，着力打造特色旅游精品。旅游扶贫是精准扶贫的主要途径（孙春雷等,2018）。我国国家级贫困县中大部分有着品级极高的旅游资源，但是其经济发展落后、地理区位闭塞（查建平等，2015）。因此，在发展和保护生态环境的同时，改善当地的基础设施促进旅游发展，也为这些地区的脱贫提供了现实的可能。

黔南布依族苗族自治州地处贵州省中南部，处于长江中上游和珠江上游水源地生态保护区和水源涵养区；位于云贵高原中南部，喀斯特地貌显著；山地较多，地形地貌条件复杂，地势西北高东南低，崎岖不平；属于高原亚热带季风气候区，雨量较丰，多云雾、少日照，冬不冷、夏不热，气候条件优越。各县市人文、自然旅游资源非常丰富，融山川、溶洞、峡谷、森林、民族特色文化等于一体，拥有世界遗产地、非遗产品产地等世界级旅游资源，旅游产业发展前景广阔。

第二节　黔南布依族苗族自治州旅游专业化程度分析

一、数据来源

本书研究的相关数据来源于贵州省旅游发展委员会官网、黔南布依族苗族自治州各县市国民经济和社会发展统计公报、黔南布依族苗族自治州各县市人民政府网站。

基于实地调查，参考相关文献，结合黔南布依族苗族自治州实际，选取了黔南布依族苗族自治州各县市旅游综合收入、人均 GDP、农民人均纯收入作为研究指标，建立评估指标体系。

二、各县市旅游发展水平分析

结合区位商模型，探讨黔南布依族苗族自治州各县市旅游业发展水平的时空演变；结合 DEA 模型，定量分析黔南布依族苗族自治州旅游扶贫效率的动态变化，探讨提升旅游发展水平和提高旅游扶贫效率的有效途径。

黔南布依族苗族自治州多姿多彩的民族文化为黔南布依族苗族自治州旅游业的发展提供了丰富的风土人情资源。黔南布依族苗族自治州在贵州省提出大力发展旅游事业的形势下，积极发展旅游业，其旅游业发展在近年来取得了很大成绩。立足于黔南布依族苗族自治州旅游业发展现状，探讨黔南布依族苗族自治州旅游资源分布特点及其空间分异性，为优化黔南布依族苗族自治州旅游业空间布局，促进黔南布依族苗族自治州旅游业平衡、协调、健康发展具有重要意义。

旅游产业集聚是提高其核心竞争力的重要标志，可以通过区位商来判断旅游发展的专业化程度。区位商（Location Quotient，简称 LQ），又称专门化率。研究表明，LQ 值越大，表示专业化水平越高，规模、效率优势越明显（蒋喆等，2016）。

旅游产业集中是其发展规模扩大的必经过程；旅游产业集中度越高，旅游发展水平越高，其旅游竞争力越高。旅游产业集中度的计算公式如下：

$$LQ_{ij} = (L_{ij}/Q_{ij})/(L/Q)$$

式中：LQ_{ij} 为旅游产业集中度，其数值大小表示其在区域内的重要程度；L_{ij} 表示 i 县市旅游业产值；Q_{ij} 为 i 县市国民生产总产值；L 指研究区旅游业总产值；Q 为研究区国民生产总产值。

当 $LQ_{ij}>1$ 时，表示研究区旅游产业集中度高于研究区平均水平，具有产业竞争优势，适合进行旅游资源开发；当 $LQ_{ij}<1$ 时，表示其集中度低于研究区平均水平，说明该区域在旅游产业竞争中处于劣势地位。当 LQ_{ij}=1 时，说明研究区旅游产业集中度一般。

从整体来看，2015 ~ 2017 年黔南布依族苗族自治州旅游业的 *LQ* 值显示黔南布依族苗族自治州旅游业专业化水平不断提升。黔南布依族苗族自治州研究期间各年的 *LQ* 平均值都大于 1（表 3–1），说明黔南布依族苗族自治州的旅游业优势明显，专业化程度较高。

表 3–1 黔南布依族苗族自治州及各县市旅游产业集中度

地区	年份			平均值
	2015	2016	2017	
福泉市	0.46	0.52	0.50	0.49
瓮安县	0.49	0.53	0.52	0.51
贵定县	1.18	1.15	1.24	1.19
龙里县	0.33	0.48	0.49	0.43
惠水县	0.36	0.39	0.38	0.38
长顺县	0.82	0.88	0.85	0.85
平塘县	2.46	2.03	2.02	2.17
罗甸县	0.17	0.19	0.19	0.18
荔波县	3.15	2.62	2.37	2.71
三都水族自治县	1.15	1.14	1.07	1.12
独山县	1.15	1.09	1.64	1.29
都匀市	1.36	1.45	1.35	1.39
平均值	1.09	1.04	1.05	1.06

从各县市情况来看，2015 年、2016 年、2017 年黔南布依族苗族自治州 *LQ* 值大于 1 的县市有 6 个，*LQ* 值大于 1 的地区占所有地区的 50%。荔波县、平塘县、都匀市、贵定县、三都水族自治县、独山县 6 个县市的旅游产业集中度较高（表 3–1），说明以上县市的旅游业专业化水平比较高。其中，荔波县、平塘县的区位商指数大于 2，说明其旅游优势明显，呈现明显的旅游极化现象；但其区位商指数在减小，说明随着其他县市基础条件的建设及旅游发展力度的提高，旅游极化程度在逐渐减小。贵定县和独山县的 *LQ* 值大于 1，但小于 2，且总体呈上升趋势，说明其旅游发展潜力较大。三都水族自治县和都匀市的 *LQ* 值大于 1 小于 2，但总体呈现微弱的下降趋势，说明其旅游发展的趋势逐渐减弱。以上 6 个县市的旅游产业集中度高于黔南布依族苗族自治州平均水平，在旅游产业发展中具有产业竞争优势。

LQ 值在 0.5 ~ 1 之间 2015 年为 1 个，是长顺县，2016 年、2017 年为 3 个，为长顺县、瓮安县、福泉市。这些地区属于相对比较优势地区。2015 年 *LQ* 值小于 0.5 的县市有 5 个，分别为瓮安县、福泉市、惠水县、龙里县、罗甸县；2016 年、2017 年为 3 个，分别是龙里县、惠水县、罗甸县，旅游业在这些地区属于弱势产业。*LQ* 值小于 1，说明其旅游业集中度低于黔南布依族苗族自治州平均水平，旅游产业集聚测度较低，旅游竞争优势不足。

分析黔南布依族苗族自治州各县市的 *LQ* 值，对其旅游资源条件进行详细分类（表 3–2）。

表 3–2　黔南布依族苗族自治州各县市旅游产业集聚分析

竞争态势特征	*LQ*>1，趋势上升	*LQ*≈1，变化较小	*LQ*>1，趋势下降	*LQ*<1，变化较小
区域类型	优势区域	潜力区域	实力区域	劣势区域
县市	贵定县、独山县	都匀市、三都水族自治县、长顺县	荔波县、平塘县	福泉市、瓮安县、龙里县、惠水县、罗甸县

1. 优势区域（*LQ* > 1，趋势上升）

表示具有竞争优势的区域，包括贵定县和独山县。贵定县和独山县旅游产业集聚平均值超过临界值 1，且其区位商呈增长趋势，高于全州的平均程度，表明贵定县和独山县近几年其旅游集聚效益增长较快，因此，贵定县和独山县属于具有竞争优势的旅游产业集聚区域。

贵定县有盘江 – 音寨民族风情区、云雾湖休闲观光度假景区、洛北河漂流景区、城隍庙等休闲观光、漂流探险和重点文物等旅游资源。独山县除了具有天洞景区、深河桥红色旅游景区、奎文阁重点保护文物和翠泉森林公园等优质景区外，还有具有地质景观的大河口瀑布、阳地民族文化村等旅游景区（表 3–3）。

表 3–3　黔南布依族苗族自治州旅游优势区域资源类型

名称		旅游资源类型
贵定县	阳宝山宗教文化旅游景区（AAA）	宗教文化旅游区
	金海雪山景区（AAA）	休闲、观光
	金海雪山四季花谷景区（AAA）	休闲、观光
	云雾茶乡旅游景区（AAA）	休闲、体验
独山县	独山天洞景区（AAA）	特色文化休闲景区
	独山深河桥抗日文化园（AA）	红色旅游景区
	独山奎文阁（AA）	重点文物保护
	翠泉森林公园（AAA）	森林旅游、休闲、探险

2. 潜力区域（$LQ \approx 1$，变化较小）

都匀市、三都水族自治县、长顺县等3个县市的旅游产业集中度值稍高于临界值，以上区域旅游产业的集聚程度较低，但其旅游产业集聚优势正在逐渐显现，属于具有竞争潜力的区域。三都水族自治县旅游资源非常丰富，如水族马尾绣、怎雷水族文化村、排烧村、尧人山国家森林公园、都柳江风景名胜区、都江古城遗址等都具有极大的开发潜力（表3-4）。

表3-4　黔南布依族苗族自治州旅游集聚潜力区域资源类型

名称		旅游资源类型
都匀市	都匀茶文化影视小镇景区（AAAA）	文化休闲
	文峰园（AAA）	休闲娱乐健身
	东山公园（AA）	文化休闲
	青云湖国家森林公园（AAA）	休闲度假
	杉木湖城市中央公园（AAA）	休闲度假
	斗篷山—剑江国家重点风景名胜区（AAA）	科研考察、探险
三都水族自治县	姑鲁产蛋崖（AAA）	地质考察、观光
长顺县	神泉谷休闲旅游度假区（AAA）	观光、休闲、度假
	杜鹃湖景区（AAA）	全国唯一的水上杜鹃花区
	凤凰坝乡村休闲度假区（AAA）	休闲度假

3. 实力区域（$LQ > 1$，趋势下降）

荔波县和平塘县旅游资源丰富且品位较高（表3-5），旅游资源知名度在黔南布依族苗族自治州具有显著优势。

表3-5　黔南布依族苗族自治州旅游集聚实力区域资源类型

名称		旅游资源类型
荔波县	樟江国家级风景名胜区（AAAAA）	喀斯特原始森林生态奇观
	瑶山古寨瑶族风情（AAA）	民族文化
	恩铭故里景区（AAA）	红色之旅
	寨票民宿景区（AAA）	少数民族民风民俗
	古镇景区（AAA）	少数民族民风民俗
	佳荣大土苗寨景区（AAA）	少数民族民风民俗
	梦柳布依风情小镇景区（AAA）	少数民族民风民俗
	瑶麓青瑶古风园（AAA）	民族风情
平塘县	中国天眼景区（AAAA）	科普体验、天文旅游

续表

名称		旅游资源类型
平塘县	掌布“藏字石”景区（AAAA）	地质公园
	天坑群景区（AAA）	
	甲茶景区（AAA）	休闲度假
	京舟康体养生乐园（AAA）	休闲康养
	者密镇六硐景区（AAA）	生态农业旅游

具有竞争实力的荔波县和平塘县 *LQ* 值高于临界值 1，表明其旅游集聚程度高于平均水平，具有相当的竞争实力，但呈现略有下降的趋势，表明发展中还有需要协调的地方。

4. 劣势区域（$LQ < 1$，变化较小）

福泉市、瓮安县、龙里县、惠水县、罗甸县 5 个县市的 *LQ* 值均低于临界值 1，表明其旅游产业的集聚程度低于全州平均水平，属于具有竞争劣势的区域，旅游产业竞争能力亟待提高。

目前，福泉市、瓮安县、龙里县、惠水县、罗甸县 5 个县市正在大力挖掘旅游资源，积极提升旅游质量，AAA、AAAA 级旅游景区逐渐增多（表 3-6），但是相对于成熟景区来说，知名度不高，宣传力度还需要加大，需要采取多种形式的宣传方式增加吸引力。

表 3-6 黔南布依族苗族自治州旅游集聚劣势区域资源类型

名称		旅游资源类型
福泉市	福泉古城（AAAA）	重点文物保护
	双谷生态体育公园（AAA）	休闲体育探险
	黄丝江边旅游景区（AAA）	特色文化休闲景区
瓮安县	瓮安草塘千年古邑旅游区（AAAA）	贵州省爱国主义教育基地、贵州省重点文物保护单位
	映山红景区（AA）	红色之旅
	朱家山森林公园（AAA）	休闲度假、探险漂流
龙里县	双龙镇巫山大峡谷（AAAA）	休闲、度假
	龙里大草原（AAA）	观光、休闲
	十里刺梨沟景区（AAA）	休闲、观光、度假
	龙里湾滩河镇孔雀寨景区（AAA）	旅游度假休闲
	龙架山国家森林公园（AAA）	休闲度假
惠水县	惠水好花红旅游区（AAAA）	休闲、体验、民俗
	涟江公园（AAA）	休闲、科普、康养
罗甸县	天眼驿站景区（AAA）	天文体验、观光、民俗、休闲度假
	高原千岛湖休闲度假园区（AAA）	科普、休闲、体育

总体来看，黔南布依族苗族自治州各县市的旅游产业集聚程度存在较大差异。荔波、平塘、贵定、独山、都匀、三都、长顺等县市的旅游产业集聚较高，尤其是荔波、平塘、贵定和独山的产业集聚绩效值要高于其他区域，旅游集聚区具有综合性、集聚性，是旅游业发展重点打造的区域。都匀市、三都水族自治县、长顺县属于大力挖掘潜力的县市；福泉市、瓮安县、龙里县、惠水县、罗甸县等县市的旅游产业集聚程度较低，需要充分发掘旅游资源和打造旅游景区，提高旅游景区知名度。

第三节　旅游扶贫效率评估

旅游扶贫的实质是指通过旅游产业的发展帮助当地人民摆脱贫困（耿长伟等，2018）。研究表明，可以用旅游扶贫效率来反映旅游业帮助贫困地区人民的脱贫力度。有关旅游扶贫效率的研究，国外主要集中在理论（张朋等，2003；Schilcher D.，2007）、方式（Nyaupane G.P.et al.，2011；Hampton M.P.，2005）及旅游扶贫对宏观经济的影响及贡献（Goodwin H.，2009；Mitchell J.et al.，2007）等方面。国内学者从不同角度深入研究了旅游扶贫及相关概念（周歆红，2002；丁焕峰，2004）、旅游扶贫发展模式的研究（胡锡茹，2003；赵丽丽，2003；梁明珠，2004；李永文等，2004；龙祖坤等，2015），为旅游扶贫实践提供了理论指导。目前旅游业促进了黔南布依族苗族自治州的经济增长，降低了贫困发生率，但是旅游业的扶贫效率的高低亟待评价。

本书运用DEA模型研究黔南布依族苗族自治州旅游扶贫效率，其具体研究步骤如下：①确定DMU，即黔南布依族苗族自治州各县市；②构建评价指标体系；③DEA结果分析。

通过实地调查和文献阅读，结合黔南布依族苗族自治州实际，同时考虑黔南布依族苗族自治州各县市相关研究数据的可获得性，选取人均GDP和农民人均纯收入衡量地区的贫困程度。旅游综合收入和旅游人数是直观反映旅游业发展的好坏最简单直观的可计算指标。由于黔南布依族苗族自治州各县市的旅游人数统计数据不完整，故仅仅选择旅游总收入作为投入指标。

一、旅游扶贫效率分析

本书基于数据包络分析方法运行DEAP2.1软件，测算近3年来黔南布依族苗族自治州12县市的旅游扶贫效率（表3-7）。通过选取投入产出指标，构建旅游扶贫效率评价体系，可以客观评价其水平的高低（耿长伟等，2018）。

黔南布依族苗族自治州旅游扶贫效率2015 ~ 2017年的平均值为0.293、0.297、0.290。从旅游扶贫效率计算值来看，黔南布依族苗族自治州各县市的旅游扶贫效率偏低。究其原因主要由于其独特的地理位置和经济社会发展的长期滞后使得其旅游发展和经济增长起点较低。黔南布依族苗族自治州所有县市中只有罗甸县旅游扶贫综合效率达到了 DEA 有效。

计算结果表明，2015 年、2016 年，非 DEA 有效的县市中，仅有龙里县、惠水县、福泉市和瓮安县综合扶贫效率高于黔南布依族苗族自治州平均水平，其余县市低于州平均值。从整体来看，提高规模效率是黔南布依族苗族自治州旅游扶贫需要解决的问题。

表 3-7　2015 ~ 2017 年黔南布依族苗族自治州各县市旅游扶贫效率

DMU	2015 年				2016 年				2017 年			
	CRS	VRS	S	规模收益	CRS	VRS	S	规模收益	CRS	VRS	S	规模收益
福泉市	0.316	0.977	0.323	drs	0.304	0.979	0.311	drs	0.307	0.730	0.421	drs
瓮安县	0.321	0.818	0.392	drs	0.329	1.000	0.329	drs	0.325	1.000	0.325	drs
贵定县	0.108	0.832	0.130	drs	0.150	0.929	0.161	drs	0.136	0.228	0.596	drs
龙里县	0.562	1.000	0.562	drs	0.425	1.000	0.425	drs	0.407	1.000	0.407	drs
惠水县	0.460	0.757	0.607	drs	0.502	1.000	0.502	drs	0.490	1.000	0.490	drs
长顺县	0.218	0.758	0.287	drs	0.226	0.900	0.251	drs	0.229	0.304	0.751	drs
平塘县	0.071	0.706	0.101	drs	0.094	0.853	0.094	drs	0.094	0.099	0.950	irs
罗甸县	1.000	1.000	1.000	–	1.000	1.000	1.000	–	1.000	1.000	1.000	–
荔波县	0.056	0.869	0.065	drs	0.074	0.873	0.085	drs	0.080	0.164	0.490	drs
三都水族自治县	0.152	0.699	0.218	drs	0.184	0.894	0.205	drs	0.191	0.200	0.956	irs
独山县	0.150	0.765	0.196	drs	0.173	0.926	0.186	drs	0.113	0.137	0.829	drs
都匀市	0.101	0.999	0.101	drs	0.102	1.000	0.102	drs	0.108	1.000	0.108	drs
平均值	0.293	0.848	0.332		0.297	0.946	0.306		0.290	0.572	0.610	

注：“DMU”表示决策单元；“CRS”为综合效率；“VRS”为纯技术效率；“S”为规模效率；“drs”为规模效益递减；“irs”为规模效益递增；“–”为规模效益不变。

2017 年的情况有所变化，瓮安县、龙里县、惠水县和罗甸县的技术效率达到 DEA 有效，但是需要提高规模效率；平塘县、三都水族自治县、独山县、长顺县规模效益较高，且平塘县和三都水族自治县的规模效益开始呈现递增趋势，但技术效率相对较低导致综合效率较低，需要提高管理等技术效率。旅游比较发达区域的旅游扶贫效率值不高的原因，是由于旅游发展程度较高的县市，旅游业发展势头强劲，扩张速度较快，减弱了旅游扶贫的经济效益。

黔南布依族苗族自治州各县市旅游资源和禀赋差异较大，各地旅游业发展上的选择各异，为了实现整体扶贫效率的提高，需要开展多种形式的创业模式，如开展具有民族特色的民宿、饭馆、纪念馆等各种扶贫新业态，借助旅游扶贫高效率和低效率区域协调发展，促进旅游扶贫的共同提高。

旅游业的发展可以推动就业和经济增长，旅游产业的快速发展，对于经济持续稳定发展具有重要意义。基于统计数据对黔南布依族苗族自治州各县市的旅游发展水平进行了测度，发现黔南布依族苗族自治州各县市的旅游发展水平较高但不均衡。从旅游发展专业化水平来看，荔波县和平塘县旅游资源丰富且品质较高，属于实力区域；贵定县和独山县旅游资源丰富且发展较快，属于具有优势的区域；都匀市、三都水族自治县、长顺县旅游资源极具潜力；福泉市、瓮安县、龙里县、惠水县、罗甸县旅游资源较丰富，但发展较缓慢，处于旅游发展劣势区域。从旅游扶贫效率视角看，黔南布依族苗族自治州各县市旅游扶贫效率存在区域差异。测算结果显示由于受技术、规模等因素的影响和制约，黔南布依族苗族自治州各县市旅游扶贫效率较低且不均衡，仅有罗甸县实现了DEA有效。大多数县市的旅游规模报酬递减，提高旅游扶贫综合效率的主要方式是提高规模效益。通过加强旅游景点的保护性投资，促进旅游发展的持续性；通过提升旅游质量，发展“旅游+”多种模式，促进全域旅游发展；逐步达到促进黔南布依族苗族自治州产业结构调整和优化，促进国民经济健康稳定发展。

二、黔南布依族苗族自治州旅游发展建议

1. 促进旅游发展的策略和措施

黔南布依族苗族自治州旅游资源丰富但是比较分散，由于自然条件和历史原因造成长期的交通不便和经济相对滞后，在保持“生态与发展”底线、保护生态环境、促进生态文明建设的背景下，应着重从以下角度发展旅游业：

（1）加大旅游资源的调研力度，挖掘优势资源，整合质量不高的景区景点；优化产业结构，开发挖掘新的旅游景区和景点，通过对现有景区景点的优化组合，实现区域旅游业发展摆脱旅游资源的约束，实现旅游资源的转型升级。

（2）深化旅游区域间的合作，实现优势互补，保持自身旅游业高速稳定发展的同时促进其他区域的发展；加强与相邻景区、客源地的交流互动，完善信息沟通。

（3）增强宣传力度，创新营销方式，利用新媒体等多种方式推广黔南布依族苗族自治州的旅游优势资源。

（4）提升旅游地基础设施建设，打通“最后1千米”的瓶颈约束，促进地方旅游顺畅发展。

（5）实施旅游质量提升理念，与地方高校联合培养高质量的旅游工作人员，树立黔南旅游形象，打造黔南旅游品牌，借助质量提升竞争优势，促进旅游业的持续健康发展。

2. 提升旅游扶贫效率的建议

黔南布依族苗族自治州旅游发展速度较快，发展水平较高，但是旅游扶贫效率总体

较低，为了实现旅游扶贫 DEA 有效，需要对投入目标值进行优化，增加旅游基础设施建设、提升旅游接待容量等措施，积极推进基于特色发展的全域旅游开发。

增加原始旅游业态的投入，打造原生态旅游环境。由于资金的趋利性，原始业态较难吸引资金，因此需要加强政策引导，促进旅游业的均衡发展，提高旅游扶贫效率。

全面推进各县市具有特色的旅游景区建设，大力推进旅游业转型升级，整合产业链，充分利用发展较好的相对优势产业以降低旅游业发展的成本保持产业效率。在全面拓展旅游发展与各产业的融合上做到“旅游 + 特色产业”：发展“旅游 + 生态农业”可以提升民族地区乡村旅游和休闲旅游产业质量；发展“旅游 + 小型农产品加工工业”，利用黔南布依族苗族自治州三线建设时期的工业基地优势，进行合理转型发展工业旅游；发展“旅游 + 文化”，在旅游项目设计中充分融入民族文化元素，打造文化旅游深度融合；发展“旅游 + 体育、康养”，从旅游视角打造体育康养旅游产业发展，充分挖掘游客可以高度参与的康养活动和体育赛事的发展；发展“旅游 + 互联网”，推进黔南布依族苗族自治州智慧旅游及旅游平台信息化建设；在重点打造旅游景区的龙头带动作用、精品效应的作用下，实现山水联动，促进全域旅游发展。

黔南布依族苗族自治州优质旅游资源较多，发展旅游产业中应该选取实力较强、开发较好的荔波县等带动黔南布依族苗族自治州旅游业的发展，同时积极开发全域旅游模式，将全域旅游发展与旅游扶贫相结合，优化提升贫困地区的旅游资源、生态环境、文明程度等，实现区域资源有机整合、贫困人口的脱贫致富。

参考文献

查建平，王挺之 .2015. 环境约束条件下景区旅游效率与旅游生产率评估 [J]. 中国人口 • 资源与环境，(5)：92-99.

丁焕峰 .2004. 国内旅游扶贫研究述评 [J]. 旅游学刊，(3)：32-36.

耿长伟，段正梁，曾美艳 .2018. 基于 DEA 模型的六盘山片区旅游扶贫效率评价研究 [J]. 中南林业科技大学学报（社会科学版），12 (1)：57-64.

胡锡茹 .2003. 云南旅游扶贫的三种模式 [J]. 经济问题探索，(5)：109-111.

蒋喆，文军，李星群等 .2016. 广西旅游业水平测度与空间分异探讨 [J]. 广西社会科学，(4)：19-24.

李秋雨，朱麟奇，刘继生 .2016. 中国旅游业对经济增长贡献的差异性研究 [J]. 中国人口 • 资源与环境，26 (4)：73-79.

李永文，2004. 陈玉英 . 旅游扶贫开发的 RHB 战略初探 [J]. 经济地理，(4)：560-563.

梁明珠 .2004. 生态旅游与“三农”利益保障机制探讨 [J]. 旅游学刊，(6)：69-72.

龙祖坤，2015. 杜倩文，周婷 . 武陵山区旅游扶贫效率的时间演进与空间分异 [J]. 经济地理，(10)：210-217.

孙春雷，张明善 .2018. 精准扶贫背景下旅游扶贫效率研究——以湖北大别山区为例 [J]. 中国软科学，(4)：65-73.

万红莲，赵亚伟，王宝琪，等.2017. 宝鸡市近 10 年旅游产业对区域经济增长贡献的计量分析 [J]. 宝鸡文理学院学报（自然科学版），37（3）：72-75，92.

张朋，王波.2003. 国外社区参与旅游发展对我国的启示—以英国南彭布鲁克为例 [J]. 福建地理，（4）：38-40，45.

赵丽丽.2003. 我国西南地区旅游扶贫研究与实例应用分析 [D]. 成都：西南石油学院：56-98.

周歆红.2002. 关注旅游扶贫的核心问题 [J]. 旅游学刊，（1）：17-21.

Goodwin H. 2009. Reflections on 10 years of pro- poor tourism[J].Journal of Policy Research in Tourism, Leisure and Events,1(1):90-94.

Hampton M P. 2005. Heritage, local communities and economic development[J]. Annals of Tourism Research, 32(3):735-759.

Mitchell J,Faal J.2007. Holiday package tourism and the poor in the Gambia[J].Development Southern Africa,24(3):445-464.

Nyaupane G P, Poudel S. 2011. Linkages among biodiversity, livelihood and tourism[J].Annals of Tourism Research, 38(4): 1344-1366.

Schilcher D.2007. Growth versus equity: The continuum of Tourism Poverty Alleviation and neoliberal governance[J]. Current Issues in Tourism, 10(2):166-193.

第二篇

黔南布依族苗族自治州旅游生态环境及其演化格局

>>>

第四章　黔南布依族苗族自治州旅游生态环境概况

第一节　生态环境及旅游生态环境

生态环境是指对人类生存和发展有影响的自然因子的综合（王孟本，2003）。一般认为生态环境是关系到社会和经济持续发展的复合生态系统，是指适宜人类生存和发展的物质条件的综合体，也就是与人类关系密切的、影响人类生存与发展的土地、气候、生物以及水体等资源的总称，是关系到社会和经济持续发展的复合生态系统。生态环境问题是指人类为其自身生存和发展，在利用和改造自然的过程中，对自然环境破坏和污染所产生的危害人类生存的各种负反馈效应。因此，研究生态环境及其变化有助于促进社会和经济持续发展。

1950 年以来，我国国民旅游活动呈现逐步发展态势；20 世纪 80 年代以来，随着改革开放和经济的持续增长，我国旅游业迅猛发展。由于旅游业具有“投入少、效益高、污染小”等优势特点，因此被社会各界认定为“朝阳产业”，很多地区将旅游业列为支柱产业或主导产业。

当前我国旅游业快速发展，在推动经济发展的同时，由于不合理开发利用，自然环境受到严重影响，自然灾害发生概率呈上升趋势。根本原因在于盲目追求眼前利益，忽视了旅游景区可持续发展的重要性。

旅游产业的健康发展要以可持续发展理论为指导，对其生态环境因子进行敏感性分析，避免可能发生的生态环境灾难。旅游生态环境中的敏感性因素主要包括资源、高程、坡度、坡向、水体、土地、空气等自然环境因素，其质量优劣是旅游发展规划的重要依据。因此，结合高程、坡度、土地利用类型等环境因子敏感性的高低，对旅游景区的资源敏感性程度进行分析，是合理保护环境的具体措施，是提高旅游环境预警和保护科学性的重要方式，能促进旅游景区的可持续发展。

第二节　黔南布依族苗族自治州旅游生态环境概况

黔南布依族苗族自治州旅游业快速发展，在推动旅游地经济发展的同时，部分地区存在对自然环境的过度开发或不合理利用等问题，如对水体、山地的不合理开发，使旅游地自然环境遭到破坏，进而导致旅游产品质量下降，影响了旅游地对人们的吸引力。

旅游景区不合理利用和破坏可能会导致灾害事件的发生，直接影响和制约当地的社会经济发展。对已开发或未开发景区进行合理开发和保护是有效利用资源、保护环境的重要方式，也是旅游景区可持续发展的重要手段。

一、地理概况

黔南布依族苗族自治州是全国30个少数民族自治州之一，成立于1956年8月，地处中国西南部、贵州省中南部。东与本省黔东南苗族侗族自治州相连，南与广西壮族自治区河池市毗邻，西与安顺市、黔西南布依族苗族自治州接壤，北靠省会贵阳。地处东经106° 12′ ~ 108° 18′，北纬25° 04′ ~ 27° 29′ 之间。东西跨经度2° 06′，南北跨纬度2° 25′。南北长249.5千米，东西宽207.6千米，总面积2.6197平方千米，占贵州省总面积的15%。辖12县（市、区），分别为都匀市、福泉市、荔波县、贵定县、瓮安县、独山县、平塘县、罗甸县、长顺县、龙里县、惠水县、三都水族自治县。地区北部较为狭窄，到中部后逐渐向东西方向扩展，地域轮廓呈凸字形（图4-1）。

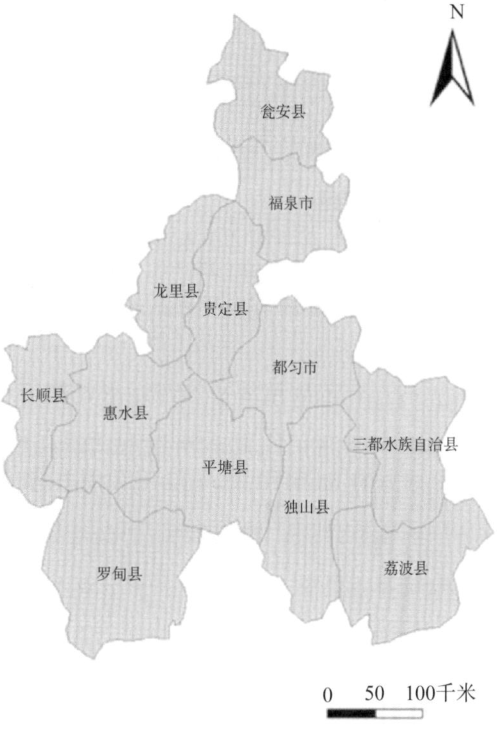

图4-1　黔南布依族苗族自治州及其下辖县市示意图

黔南是贵州的南大门，位于大岭南和大西南两大地理单元的重要节点，具有“东经湘赣通沪浙，南下两广接港澳，西过云南连东盟，北上川渝进西北”的独特区位优势，是大西南面向华南、岭南的交通咽喉，也是南下出海最近的通道。途经黔南的贵广高铁、沪昆高铁、黔桂铁路、湘黔铁路构成了连通西南、西北与华南、岭南的大动脉；境内有厦蓉高速、兰海高速、沪昆高速等高速路网的联通，实现了“县县通高速”；内河航运可直通长江、珠江两条黄金水道；西南成品油管道、中缅油气管道横贯黔南布依族苗族自治州，荔波机场开通贵阳、广州等地航班，州府都匀市到贵阳龙洞堡机场仅需1小时，形成了集铁路、公路、水运、航空、管道运输于一体的现代综合交通体系。同时，环贵阳地缘优势明显，是贵州省环贵阳（黔中经济区核心）县（市）最多的地区，7个县（市）纳入黔中经济区，6个县（市）与贵阳毗邻（黔南布依族苗族自治州人民政府门户网站）。

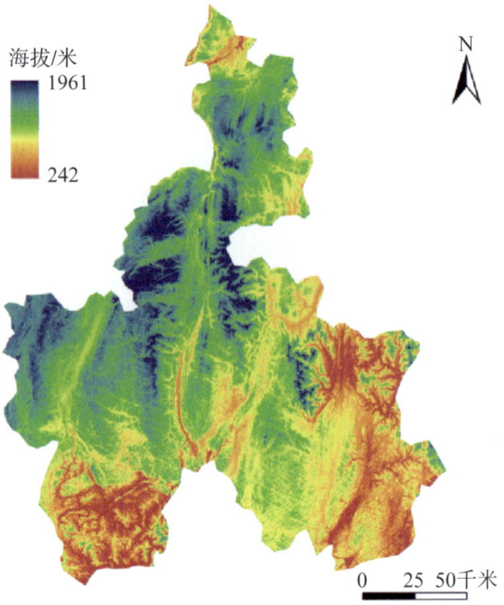

图 4-2 黔南布依族苗族自治州地形示意图

二、地形地貌

黔南布依族苗族自治州地处云贵高原东南部向广西丘陵过渡的斜坡地带，地势西北高、东南低，平均海拔997米。以山地高原为主，苗岭横贯。红水河、都柳江流经，横亘于黔南布依族苗族自治州境内的苗岭是长江水系与珠江水系的分水岭。还拥有世界上同纬度仅有的保存完好的喀斯特森林地貌。

1. 黔南布依族苗族自治州地形地貌特点

黔南布依族苗族自治州处于贵州高原向广西丘陵过渡的斜坡地带，地势北高南低，全州最高点位于贵定、都匀之间的斗篷山，海拔1961米；全州最低点位于罗甸红水河出境处，海拔242米；高低相差1719米（图4-2）。

全州平均海拔997米，低于全省1107米的平均海拔。根据不同海拔范围内的统计数据，全州海拔800米以下的范围占土地总面积的20.65%；800 ~ 1000米范围内占比为23.62%；1000 ~ 1200米范围内占比为23.17%；1200 ~ 1400米范围内占比为19.05%；高于1400米以上的范围占比3.51%（黔南布依族苗族自治州政府网）。

黔南布依族苗族自治州碳酸盐类岩石分布面广，占全州面积的70% ~ 80%，层厚质纯。在温暖多雨的气候条件下，岩溶地貌在全州各地广泛发育，形成了类型复杂多样的地表、地下岩溶景观。岩溶地貌类型有峰林、峰丛、槽谷、洼地、落水洞、溶洞、地下暗河以及石沟、石芽等，以惠水、平塘、独山、荔波等县分布最为集中。

2. 黔南布依族苗族自治州地貌类型

大约在6亿年前，黔南布依族苗族自治州位于“原始江南古陆”的西南边缘以及“滇黔古陆”的“黔中半岛”前缘，由于相对缓慢下沉，长期处于海水淹没之中，地质学上习惯称为“黔南凹陷”地区。直到1.4亿年前的“燕山运动”后期，州境才全部上升为陆地。后又受“喜马拉雅运动”的影响，本区域陆地又逐步抬升，逐渐形成了现今的云贵高原的组成部分。

黔南布依族苗族自治州的地貌主要分为高中山、中山、低中山、低山、丘陵和盆地等 6 种类型（图 4–3）。

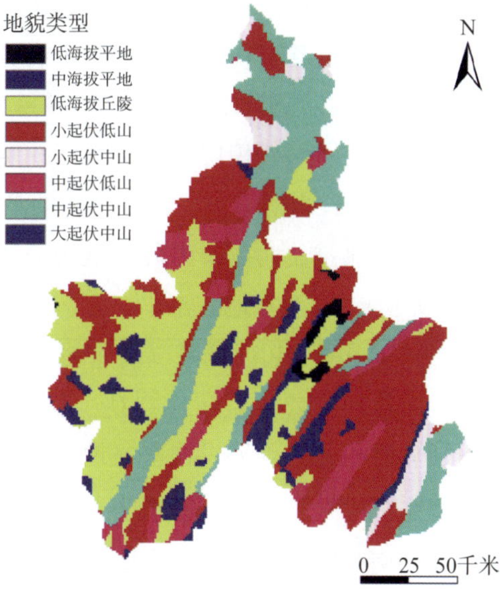

图 4–3　黔南布依族苗族自治州 1∶100 万地貌类型分布

（1）高中山：分布在贵定县和都匀市交界的斗篷山一带，面积很小。最高海拔 1961 米，相对高差 500 ～ 600 米，局部可达 700 米，坡度 >45°，个别陡峻地方可达 50°。

（2）中山：分布在瓮安县南部，福泉市、贵定县交界地带，贵定县、都匀市之间，龙里县大部地区以及惠水东部、平塘西北部、长顺西部的广顺—摆所、交麻一带。分布在独山县北部与都匀市交界一带的王司以南至更顶山一带以及斗篷山附近，以泥盆系砂岩和志留系的砂质岩为主，相对高差 500 米以上，流水侵蚀切割强烈，地形破碎，地面覆盖物较厚。

（3）低中山：州内低中山面积宽广，中部、北部、南部都有分布，尤以南部最为集中。马场坪—黄丝一带，更顶山西部，曹渡河下游东部，罗甸县罗捆—罗苏一带及其东南部。主要为奥陶系和三叠系的砂页岩，岩性较软。相对高度 300 米左右，坡度 15° ～ 25°，地面覆盖物较厚。宜农宜林程度高，但抗蚀力弱，水土流失严重，冲沟较多，地表破碎。

（4）低山：分布于罗甸县境内、曹渡河、方村河、六洞河下游、樟江等河流的近岸地区以及三都水族自治县东部、荔波县东南部。

分布于罗甸县的蒙江干支流和南部红水河北岸，曹渡河中下游谷地，平塘县者密、马场和三都水族自治县东部。相对高度达 100 ～ 300 米，山顶浑圆，覆盖较厚，水土流失严重。

分布在荔波向斜两翼和荔波县南部，方村河下游两岸，三都西部一带。岩石为泥盆系灰岩，石炭系、二叠系纯质灰岩，发育以峰林峰丛为主体的岭谷地貌。

分布于荔波县东部、樟江上游两岸和三都水族自治县交梨、大河以及都匀向斜东部，面积较小，属岩溶地貌和流水地貌的浅切割低山，相对高度 100 ～ 300 米，坡度 20° 左右，山顶较为平缓，有较厚的覆盖物。在碳酸盐岩比重较大的地区起伏大，多为裸露石山。

（5）丘陵：州内丘陵所占面积很小，主要集中分布于北部，其余地区较为零星，包括瓮安县的珠藏、玉山、中坪等地以及木老坪—瓮安—平定营、牛场—福泉—马场坪—

带和福泉市凤山镇附近。另外，都匀市的马寨、王司、坝固一带和独山—基场一带，荔波县甲良，独山县上司至下司之间也有分布。组成岩石以石灰岩和白云岩为主，部分为泥灰岩、砂页岩。相对高度一般为 50 ～ 200 米，个别达 300 米。多数丘陵坡度较大，顶部平缓，有较厚的残积层。北部地区丘陵为草山、草坡，南部多为石质山丘。岩石裸露面积较大，生长岩溶植被，山丘之间的平缓地区覆盖物较厚，是重要的农耕地。

（6）盆地：盆地在州内分布最为分散，多为构造河谷盆地，另外还有一些山间盆地(俗称坝子)、岩溶盆地。惠水、都匀、荔波盆地等为构造河谷盆地，盆地内发育第四系冲积层和河漫滩、超河漫滩以及阶地，阶地沿河流呈带状分布。

岩溶盆地主要分布在长顺县广顺，瓮安县草塘，福泉，独山县基长，罗甸县边阳，平塘县克渡和龙里等地。这些盆地规模较大，面积达数平方千米至数十平方千米。盆地内可见残丘，残积勃土广泛分布，边缘有溶洞、岩溶泉及地下河出口。

3. 黔南布依族苗族自治州地貌分区

黔南布依族苗族自治州处于云贵高原东南部边缘的斜坡地带、地势西北高，东南低。地貌类型多样复杂，山地、丘陵、盆地（俗称坝子）和河谷相互交错。高山、峡谷和丘陵占全州总面积的 97% 以上，山间盆地占 2%。面积大于 1 平方千米的坝子有 65 个。最大的惠水县涟江大坝，面积 42 平方千米。还有小面积的高山平台式的高原面，如都匀市郊的螺蛳壳、平塘县的西关和龙里县的中排、民主等地，远看高耸入云，与天相连，登临山顶则地面坦荡，如履平地。

黔南布依族苗族自治州河流侵蚀切割强烈，峡谷较多，特别是河流下游，地形比较破碎；地下岩溶发育，阴河、溶洞既多且奇，有单层溶洞，也有双层和多层溶洞；有水平溶洞也有倾斜溶洞和朝天溶洞；有干洞还有水洞。形态多姿，各具特色。地面上峰丛、峰林、槽谷、洼地分布广泛。地貌类型之多，规模密度之大，均为全省之冠。

黔南布依族苗族自治州地形地貌比较复杂，山地、峡谷及丘陵占全州面积的 97%，碳酸盐类岩石分布占全州总面积的 70%，岩溶地貌广泛发育，有复杂的地表、地下岩溶景观，其地貌分区有以下 5 个，分别为：荔波 – 独山低山、低中山盆谷区、牙周 – 克度低中山峡谷区、沫阳 – 罗悃低山河谷区、都匀 – 长顺中山盆谷区及瓮安 – 贵定山原盆地区（黔南布依族苗族自治州史志编纂委员会，2007）。

（1）荔波 – 独山低山、低中山盆谷区：本区地势西高东低。樟江河谷以西，海拔一般在 800 米以上，有不少山峰超过 1000 米（云堆坡 1479 米，凤凰山 1379 米）。东部荔波、三都两县大部分地区海拔在 300 米以下，樟江河谷海拔仅 300 多米。河流顺应地势和构造格局发育，沟谷较多。

（2）牙舟 – 克度低中山峡谷区：本区处于贵州高原向广西丘陵倾降的斜坡面上的主体部分，地势北高南低，北部海拔一般在 800 米左右，南部河谷地带海拔仅 300 米左右。

区内低中山占 80% 左右，中山和低山面积小。

（3）沫阳－罗捆低山河谷区：本区地势北高南低，北部向南由低中山逐步过渡到低山、丘陵，北部海拔 800 米左右，南部红水河谷地海拔在 300 米以下，红水河、曹渡河汇流处仅 242 米。在弯隆构造和背斜上，常有 1000 米左右的山峰突起，如八茂的老山大坪，海拔 1401 米，罗捆山 1308 米，相对高度一般为 200 ～ 500 米。

（4）都匀－长顺中山盆谷区：苗岭山地的中段和西段横亘本区中部，是长江流域和珠江流域的分水岭。地势从中部向南北两个方向倾斜，苗岭南坡发育了平行排列南流的涟江、霸王河、曹渡河和六洞河，北坡发育了独木河、重安江等河流。中部一带海拔多在 1200 ～ 1600 米之间，向北地势降低至 1200 米左右，至乌江河谷海拔仅 700 多米，向南下降到 1000 米以下，河谷地区低于 800 米。中山所占面积大，相对高度一般为 500 ～ 700 米，坡度达 45° 以上。都匀、惠水等向斜和曹渡河上游地区海拔 800 ～ 1000 米，谷地狭长，水热条件好，是重要的农业区和居民集中地带。

（5）瓮安－贵定山原盆地区：该区地势南高北低，由苗岭山地向乌江河谷倾斜，南部海拔一般在 1200 ～ 1500 米之间，个别山峰超过 1500 米，如龙里白云山 (1765 米)、贵定东部沙坪以北数个山峰海拔均在 1600 米以上，相对高度一般在 500 米左右，为中山地貌。中部福泉一带海拔 1000 ～ 1300 米，北部乌江河谷海拔仅 700 米左右。境内河流较多，乌江横穿瓮安县北部，洛旺河由南向北流经龙里、贵定、福泉和瓮安西缘注入乌江，瓮安河亦由南向北注入乌江，鱼梁江、波浪河流经福泉南部和东部出境流入清水江。

三、气候特征

黔南布依族苗族自治州年平均气温 13.6 ～ 19.6℃，平均降水量 1109 ～ 1406 毫米。冬无严寒、夏无酷暑、雨热同季，属典型的亚热带温暖湿润的季风气候，是休闲避暑的理想之地。有利于各种动植物的繁衍生息。

1. 气温

黔南布依族苗族自治州年均气温在 13.6 ～ 19.6℃之间，自北向南、自西向东，逐渐递增；黔南布依族苗族自治州年平均气温南北之差达 6℃，东西之差达 2.9℃，南北之差大于东西之差。

气温季节特点突出，且区域差异较大。冬季，瓮安为 2.9℃、罗甸为 10.1℃；春季，除北部瓮安平均气温不足 15℃外，其余地区均在 15℃以上，其中南部罗甸达 21.1℃，为最高气温；夏季，南北气温相差不大，以罗甸 27.0℃最高，西部长顺最低 23.0℃，其次为北部瓮安 23.1℃，东部三都为 26.7℃；秋季，除北部瓮安 14.6℃外，其余地区均在 15℃以上。

气温分布表现为“二低三高”。“二低”是指地势偏高、位置偏北的瓮安年均温为

13.6℃；地势较高（海拔 1000 米），地形南北开敞的独山，年均温为 15℃。“三高”是指南部河谷低地的罗甸年均温在 19.6℃、东部三都为 18℃、东南部的荔波为 18.3℃，为黔南布依族苗族自治州高温区。

2. 降水

黔南大部分时间受海洋暖湿气流的影响，每年 4 ~ 9 月为多雨期。年降水量平均在 1200 毫米左右，长顺县降水较多，常年降雨量 1400 毫米左右；龙里县较少，年降水量接近 1100 毫米。

黔南布依族苗族自治州是贵州省多雨地区之一，年降水量多在 1200 毫米以上；但是区域差异较大。黔南布依族苗族自治州有两个雨区，一是东部多雨区，包括都匀、独山、荔波、三都等县，年降水量在 1300 毫米以上，其中都匀达 1400 毫米以上。二是西部多雨区，包括长顺县、惠水县的一部分，年降水量达 1300 毫米，长顺接近 1400 毫米。除两个多雨区以外，北部的瓮安、福泉、贵定，南部的罗甸、平塘、惠水等地，年降水量在 1100 ~ 1200 毫米之间。龙里的降水量为 1097 毫米，是全州降水最少的县。

降水的季节分配不均。黔南布依族苗族自治州降水的突出特点为集中在夏季风盛行的 4 ~ 9 月，占全年降水量的 75 ~ 80%。夏季（6 ~ 8 月）为降水集中季节，约占年降水量的 41 ~ 51%；春季（3 ~ 5 月）占 25 ~ 31%；秋季（9 ~ 11 月）占 18 ~ 22%；冬季（12 月至次年 2 月）占 4 ~ 8%。

3. 气候特征

黔南布依族苗族自治州地理位置特殊，自然条件复杂，气候多样，地区差异和垂直差异明显，具有高原山区的气候特点和变化规律。

1）季风气候显著

自治州地处东亚季风区，每年大部分时间都受到来自海洋暖湿气流的影响。尤其在夏季，几乎全被暖气团占据，即使在冬季，来自南海偏南暖湿气流也可控制 7 ~ 8 天。冬季在来自北方的冷干气流影响下，州内各地气温降低，形成阴寒持久，甚至出现凌冻天气。春、秋，冬、夏季风互相转换，冷暖空气活动频繁，势均力敌，且常交汇于滇黔和黔桂之间，形成“静止锋”。受其影响，全州各地经常云雾笼罩，阴雨绵绵。

在季风的影响下，自治州雨热同期。季风活动的结果，使黔南布依族苗族自治州四季冷暖变化很大，呈现骤冷骤热的高原天气特征。每年秋末，常因一次强冷空气侵入，而使气温剧烈下降；冬末，强大的西南暖流北上，使州内各地气温明显升高。

2）气候复杂多样，立体气候明显

黔南布依族苗族自治州西部、北部高（平均海拔 1000 ~ 1200 米），东部、南部低（平均海拔 800 ~ 600 米），地势起伏大，地形复杂，因此气候复杂多样。既有寒冬绵长的高山地带，也有冬无严寒、夏无酷暑的丘陵、低山、盆地，在南部还有炎炎长夏，几乎全年无冬的河谷低地。地形、地势的差异导致了气候的复杂性和多样性。

黔南布依族苗族自治州南北纬度相差2° 15′，但却分属南亚热带、中亚热带、北亚热带三个不同的气候带。其中大部分地区属中亚热带，南亚热带有罗甸县境内的河谷低地，北亚热带分布于西北部海拔1300 ~ 1500米的高、中山地区。在各气候带内，由于地势、地形、纬度和季风的影响，州内各地气候存在较大的差异。州内海拔不同地区，四季存在明显差异。海拔千米以上地区，冬长夏短，千米至500米地区，四季分明；500米以下地区，长夏无冬，秋春相连。

自治州虽地处高原，但由于纬度较低，距海较近，每年从海洋吹来的暖湿气流带来充足的热量，因而热量丰富。全州无霜期平均为292天。海拔1000米以上地区，大致在280天以下，瓮安最短，为263天；海拔500米以下地区，为300天以上，罗甸最长，达334天；海拔1000 ~ 500米地区为290天。

3）阴雨天多，日照少，云量多

春季和秋季是冬夏季风的过渡转换季节。由于贵州高原特殊的地形地势，冷暖气流在滇黔和黔桂地区相遇，并形成“静止锋”。受其影响，州内阴雨天多，持续时间长。全年有一半以上日子降水量在0.1毫米以上，其中春、秋的小雨和毛毛雨的日数占降水日数的50%左右。

黔南布依族苗族自治州日照率较低；黔南布依族苗族自治州大部分地区日照率在30%左右。贵定最小，为23%左右；罗甸最大，达34%左右。一年中，冬季日照率最小，在20%左右，春、秋季大致相等，日照率20% ~ 25%。夏季日照百分率最大，达35% ~ 45%。

黔南布依族苗族自治州相对湿度较高，年均湿度为80%左右。其中年均湿度较高的区域在北部瓮安县，达到83%左右，为全州最大；年均湿度较低的区域在南部的罗甸县，在75%左右，为最低。黔南布依族苗族自治州年均湿度的分布特点表现为：北大于南、东大于西，夏大冬小。

四、黔南布依族苗族自治州降水变化对生态环境的影响[1]

随着人类活动等多种因素的影响，黔南布依族苗族自治州生态环境受到影响，干旱、高温、暴雨、冰雹、泥石流等灾害性天气日益增多，直接威胁着生态环境安全。因此，研究气候变化对黔南布依族苗族自治州生态环境保护、资源利用等一系列问题有着深远而重大的现实意义和实践价值。

[1] 气象数据来源于中国气象科学数据共享服务网(http://cdc.cma.gov.cn)的逐日降水量数据，将数据处理为年降水量数据。

全球变暖已导致全球环境发生了变化（IPCC，2007），降水是表征其变化的重要因素之一。降水量的变化直接决定粮食产量和农业经济发展（马锐等，2015），深入研究降水的时空变化规律，有助于水资源的合理分配与管理、促进社会经济及生态系统的可持续发展。

在全球气候变化和人类活动背景下，降雨变化特征是国内外学者普遍关注的问题（莫崇勋等，2018；伍红雨等，2003；Qian W.H.et al. 2008；蒋海明等，2008；王旭达等，2016）。国内外学者采用线性回归分析和参数检验（王孟本等，2009；刘萱等，2011）、Mann-Kendall（王麒翔等，2011；康淑媛等，2009）、反距离权重插值（Yavuz Huseyin et al.，2012）等方法研究了降水的时间变化和空间变化规律。Yao et al.（2010）研究了1978 ~ 2006年亚洲的南亚和东南亚极端降水事件；Yadav et al（2012）研究发现印度西北部冬季降水对早春作物生长和喜马拉雅山冰川的补给有重要意义；Raziei et al.（2014）研究表明西亚伊朗1951 ~ 2009年春季和夏季降水呈不显著的减少趋势，秋季和冬季降水呈不显著的增加趋势；Yao et al.（2014）研究发现中亚锡尔河流域在1891 ~ 2011年间，年均温呈显著增加趋势，年降水也呈现增加趋势，且温度和降水在平原地区的增加趋势大于山区；Tosic（2004）研究表明1951 ~ 2000年间塞尔维亚和黑山共和国的冬季降水呈递减趋势；Zhang（2012）对非洲苏丹地区的研究表明，年降水呈显著减少趋势，可能与非洲夏季风减弱有关，对于干旱区生态系统的植被恢复有重要影响；Tabari et al.（2015）研究表明青尼罗河流域的年和季节降水量增减趋势不明显，干旱与饥荒主要由人为原因导致；Zhang et al.（2009）研究表明长江中下游地区、中国西北地区、东北地区和珠江流域有各自的降水特点；Jiang et al.（1996）研究表明中国北部夏季出现轻微干旱现象，南部夏季降水从1979年开始减少，中部夏季降水在1970年开始由干旱期转入湿润期。

由气候变化引发的洪涝、干旱、暴雨、连阴雨、雪灾等灾害性天气给人民生命财产、工业生产等带来巨大的经济损失，直接影响着经济的可持续发展。在全球气候变化的背景下，贵州省降水变化显著（张勇荣等，2017），冬半年干旱缺水（徐智慧等，2013），毕节地区降水的时空分布不均导致旱涝频繁（陈群利，2001）等与降水有关的研究逐步展开，但目前对黔南布依族苗族自治州的相关研究较少。本书拟通过分析贵州省黔南布依族苗族自治州1981 ~ 2012年期间，研究降水量的时空变化和稳定性特点，分析降水变化规律，为区域更好地适应气候变化、充分利用降水资源发展农业生产，对可能发生的旱涝灾害做出预测，对政府的规划决策和社会经济活动及防灾减灾都具有重要意义。

1. 黔南布依族苗族自治州年降水量年际变化及趋势分析

气象观测资料表明，在过去的32年间，黔南布依族苗族自治州平均降水量变化趋势不显著，年际变化显著。降水量的季节变化不均，夏季降水较多。黔南布依族苗族自治州在 1981 ~ 2012 年间，年降水量呈下降趋势（$R^2 = 0.0058$，$p<0.05$），年均增长为 −0.80 毫米 / 年。研究期间 1981 年、1989 年、2001 年、2005 年、2009 年、2011 年是阶段的低值年（图 4–4）。从降水趋势来看，1981 ~ 1989 年为下降期、1990 ~ 2000 年为上升期及 2000 年以后波动下降，这一研究结果与马士彬等（2013）关于贵州省西部降水的变化趋势研究结果一致。王芬等（2013）研究了 1963 ~ 2010 年的降水变化，表明研究期间

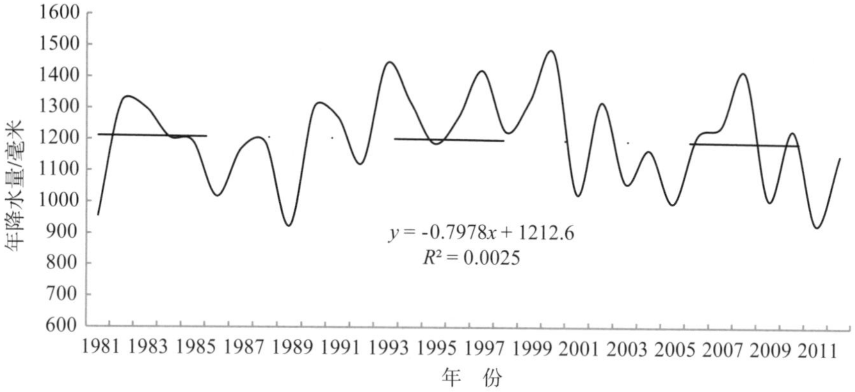

图 4–4　近 32 年来黔南布依族苗族自治州年降水量年际变化

黔南年降水总量呈降水减少趋势。

累积距平是一种常用的、由曲线直观判断变化趋势的方法。对于序列 X，其某一时刻 t 的累积距平表示为

$$\hat{x}_t = \sum_{i=1}^{t}(x_i - \bar{x}) \quad t = 1,2, \ldots, n \tag{1}$$

式中：

$$\bar{x} = \frac{1}{n}\sum_{i=1}^{n} x_i$$

累积距平曲线呈上升趋势，表示有正距平值，呈下降趋势则表示有负距平值。从曲线明显的上下起伏，可以判断其长期显著的演变趋势及持续性变化，甚至还可以诊断出发生突变的大致时间。

结合黔南布依族苗族自治州研究期间的降水量距平和累积距平的情况，可以直观显示降水的变化趋势。研究表明，1981 ~ 1984 年期间累积距平呈增长趋势，显示降水量在增加；1985 ~ 1989 年期间累积距平呈下降趋势，降水为负距平，说明降水量在减少；1989 ~ 2000 年累积距平呈现增长趋势，降水距平以正值为主，这一时期降水增多；2000 年之后，累积距平开始呈下降趋势，降水呈负距平的年份在增多（图 4–5）。研究表明，21 世纪初降水量减少与小雨日、总雨日的减少密切相关（王芬等，2013，2015），但暴雨日数呈一定的增加趋势（白淑英等，2015），说明发生旱涝灾害的可能性增大。黔南

布依族苗族自治州旱涝灾害的加剧，对基础设施造成的破坏，对人民群众的生命财产构

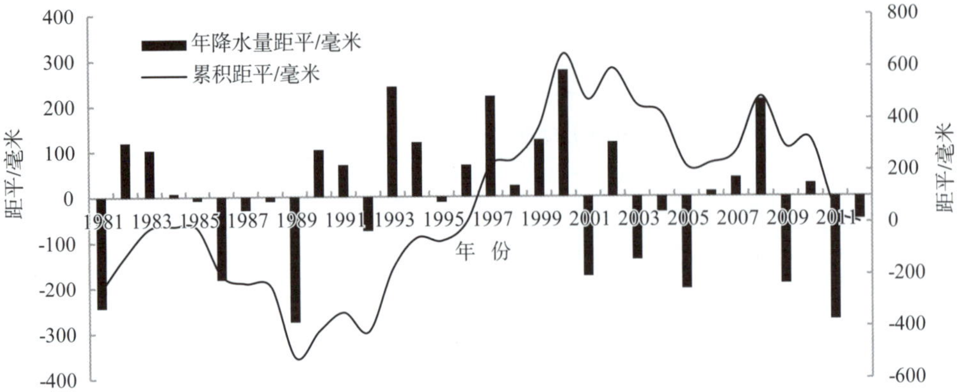

图 4-5　1982 ~ 2012 年年降水量距平及累积距平变化

成极大损失和威胁，已经成为制约经济社会可持续发展的重要因素之一。

在 ArcGIS 平台上利用反距离权重空间插值法对降水数据进行空间插值，其表达式如下：

$$Z_p = \sum_{i=1}^{n} \frac{Z_i}{d_i^2} \Big/ \sum_{i=1}^{n} \frac{1}{d_i^2} \qquad (2)$$

式中：d_i 为待插点与其邻域内第 i 个点之间的距离。

降水的分布规律表现为南北部降水较少、中东部降水多于西部（图 4-6）。研究期间，黔南布依族苗族自治州的降水空间分布不均，表现为都匀市降水量较大，呈现降水较多的特点；都匀市周围的县市降水量较小，贵定县、平塘县、独山县、三都水族自治县、荔波县的降水量低于都匀市；黔南布依族苗族自治州南北两端降水较少，其中瓮安县降水最少，其次为福泉市、龙里县、罗甸县、惠水县等，长顺县的降水量稍大于惠水县。严小东等（2004）研究了近 50 年贵州降水时空变化，表明贵州东部降水多于西部，与本研究结论一致。

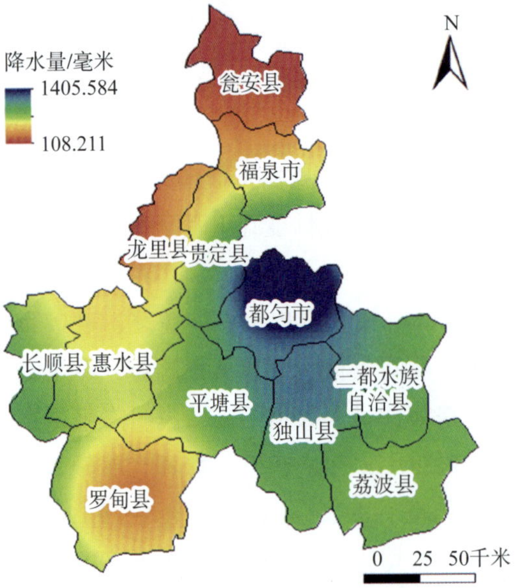

图 4-6　黔南布依族苗族自治州年均降水量空间分布

研究期间黔南布依族苗族自治州西南部降水增加较多，东南部降水增加较少，中部和北部降水增加居中。其中罗甸县的降水增加最多，其次为长顺县、

惠水县、平塘县和独山县；增加较少的为荔波县，其次为都匀市、三都水族自治县、福泉市等。

降水的空间分布不均决定了黔南布依族苗族自治州在植被覆盖类型尤其是农作物的结构调整，要从实际出发，结合降水量和农作物对水分的需求进行合理安排。结合研究期间降水量的空间变化情况，可以分析降水的空间变化特点，对合理安排农业、林业等植被覆盖区域有重要的指导意义。

2. 年降水量的稳定性和均匀性分析

采用变异系数分析降水的稳定性和均匀性，变异系数越大，表示降水量随时间变化大，出现旱涝概率越大；变异系数越小，表示降水量波动较小，降水的稳定性越好。变异系数公式为：

$$C_v = \left[\sqrt{\frac{1}{n-1}\sum_{i=1}^{n}(X_i-\overline{X})^2}\right]/\overline{X}$$

式中：C_v 为变异系数；$\overline{X}$ 为样本序列均值；X_i 为样本序列值。

研究期间，黔南布依族苗族自治州年降水量变异系数平均值在 15.80%，属中度变异，表明黔南布依族苗族自治州年降水量总体变异不大，但是空间差异较大（图 4-7）。其中变异较大的区域为都匀市和罗甸县，惠水县和长顺县变异系数最小，荔波县变化、瓮安县、龙里县变化较小。

都匀市历年降水量较多，是在降水较多的情况下，降水变化较大，容易引发旱涝灾害和城市内涝；罗甸县降水相对较少，但是变异较大，在地质条件复杂的情况下，容易引发旱涝灾害和地质灾害。

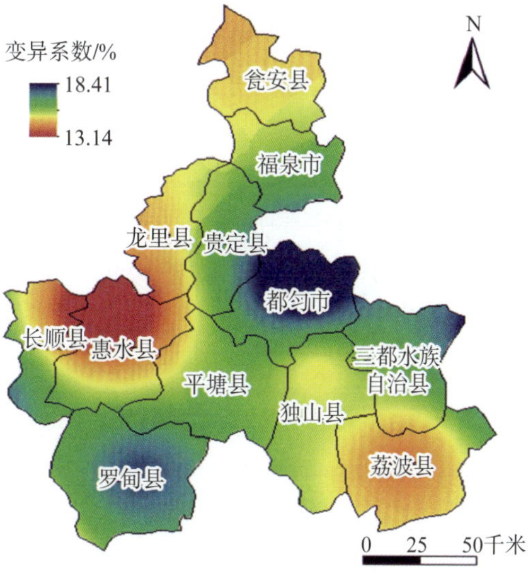

图 4-7　黔南布依族苗族自治州年降水量变异系数空间分布

3. 降水变化对黔南布依族苗族自治州资源环境的影响

应用黔南布依族苗族自治州年降水量资料和 IDW 空间插值方法，分析了其时空分布及其变化特征；利用降水距平和变异系数研究了其年际变化和稳定性，由以上分析可知，研究期间，黔南布依族苗族自治州的年降水量呈下降趋势，且阶段变化明显。20 世纪 80 年代为下降期，90 年代为上升期，21 世纪初降水下降趋势明显。研究期间，黔南布依族苗族自治州的年降水量 1989 年前和 2000 年之后以负距平为主，1990 ~ 2000 年之间以正距平为主；1981 ~ 1989年间累积距平呈下降趋势，1989 ~ 2000年间累积距平呈上升趋势，2000年之后呈下降趋势，尤其是2005年、2009年、2011年下降趋势较显著。研究期间，黔南布依族苗族自治州年降水量的空间变异系数虽小，但分布不均匀、不稳定，具体表现为都匀市和罗甸县的变异较大，旱涝灾害、地质灾害的风险性较大。季节性的旱涝不均直接影响汛期洪水陡涨陡落的变化，增加旱涝风险。

研究期间，黔南布依族苗族自治州年降水量的空间分布不均，表现为南北部较低、中东部较高的特点；空间变化表现为西南部罗甸县降水增长较大，其他区域较小，尤其是荔波县、三都水族自治县、都匀市、福泉市和瓮安县等增长较少。黔南布依族苗族自治州以中山丘陵为主，地形破碎复杂，坡度陡，土层浅，对降雨冲击的抵抗力较弱，极易形成水土流失。特别是汛期，暴雨集中，强度大，历时短，入渗有限，容易冲刷侵蚀地表，引起大面积水土流失，从而影响河流水质。

近年来，水利工程、劈山修路等人类活动加剧，使部分地段的自然地质条件恶化，遇到暴雨或局地性强降水时很容易诱发崩塌、滑坡、泥石流等各种地质灾害，影响黔南布依族苗族自治州的生态环境。

五、气象灾害

1. 旱灾

干旱在州内主要分春旱、夏旱、秋旱和冬旱，以夏旱范围广、危害大。春旱，每年3 ~ 5月发生。西部、南部较重，东部、北部较轻，低海拔地区和较高海拔地区严重。南部的罗甸、荔波，由于春温高，蒸发量大，雨季晚，故春旱较频繁。夏旱，发生在5月下旬至6月中旬，俗称“插手干”即正值插秧期间的干旱；发生在6月下旬至7月中旬的称“洗手干”即插完秧后的干旱；发生在7月中旬至8月的称“伏旱”也叫“苞苔旱”“打苞旱”。据多年资料统计，全州平均每10年有7 ~ 8次不同程度的夏旱发生。其中以“伏旱”较为常见，平均两年有一次；“插手干”每5年有1次；“洗手干”每10年有1 ~ 2次。

从干旱的程度统计，每4 ~ 5年约有一次大旱发生；每3年有一次中旱发生；小旱几乎年年都有发生。据新中国建立后30年的气候资料统计，严重的夏旱发生于1959、1962、1966、1971、1972、1975、1978、1981、1985年，以1972、1978、1981、1985年的夏旱范围广，危害严重。

2. 洪涝灾害

涝灾在州内多发生于每年的5 ~ 8月，其中以6月出现洪涝灾害最多。洪涝灾害在地区分布上与降水量的地区分布一致，北部较少，南部、中部较多。

3. 雹灾

自治州由于以山地为主，为冰雹的形成创造了条件，使之成为全省乃至全国的多雹地区之一。一般每年平均发生 2 ~ 3 次，最多年份可达 10 次左右。西部、北部冰雹最易发生，南部的荔波、罗甸、平塘较少发生。云雾山一带，是州境的多雹中心。冰雹出现的时间集中于 3 ~ 5 月，此间出现的冰雹，约占全年 80%，个别年份在 2 月和其他月份也曾出现。冰雹常常与大风、雷雨相伴出现，雹灾和风灾并发，从而增加了危害程度。

4. 凌冻

本州凌冻发生于寒潮侵袭时。在阴雨绵绵天气中，近地层温度降低到 0℃以下，雨滴冻结于近地物和地表。凌冻对农作物，交通邮电的影响很大，是州内冬季主要的自然灾害。

六、土壤与生物

1. 土壤

黔南布依族苗族自治州土地以山地和丘陵为主，土层深厚，湿润有机质含量高。境内植物茂盛，动物繁多，资源丰富，为开发农业、林业、牧业、渔业和其他种养业提供了优越的自然条件。

黔南布依族苗族自治州土壤组成复杂，类型繁多，垂直差异明显，地带性土壤与非地带性土壤交错分布。地带性土壤中，以黄壤的分布面积最大，且连片集中；非地带性土壤中，以石灰土分布最广。由于地处边远山区，开垦历史较为短暂，土壤仍以自然土所占比重大。耕作土多为熟化程度不高、肥力较低的旱作土和水稻土。在耕作粗放、植被遭到破坏、水土流失严重的地区，土壤发生逆向演替，逐步向瘦化、薄化、砾化或粗骨化甚至石漠化的方向发展。

赤红壤（砖红壤性红壤）：是红壤向砖红壤过渡的土壤类型，当地群众常与红壤统称“红泥土”，是州内土壤垂直带谱最下段的地带性酸性土壤，分布于最南端的红水河谷低地海拔 400 m 以下地带。本土类适宜发展粮食、油料、糖料等亚热带作物和经济作物。

红壤土类：主要分布于南部和东部的低山丘陵地区，集中分布在罗甸县中南部、荔波县樟江下游河谷和三都水族自治县都柳江上游河谷地区，其中以罗甸县面积最大（约占全县土壤总面积的 50%）。红壤在本州的分布上限在海拔 750 m 以上地带。红壤土类宜于发展粮食、糖料、麻类以及用材林、经济林。

黄壤土类：是本州分布最广，面积最大的地带性酸性土壤，广泛分布在海拔 700 ~ 1600 米的山原和丘原地带。黄壤土类是在中亚热带季风湿润气候和常绿阔叶林或常绿落叶阔叶混交林发育的土壤类型。州内黄壤土类对农、林、牧生产的适宜性较广，尤其适应茶树的生长。旱作土适宜发展玉米、黄豆、红薯、烤烟、小麦和油菜。

红色石灰土类：主要分布在罗甸、三都、荔波三县海拔 700 米（或 800 米）以下的石灰岩低山丘陵地区。本土类宜于生长喜钙的树种，旱作红色石灰土的养分含量和盐基饱和度一般都比同区带的红壤或赤红壤高，亦宜发展粮食作物，但因土体较薄，保水性能差，易遭干旱，产量极不稳定。

石灰土类：属中亚热带季风湿润气候，热量条件较红色石灰土类分布区低，但湿度大。地貌呈岩溶山原或岩溶丘原景观，除荔波县的茂兰一带岩溶植被保存比较完好外，其余地区植被稀少或呈裸岩嶙峋状态。本土类矿物风化度较轻，铁的水化作用明显，土体呈黄色或黄棕色。土体含碳酸钙丰富，利于腐殖质的钙凝作用，土壤的团粒结构发育，盐基饱和度及有机质与氮、磷、钾的含量较黄壤高。

紫色土类：是在紫色岩类(紫色页岩、紫色泥岩、紫色砂岩等)发育的一种岩成土类，主要分布于州内一些大盆地和平缓的低山丘陵紫色岩类出露地区。分布较连片集中的是惠水盆地和罗甸、瓮安两县的一些小盆地。由于紫色岩类质地松脆，颜色较深，易于吸热升温，因而物理风化强烈，成土迅速，风化物时常更新，土壤处于发育很浅的状况。土体中多含半风化的母岩碎块，处于幼年土发育阶段。一般土体厚度不大，剖面无明显的层次分化，土壤颜色为均一的紫色，有机质含量低，矿物质含量较高。

潮土土类：是在河流冲积物上发育的一种幼年土，州内大部分已辟为稻田(辟为稻田者已划入水稻土类)，只有在河漫滩上保留着比较自然的状态，零星分布在州内的河谷阶地、江心洲和河漫滩上。土体中含砾较多，易漏水漏肥，土温变化大，微生物活动旺盛，有机质含量高。

草甸土土类：是自治州土壤垂直带谱最上段的地带性酸性土壤，州内分布的草甸土属山地性草甸土类型，仅分布于海拔1500米以上的山地，在地势比较平缓或构造台地分布较为连片集中。如斗篷山、独山大风坪和龙里县的中排、民主一带。草甸土处于高、冷、湿和多雾的不良环境下，不宜农耕和林木生长，但宜发展牧草生产。

水稻土类：是由各种自然土壤或旱作土经人工的水耕，使土体进行季节性的干湿交替、氧化还原交替淋溶淀积过程，深刻改变起源母土的成土方向和土壤属性而发育形成的。它是本州目前耕地中利用率和生产力最高的土壤类型。广泛分布于各个土带，海拔300 ~ 1400米的低山、丘陵、盆地(河谷坝子)和中山都有分布。其中以水源条件较好的河谷盆地或山间盆地最为连片集中。全州水稻土面积约22.2万公顷，占土地总面积的8.29%，占耕地总面积约1/2。

黔南布依族苗族自治州土壤区域分布受地方性因素制约，地带性土壤与非地带性土壤彼此交错分布，构成了7个土壤区域组合，分别为南部低山峡谷赤红壤－赤泥土土壤组合，东南部低山、丘陵、盆地红壤－黄红壤－红泥田土壤组合，中部低中山、丘陵、河谷盆地黄壤－潮泥田土壤组合，中南部岩溶低中山峰丛槽谷、洼地石卡拉土－大眼泥田土壤组合，岩溶低中山丘陵坝地黄壤－黄色石灰土－鸭屎泥田土壤组合，低中山缓丘黄壤－黄泥田土壤组合，中山平台山地草甸土－砂泥田土壤组合。

黄壤土带是自治州分布范围最广的土带。包括瓮安、福泉、龙里、贵定、都匀、独山、平塘、惠水、长顺等县(市)的全部以及罗甸县的边阳区和荔波县的甲良区。主要土壤类型为黄壤、石灰土、水稻土，其次为小面积的草甸土和紫色土。适宜发展一年两熟和中亚热带经济作物。

红壤土带位于州境东部和南部，水热条件极为优越。包括三都水族自治县全部，荔波县、罗甸县的绝大部。本带气候温暖湿润，干湿季比较明显，无霜期长，侵蚀地貌与溶蚀地貌交错分布，主要土壤类型为红壤。河谷赤红壤，其次为过渡带分布的黄壤。宜发展一年三熟和南亚热带经济作物。

黔南布依族苗族自治州的土壤，因其海拔高度不同，在地形、母质、气候、水文等条件影响下，具有明显的立体感。罗甸县的老山大坪，由山麓到山顶，因海拔高度的不同而土壤类型分化明显：400 米以下为赤红壤；400 ~ 600 米为红壤；600 ~ 800 米为黄红壤；800 ~ 1400 米为黄壤。同时，因受地域性因素的制约，地带性土壤与非地带性土壤彼此交错分布，构成了不同的土壤组合，即南部低山峡谷的赤红壤与赤泥土土壤组合；东南部低山、丘陵、盆地的红壤与黄红壤以及红泥田土壤组合；中部低山丘陵河谷盆地的黄壤与潮泥田土壤组合；中南部岩溶低中山峰林、峰丛、槽谷、洼地的石卡拉土与大眼泥土壤组合；岩溶低中山丘陵坝地的黄壤与黄色石灰土以及鸭屎泥田土壤组合；低中山缓丘的黄壤泥田土壤组合；中山平台山地的草甸土与砂泥田土壤组合。

州境黄壤土带分布范围最广的地区有都匀、独山、平塘、惠水、长顺、瓮安、福泉、贵定、龙里等市、县的全部及罗甸的边阳和荔波的甲良一带，总面积为 19327 平方千米，占全州总面积的 73.78%，主要土壤类型为黄壤、石灰土、水稻土，次为小面积的草甸土和紫色土，适宜发展一年两熟和中亚热带经济作物。

2. 生物

全州森林覆盖率 2018 年达 64.66%，森林蓄积 7300 万立方米；州内有国家级自然保护区 1 处、国家湿地公园 8 个、国家森林公园 7 个，省级森林公园 3 个，省级湿地自然保护区 1 处、县级自然保护区 16 处、县级森林公园 1 个，全国森林旅游示范县 3 个，全国生态文化村 4 个，全国森林康养基地试点建设单位 3 个，省级森林小镇建设试点 4 个。建成茶叶、刺梨、无患子、水（干）果、木本油料、木本中药材等特色经济林基地。

州内植物的地理成分复杂。在全国种子植物系的 15 个地理成分中，州内有 10 个地理成分：一是世界广布成分，其代表植物有千里光、蓼、毛食、芦苇、莎草等；二是泛热带成分，代表植物有樟科的厚壳桂属、豆科的黄檀属及冬青、柿、乌柏、柏茅等；三是热带美洲和热带亚洲成分，代表植物有木姜子、楠木、仙人掌等；四是旧大陆热带成分，代表植物有血桐、杜茎山、八角枫等；五是热带亚洲成分，代表植物有黄杞、木莲、木荷等；六是北温带成分，代表植物有杨、柳、鹅耳杨、水青钢等；七是旧大陆温带成分，代表植物有石竹、沙香、盖母草等；八是温带亚洲成分，代表植物有马兰等草本植物；九是东亚成分，代表植物有称猴桃、连香树、银杏、油杉等；十是中国特有成分，代表植物有杜仲、喜树等。

由于州境地理位置偏南，绝大部分地区未受到冰川袭击，成为古老植物的“避难所”或新生类群的发源地，因而许多古老的植物和孑遗植物得以生存，如银杏、鹅掌楸、水青树、木兰、五味子、猕猴桃、鹅耳杨、胡核等。

州内的野生植物用途广泛，可分为食用植物、药用植物、工业用植物、护境美景植物，与人民生活关系非常密切。

此外，自治州还有45种珍稀植物，被分别列为国家重点保护植物，其中列为二级保护的植物有：咏核桃、种曹木（伯乐树）、柄翅果（心叶规木）、伞花木、杜仲、福建柏、掌叶木、鹅掌楸、马尾树、观光林、篦子三尖山、十齿花、短叶黄杉等；被列为三类保护植物的有田林细子龙、翠柏、蝴蝶果、八角莲、领春木、天麻、黄枝油杉、柔毛油杉、华南五叶松（又名广东松）、银鹊树、凹叶厚朴、红花木莲等。此外还有铁坚杉、三兴杉、独山三石楠、红豆树等11种木质优良的树种。

由于地质、地貌、土壤、气候较为复杂，植物种类较多，植被类型也多，并且因地而异，可分为4个植被型组和30个植被群系。同时，由于影响植被的主要因素——热量和水分在地理分布上表现出一定的规律性，即从南向北，热量逐渐减少；由东向西，分水逐渐减少；并且由于季节分配不均，使植被在州内的分布，表现出明显的过渡性质，即从南部河谷到北部山地，由热带性的沟谷季雨林和南亚热带具热带成分的常绿阔叶林，逐步向中亚热带阔叶林过渡；稀树灌丛、灌草丛向灌丛和灌草丛过渡。从东向西，由东部湿润性常绿阔叶林向西部湿润性常绿阔叶林过渡；马尾松林向云南松林过渡。

自治州多山的地貌、繁茂的野生植物、温和的气候以及丰富的水资源等自然条件，为野生动物的生存、活动和繁衍提供了优越的自然环境，因而野生动物的种类和数量也很多。

自1958年以来，由于森林更迭频繁，野生动物栖息的环境遭到严重破坏，更由于人为的乱捕滥杀，80年代以后，虎、豹、熊已极为少见，林麝、穿山甲、水獭、大鲵逐渐稀少，苏门羚等已经绝迹。

目前，黔南主要树种1860多种，经济植物有食用植物（如淀粉植物类、蛋白植物类、维生素植物类、蜜源植物类以及植物性饲料类等）、药用植物（如银杏、三尖树、天麻、杜仲、乌梅等共100余种）、工业用植物（如松、杉、樟、梓、泡桐等材用植物）、纤维植物、鞣料植物、芳香油植物、树脂树胶植物、经济昆虫寄生植物、改善和保护环境植物（侧柏、构树、无花果、刺槐）等。列入国家一、二、三级保护的珍稀植物有喙核桃、钟萼木、柄翅果、伞花木、杜仲、福建柏、掌叶木、鹅掌楸、马尾树、观光木、篦子三尖杉、十齿花、短叶黄杉、田林细子龙、翠柏、蝴蝶果、八角莲、领夏木、天麻、黄枝油杉、柔毛油杉、华南五针松、银鹊树、凹叶厚朴、红花木莲等。刺藜、杨梅、猕猴桃等野生植物遍布全州 12 个县（市）。

七、水文特征

黔南布依族苗族自治州是珠江、长江“两江”上游生态屏障，水系发达，水力资源丰富。黔南布依族苗族自治州的水资源分为地表水与地下水。有较大规模的地下河水系。地表河具有忽明、忽暗、明暗相间的独特运动形式。

河流主要由大气降水补给（年均降水量 1300 毫米左右），属雨型山区河流，比降陡，落差大。在岩溶发育地区，容易呈现“半月无雨到处干，一场大雨到处淹”的现象。

河流以苗岭山脉为分水岭，苗岭以北属长江流域的乌江水系和沅江水系，苗岭以南属珠江流域的红水河水系和柳江水系。

乌江水系主要包括乌江、瓮安河、洛旺河等河流，沅水水系主要包括马尾河、鱼梁江及其主要支河浪波河和围阻河；红水河水系主要包括红水河及其主要支流檬江、曹渡河、六洞河，柳江水系主要包括都柳江（主要支流马场河、打鱼河、排长河、坝街河）、打狗河、方村河等河流。

八、旅游资源开发与利用

黔南布依族苗族自治州有悠久的历史文化传统，丰富独特的民族文化风情，及全国著名的历史文化景观（表 4–1）。当前黔南布依族苗族自治州打出五张名片即“红色圣地”“都匀毛尖”“中国天眼”“地球绿宝石”“亚洲磷都”。布依族风情的典型性、苗族风情的多样性、水族风情的唯一性、瑶族风情的神秘性、毛南族风情的特殊性，构成了黔南民族民情民俗大观园。

表 4–1　截至 2020 年 1 月黔南布依族苗族自治州 A 级旅游景区汇总

序号	旅游景区名称	A 级	批准时间
1	黔南布依族苗族自治州荔波樟江旅游景区	AAAAA	2015.7.13
2	黔南布依族苗族自治州平塘县掌布“藏字石”景区	AAAA	2009.1.23
3	黔南布依族苗族自治州瓮安县草塘千年古邑旅游区	AAAA	2015.3.11
4	黔南布依族苗族自治州龙里县中铁双龙镇巫山峡谷旅游区	AAAA	2016.12.30
5	黔南布依族苗族自治州福泉市古城文化旅游景区	AAAA	2016.12.30
6	黔南布依族苗族自治州惠水县好花红乡村旅游区	AAAA	2017.11.10
7	黔南布依族苗族自治州都匀市茶文化影视小镇景区	AAAA	2017.11.10
8	黔南布依族苗族自治州平塘县中国天眼景区	AAAA	2017.11.10

续表

序号	旅游景区名称	A 级	批准时间
9	黔南布依族苗族自治州贵定县金海雪山景区	AAAA	2007.12.19
10	黔南布依族苗族自治州都匀市文峰园景区	AAA	2007.12.19
11	黔南布依族苗族自治州长顺县杜鹃湖景区	AAA	2007.12.19
12	黔南布依族苗族自治州都匀市斗篷山景区	AAA	2007.12.19
13	黔南布依族苗族自治州龙里县龙架山景区	AAA	2009.12.24
14	黔南布依族苗族自治州三都水族自治县姑鲁产蛋崖景区	AAA	2010.8.19
15	黔南布依族苗族自治州荔波县瑶山古寨景区	AAA	2011.12
16	黔南布依族苗族自治州惠水县连江公园景区	AAA	2014.7.18
17	黔南布依族苗族自治州瓮安县朱家山景区	AAA	2016.2.15
18	黔南布依族苗族自治州福泉市黄丝旅游景区	AAA	2016.11.4
19	黔南布依族苗族自治州荔波古镇景区	AAA	2016.11.4
20	黔南布依族苗族自治州贵定金海雪山四季花谷旅游景区	AAA	2016.11.4
21	黔南布依族苗族自治州福泉市双谷生态体育公园旅游区	AAA	2016.12.19
22	黔南布依族苗族自治州都匀市青云湖景区	AAA	2016.12.19
23	黔南布依族苗族自治州龙里县大草原景区	AAA	2016.12.19
24	黔南布依族苗族自治州罗甸县高原千岛湖休闲旅游区	AAA	2016.12.19
25	黔南布依族苗族自治州都匀市杉木湖景区	AAA	2016.12.19
26	黔南布依族苗族自治州荔波县恩铭故里景区	AAA	2017.8.24
27	黔南布依族苗族自治州荔波寨票渔隐民宿景区	AAA	2017.8.24
28	黔南布依族苗族自治州龙里县十里刺梨沟景区	AAA	2017.7.13
29	黔南布依族苗族自治州平塘县甲茶景区	AAA	2017.8.24
30	黔南布依族苗族自治州贵定县阳宝山文化旅游区	AAA	2017.8.24
31	黔南布依族苗族自治州独山县天洞景区	AAA	2017.12.18
32	黔南布依族苗族自治州贵定县云雾茶乡旅游景区	AAA	2017.12.18
33	黔南布依族苗族自治州荔波县佳荣大土苗寨景区	AAA	2017.12.18
34	黔南布依族苗族自治州荔波县梦柳布依风情小镇景区	AAA	2017.12.18
35	黔南布依族苗族自治州龙里县孔雀寨景区	AAA	2017.12.18
36	黔南布依族苗族自治州荔波县瑶麓青瑶古风园景区	AAA	2017.12.26
37	黔南布依族苗族自治州平塘县六硐景区	AAA	2017.12.26
38	黔南布依族苗族自治州长顺县神泉谷休闲旅游区	AAA	2018.5.16
39	黔南布依族苗族自治州长顺县凤凰坝乡村休闲旅游区	AAA	2018.5.16
40	黔南布依族苗族自治州独山县深河抗日文化园景区	AAA	2009.12.19
41	黔南布依族苗族自治州荔波县万亩梅原景区	AAA	2019.11.13

续表

序号	旅游景区名称	A 级	批准时间
42	黔南布依族苗族自治州荔波县布洛亚景区	AAA	2019.11.13
43	黔南布依族苗族自治州都匀市东方记忆景区	AAA	2019.11.13
44	黔南布依族苗族自治州都匀市黔南职院研学旅游景区	AAA	2019.11.13
45	黔南布依族苗族自治州龙里县贾托山风景区	AAA	2019.11.13
46	黔南布依族苗族自治州都匀市东山公园景区	AA	2001.10.15
47	黔南布依族苗族自治州瓮安县映山红景区	AA	2009.12.19
48	黔南布依族苗族自治州独山县奎文阁景区	AA	2010.12.10

九、生态环境发展现状及存在问题

黔南布依族苗族自治州地处东经 106° 12′ ~ 108° 18′、北纬 25° 04′ ~ 27° 29′ 之间的贵州省中南部，俗称贵州省的南大门。地处云贵高原的东南部向广西丘陵过度的斜坡地带，地势西北高东南低，北靠省会贵阳市（罗艳等，2013），多山地、丘陵。

拥有典型的喀斯特森林地貌，有典型的亚热带温暖湿润的季风气候，适合各种动植物的繁衍生息。境内还拥有丰富的土地资源、生物资源、矿产资源以及水资源。人口众多交通便利，工业发展速度较快。

党的十八大提出：要大力推进生态文明建设。黔南布依族苗族自治州将建设“生态之州、幸福黔南”（欧铠玥，2013）为发展目标。

黔南 87% 的国土面积是山地，约 43% 的土地坡度在 25° 以上；就目前来看，水土流失面积、岩溶面积、石漠化面积分别占国土面积的 25%、81.53%、29.46%。土地利用不合理，石漠化和水土流失问题明显。

黔南布依族苗族自治州属于西南贫困地区，大部分人群受教育程度不高，生态环境宣传教育活动、生态知识创建力度不够，环保意识不强，浪费现象比较严重。亟需加强生态文明观念和体制机制建设。

全州年均气温 16.6℃，冬无严寒、夏无酷暑、雨热同季，属典型的亚热带温暖湿润的季风气候，气候环境宜居、宜游。紫外线辐射弱，负氧离子浓度高，是“大空调”“大氧吧”“大公园”的典范，是休闲避暑的理想之地。境内自然条件优越，适宜多种动物、植物生长，有野生植物 1860 多种、野生动物 570 多种，物种资源十分丰富；州内拥有国家级、省级风景名胜区 26 处，州府所在地都匀市是“中国优秀旅游城市”“全球绿色城市”和“中国毛尖茶都”；荔波县是世界生物圈保护区成员和我国第 6 个世界自然遗产地，享有“地球腰带上的绿宝石”美誉。

近年来，在气候变化和人类活动影响下，黔南布依族苗族自治州生态环境发生了变化，局部区域遭到破坏，给人类生活和社会发展带来影响。主要表现在：

（1）自然植被遭到破坏。长期以来，自然资源受到人类的过度开垦和大规模砍伐，加上自然环境的变化影响，导致自然植被减少，生态系统受到影响，有些区域出现生态系统的严重退化。

（2）水土流失严重。随着人口数量增加，社会经济高速发展，对土地资源的过度开发、低效利用和生态环境的严重破坏，使得自然环境的生态功能局部区域遭到破坏。极端降水等气候变化，加剧了水土流失和各种自然灾害的发生。

（3）生物多样性降低。随着人口增加和经济的发展，人类经济活动的范围不断扩大，逐步向海拔较高的区域蔓延，不合理的建设和开采，严重破坏和改变了野生生物栖息地。极端天气的出现，干旱频发，导致生物多样性面临严重威胁。

自治州的土壤、气候、水文等自然条件，宜于多种植物的生长。据林业部门勘察统计，州内共有各种植物 170 科，744 属，1384 种，占全省植物种数（197 科）的 86.8%；属数（1404 属）的 54%；种数（4951 种）的 27.9%。

第三节　黔南布依族苗族自治州城市化质量评价分析

一、研究背景和意义

城市是具有一定规模的、以非农业人口为主的居民点，是人口和社会经济活动的空间集中地，在地区发展中起着“中心”纽带作用（赵荣，2005）。近几十年来，社会经济持续稳定发展，人民生活水平和富裕程度不断提升，城镇建设迅速发展。城市化是人类社会发展的必然趋势，逐步成为区域经济发展的主要驱动力。当今世界上重要的社会、经济现象之一就是城市化，是人类社会发展的必然趋势和经济技术进步的必然产物，是一个国家或地区走向现代化的必经阶段（许学强等，1996）。人类社会要想发生本质的变化以及向辉煌的未来迈出一步就必须经过城市化过程的磨砺。

十八届三中全会提出“完善城镇化健康发展体制机制，坚持走中国特色新型城镇化道路，推进以人为核心的城镇化，推动大中小城市和小城镇协调发展、产业和城镇融合发展，促进城镇化和新农村建设协调推进。”《国家新型城镇化规划（2014 ~ 2020）》强调“紧紧围绕全面提升城镇化质量，加快转变城镇化发展方式。”因此，坚持走中国特色新型工业化、信息化、城市化、农业现代化道路和大力推进生态文明建设，推进新型城市化与生态环境建设的协调发展是今后我国城市化进程的主要基调，也是全面建设小康社会、实现中华民族伟大复兴的中国梦战略（李华刚，2014）。

人口和经济最集中的地方是城市，也是环境压力较大的地方（高红艳，2010）。城市化水平的高低是一个地区的经济发展、文明建设的重要指标。

随着人类社会的不断进步，城市发展速度不断加快，大多数国家及地区的城市人口都呈上升趋势，国内外学者分别用不同的方法不同的视角对城市化作出了大量研究。

21 世纪《深圳宣言》中将生态城市建设中的经济城市化的人文压力问题作为特别关注对象，为中国的城市化乃至世界城市一体化指明了未来的研究方向（刘玉，2012）。

国内研究者从不同时期城市化的发展及其存在问题进行了深入研究。统计分析发现中国的省际差异在总体上与社会经济发展水平相关，与不同历史时期发展阶段有关（蒋耒文等，2001）。改革开放前的 30 年，中西部地区城市化速度快于东部，区域间城市化差异趋于缩小；改革开放后的 20 年则相反。区域城市化水平不仅与工业化水平或经济发展水平呈正相关，与人口密度、农业经济呈负相关，而且受工业化水平和经济发展水平的影响更为强烈（刘盛和，2004）。中国的城市化发展水平是中国经济发展水平与结构的一种外在表现形式，是与中国的经济发展水平相适应的（钟水映和胡晓峰，2003）。

近年来，我国学者利用不同的方法和模型，从城市化与生态环境协调的角度进行了研究。马世俊结合中国的实际情况，提出人类与环境关系为主导的社会－经济－自然复合生态系统思想（马世俊，1984）。随着城市化水平的不断提高，城市化过程对资源、环境等带来的负面影响越来越明显（赵景柱等，1999）。陈冬勤认为促进产业结构、能源结构、经济结构的调整，可以达到生态环境和城市化的协调发展（陈冬勤等，2008）。陈晓毅运用熵值法和协调发展度模型进行分析发现广西城市化与产业生态化大致分为三个阶段，提出大力发展经济加强城市建设的同时，注意经济、社会、生态的和谐发展（陈晓毅，2008）。刘耀彬等建立城市化与生态环境系统的评价指标体系，构建区域城市化与生态环境交互作用的关联度模型和耦合度模型，研究了城市化与生态环境的协调发展（刘耀彬等，2005）。以上海市青浦区为例，运用生态环境与城市化的关联耦合模型，进行时序规律的分析，揭示了城市化过程中生态环境变化的规律（赵宏林和陈东辉，2008）。

二、数据来源和研究方法

1. 数据来源

各项指标数据主要来源于《贵州统计年鉴》，从中提取出与城市化的发展有关的 15 年数据（2000 年 –2014 年）作为本书的数据来源。

生态数据来源于遥感数据中 MOD13Q1 数据中的植被指数，其分辨率为 250 米 ×250 米，时间分辨率为 16 天，时间跨度为 2000 ～ 2014 年。

2. 研究方法

1）文献研究法

借助于图书资料、电子文献资料等基础材料，了解研究区的现状。

2）熵值法

熵值法是利用指定指标的信息熵值来判断该指标的有效性和价值。信息熵是对指标值之间的离散程度的客观描述，用信息熵来确定指标的权重具有客观性、真实性和科学性（乔家君，2004；郭显光，1998）。

三、黔南布依族苗族自治州城市化状况分析

1. 城市化发展现状

1956年建州以来，黔南布依族苗族自治州的城市化发展得到逐步改善，全州的城市化率逐年提高。自2000年以来，黔南布依族苗族自治州的城市经济发展迅速，城市化水平大幅度的提高。从2002年的23.6%提升到2011年的36.5%，预计将在2017年达到47.7%，2020年将超过55%（张金华，2012）。

城市化的重要标志是城市人口的增加。研究期间黔南城镇人口总体呈增长趋势，城市人口比重不断增加（图4-8）。

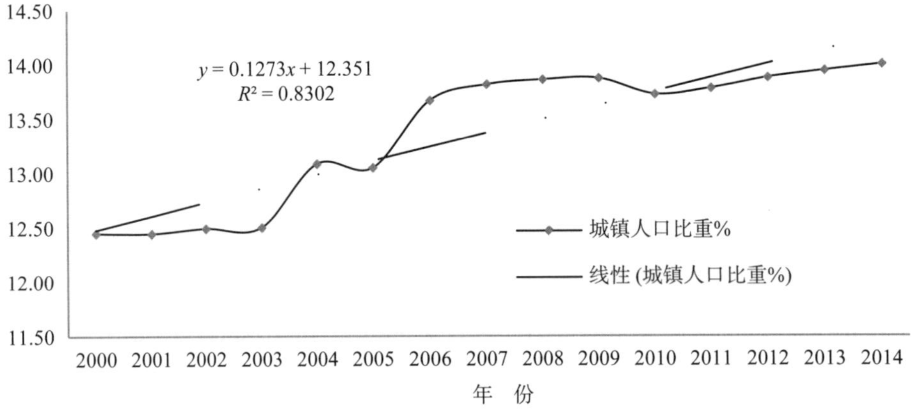

图4-8　2000年以来黔南布依族苗族自治州城镇人口比重

黔南布依族苗族自治州在城市化取得长足进展的同时，也存在乡镇文化、教育、卫生、基础设施建设等条件依然不足；城市规模较小、等级较低，空间容纳不足；区域城市化发展极不平衡，城乡差距依然突出；“十一五”时期及之前，由于缺乏系统的区域城市发展规划的引导，黔南布依族苗族自治州地区城市化发展存在着一定的自发性和盲目性；城市化空间水平相差较大，如2011年都匀市与平塘县的城市化率相差28.09%（潘一，2015）等问题。

2. 城镇化发展水平综合指数分析

2000 ~ 2014年黔南布依族苗族自治州城镇化发展水平综合指数不断提高（图4-9），从2000年的0.0013上升到2014年的0.6936，在15年间呈现较为稳定的增长趋势。从

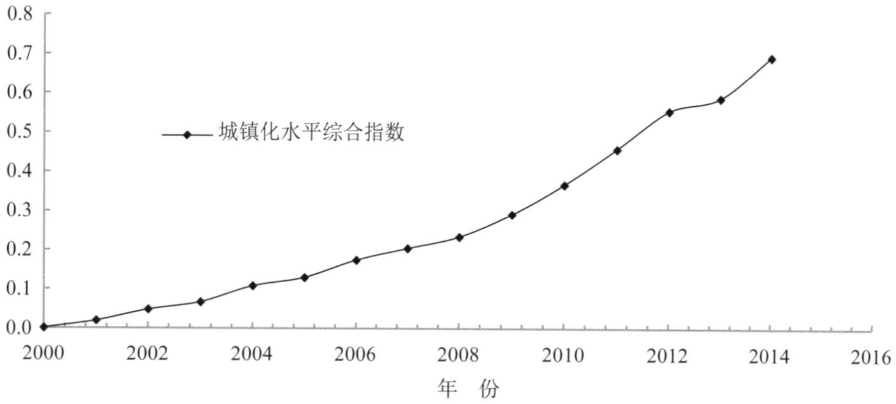

图 4-9　2000 ~ 2014 年间城镇化发展水平综合指数

城镇化的各指标系统来看，城市人口、固定资产投资等指标增长较快，这主要由于国家的“西部大开发”相关政策的影响，同时黔南布依族苗族自治州作为贵州省的南大门具有地理位置的优势。黔南布依族苗族自治州各地区经济开发区的建设、乡镇规模的升级增多；工农业的发展促进人均收入的增加，大量农村人口不断向城市靠拢，因此，城镇化发展水平不断提高。

参考文献

白淑英，莫婷，史建桥，等 .2015. 近 50 年贵州不同强度降水日数时空变化分析 [J]. 南水北调与水利科技，13（2）：220-224.

陈冬勤，卢新卫 .2008. 咸阳市生态环境与城市化协调发展定量分析 .[J] 农业技术经济 .02，001.

陈群利 .2001. 毕节地区旱涝变化及成因分析研究 [J]. 毕节师范高等专科学校学报，（04）：91-94.

陈晓毅 .2011. 基于熵值法的广西城市化与产业生态化协调发展研究 [J]. 广西社会科学，（6）：17-19.

高红艳 .2010. 贵阳市城市化经济成本研究 [D]. 重庆：西南大学 .

郭显光 .1998. 改进的熵值法及其在经济效益评价中的应用 [J]. 系统工程理论与实践，（12）：98 -102 .

蒋海明，魏娜 . 2008. 贵州省近 47 a 来降水的小波变换分析 [J]. 贵州气象，（1）：18-20.

蒋耒文，考斯顿 .2001. 中国区域城市化水平差异原因探析 [J]. 中国人口科学，（1）：45-51.

康淑媛，张勃，柳景峰，等 .2009. 基于 Mann-Kendall 法的张掖市降水量时空分布规律分析 [J]. 资源科学，31（3）：501-508.

李华刚 .2014. 长沙市城市化与生态环境协调发展 [D]. 武汉：湖北大学 .

刘盛和 .2004. 中国城市化水平省际差异的成因探析 [J]. 长江流域资源与环境，13（6）：530-535.

刘萱，张文煜，贾东于，等 .2011. 河西走廊沙尘暴 50a 频率突变检测分析 [J]. 中国沙漠，31（6）：1579-1584.

刘耀彬，李仁东，宋学锋 .2005. 中国区域城市化与生态环境耦合的关联分析 [J]. 地理学报 .

刘玉 .2012. 扬州市城市化与生态环境协调发展研究 [D]. 华中师范大学 .

马锐，江敏，石春林 .2015. 气候变化对农业影响评价研究进展 [J]. 江苏农业科学，43（10）：16-19.
马士彬，张勇荣，安裕伦 .2013. 典型喀斯特高原区气候变化特征分析——以贵州省西部为例 [J]. 广东农业科学，40（16）：164-166.
马世俊 .1984. 社会 - 经济 - 自然复合生态系统 [J]. 生态学报，4（1）：1-9.
莫崇勋，阮俞理，林怡彤，等 . 2018. 月、季尺度降雨变化特征及未来变化情况分析 [J]. 节水灌溉，（1）：52-57.
潘一 .2015. 贵州农村人口城镇化与区域协调发展对策研究 [J]. 现代物业（现代经济）.
黔南布依族苗族自治州史志编纂委员会 .2007. 黔南布依族苗族自治州志，中（简编本）[M]. 贵州：贵州人民出版社.
乔家君 .2004. 改进的熵值法在河南省可持续发展能力评估中的应用 [J]. 资源科学，26（1）：113 -118.
生态环境 _360 百科 . https：//baike.so.com/doc/3127948-3296799.html
王芬，曹杰，李腹广，等 .2015. 贵州不同等级降水日数气候特征及其与降水量的关系 [J]. 高原气象，34（1）：145-154.
王芬，杨若文，唐浩鹏，等 .2013. 近 48 年贵州暴雨日数及降水总量的变化特征研究 [J]. 云南大学学报（自然科学版），35（S1）：236-243.
王孟本，范晓辉 .2009. 山西省近 50 年气温和降水变化基本特征研究 [J]. 山西大学学报：自然科学版，32（4）：640-648.
王孟本 . 2003. "生态环境"概念的起源与内涵 [J]. 生态学报，23（9）：1910-1914.
王麒翔，范晓辉，王孟本 .2011. 近 50 年黄土高原地区降水时空变化特征 [J]. 生态学报，31（19）：5512-5523.
王旭达，张艳梅，陈海涛 .2016. 贵州省盘县近 50a 降水特征分析 [J]. 贵州气象，40（6）：37-41.
伍红雨，王谦谦 .2003. 近 49 年贵州降水异常的气候特征分析 [J]. 高原气象，（2）：65-70.
徐智慧，严小冬，吴战平，等 .2013. 贵州近 49a 冬半年降水变化及少雨年成因浅析 [J]. 贵州气象，（02）：21-25.
许学强，周一星，宁越敏 .1996. 城市地理学 [M]. 北京：高等教育出版社 .
严小冬，金建德，雷云 .2004. 近 50 年贵州降水时空分布分析 [J]. 贵州气象，28（增）：3-7.
张金华 .2012. 贵州省黔南布依族苗族自治州民族地区城镇化发展研究 [J]. 城市建设理论研究（电子版），（16）.
张勇荣，马士彬，闫利会 .2017. 贵州省近 55 年降水事件变化特征 [J]. 长江科学院院报，34（1）：40-44.
赵宏林，陈东辉 .2008. 城市化与生态环境之关联耦合性分析——以上海市青浦区为例 [J]. 中国人口资源与环境，18（6）：174-177.
赵景柱，欧阳志，吴刚 .1999. 社会 - 经济 - 自然复合生态系统可持续发展研究 [M]. 北京：中国环境科学出版社 .
赵荣 .2005. 人文地理学 [M]. 北京：高等教育出版社 .
钟水映，胡晓峰 .2003. 对中国城市化发展水平滞后论的质疑 [J]. 城市问题，18（1）：16-19.
Cai Yao, Wei-hong Qian, Song Yang, et al. 2010. Regional features of precipitation over Asia and Summer extreme precipitation over Southeast Asia and their associations with Atmospheric-Ocean conditions [J].

Meteorology Atmospheric Physics, 106(1-2):57-73.

Hossein Tabari, Meron Teferi Taye, Patrick Willems. 2015. Statistical assessment of precipitation trends in the Upper Blue Nile River Basin [J]. Stochastic Environmental Research Risk Assessment, 1-11.

I Tosic. 2004. Spatial and temporal variability of winter and summer precipitation over Serbia and Montenegro [J]. Theoretical and Applied Climatology, 77(1-2):47-56.

IPCC.2007. Climate change 2007: The physical Science Basis [M].Cambridge, Cambridge University Press, 1-996.

J M Jiang, X T You.1996. Where and when did an abrupt climate change occur in China during the last 43 years? [J]. Theoretical and Applied Climatology, 55(1-4):33-39.

Q Zhang, C Y Xu, Z Zhang, et al. 2009. Spatial and temporal variability of precipitation over China, 1951-2005 [J]. Theoretical and Applied Climatology, 95(1-2):53-68.

Qian W H, Qin A M. 2008. Precipitation division and climate shift in China from 1960 to 2000 [J].Theor Appl Climatol, 93:1-7.

R K Yadav, R K Kumar, M Rajeevan. 2012. Characteristic features of winter precipitation and its variability over Northwest India [J].Journal of Earth System Science, 121(3):611-623.

Tayeb Raziei,Jamal Daryabari,Isabella Bordi,et al.2014. Spatial pattern and temporal trends of precipitation in Iran [J].Theoretical and Applied Climatology, 115(3-4):531-540.

Yao Jun-qiang, Chen Ya-ning.2014. Trends analysis of temperature and preicipitation in the Syr Darya Basin in Central Asia [J].Theoretical and Applied Climatology, 1-1.

Yavuz Huseyin, Erdogan Saffet. 2012. Spatial analysis of monthly and annual precipitation trends in Turkey [J]. Water Resources Management, 26(3):609-621.

Zeng-xin Zhang,Chong-yu Xu,Majduline EI-haj EI-Tahir,et al.2012. Spatial and temporal variation of precipitation in Sudan and their possible causes during 1984-2005 [J].Stochastic Environmental Research Risk Assessment, 26(3):429-441.

第五章　黔南布依族苗族自治州土地利用/覆被变化时空格局

第一节　研究意义

土地是自然-经济-社会综合体，是地球表面自然要素和人文要素相互作用的结果。土地是人类生产和生活的载体，既具有资源属性又有经济属性，是人类生产生活的基础条件。随着我国城镇化进程不断加快，土地利用变化及其生态影响不断呈现，引起政府和学术界的高度关注。党的十八大提出了“大力推进生态文明建设”的战略决策，党的十九大报告提出“坚持人与自然和谐共生，实行最严格的生态环境保护制度，形成绿色发展方式和生活方式，坚定走生产发展、生活富裕、生态良好的文明发展道路，建设美丽中国，为人民创造良好生产生活环境，为全球生态安全作出贡献”。土地利用/覆被变化研究，对科学保护生态环境和合理利用自然资源，维护自然生态系统的平衡和区域社会经济的可持续发展具有十分重要的意义。

黔南布依族苗族自治州地形地貌条件复杂，植物生长茂盛，物种资源丰富，是生物多样性特别丰富的地区之一，也是近年来土地利用变化最为迅速的地区之一。在国家区域发展战略、社会经济快速发展等原因驱动下，黔南布依族苗族自治州的城市呈现高强度、快速动态变化，大量自然植被转换成为农田、居住地、工业用地、旅游基础设施用地等土地类型。由于人类过度开采自然资源、特别是各种原因导致的多次大规模植被砍伐，以及全球气候变化的影响，导致局部区域出现生态系统退化。

通过对黔南布依族苗族自治州土地利用/覆被变化及其驱动力因素的分析，可以具体了解研究区土地利用现状和特点，分析土地利用合理性，为研究区土地合理利用提供一定的科学依据，为政府的土地资源规划和管理提供一定理论基础。

基于土地利用变化的定量研究，明确其时空变化特性，为保护生态系统的完整性及稳定性提供理论依据，同时也为制定土地综合利用规划及生态保护与管理工作提供科学的指导参考，有效地提高人们对土地利用/覆被变化的认识，提高资源利用效率，促进土地资源的合理利用，实现社会经济的可持续发展。

黔南布依族苗族自治州位于贵州省中南部，是典型喀斯特地貌分布区，生态环境脆弱。随着近年来城市化进程的加快，经济发展的同时带来了土地利用结构不合理、土地毁坏、村庄搬迁、环境污染等问题，致使其生态环境趋于恶化。因此，通过分析黔南布依族苗族自治州土地利用变化及其产生的生态环境效应，不仅对当地的土地利用变化对生态系统产生的影响有着深刻的认识，而且对科学准确地评价黔南布依族苗族自治州乃至西南喀斯特地区的土地利用变化作用下的生态效应具有重要意义，进而对土地进行合理开发，实现生态管控与区域可持续发展，促进人和自然协调发展具有重要的指导意义。

黔南布依族苗族自治州位于中国西南喀斯特地区中心的贵州省中南部，长江上中游和珠江上游的生态保护区，是重要的生态屏障区。随着城市化进程的加快，土地利用方式发生了很大改变，生态系统和生态环境承受着生态安全和生态风险的威胁，对黔南布依族苗族自治州土地利用进行科学合理的规划和生态环境保护问题亟待解决。

本研究以黔南布依族苗族自治州为研究区域，以自然地理学、环境科学、遥感与地理信息系统等学科为理论基础，根据遥感影像、站点观测数据及社会经济数据，以遥感影像解译和 GIS 空间分析作为技术支撑，对黔南布依族苗族自治州土地利用动态进行研究，分析土地利用变化对生态系统服务价值的影响，并对黔南布依族苗族自治州土地利用生态风险时空变化进行评价，探讨黔南布依族苗族自治州土地可持续发展，旨在为黔南布依族苗族自治州土地利用规划、生态环境保护以及社会经济的可持续发展提供科学依据。

开展黔南布依族苗族自治州土地资源开发与生态风险研究，分析生态系统服务价值的变化，评估存在的生态风险，是促进黔南布依族苗族自治州社会经济持续发展和生态安全的重要举措。本研究对喀斯特地区可持续发展研究具有重要的理论意义和现实意义。

1. 揭示黔南布依族苗族自治州土地利用变化规律，促进土地利用格局优化

黔南布依族苗族自治州处于中国西南喀斯特分布区的中部地区，是典型的生态脆弱区和生态屏障区，是国家生态治理和生态保护与建设的重点区，也是首批国家生态文明试验区，土地开发与利用应以生态环境保护为首要目标。黔南布依族苗族自治州地形破碎，耕地、园地分布零散，能源用地数量多、面积小、分布广，不利于区域生态环境。因此，通过研究黔南布依族苗族自治州土地利用变化情况，揭示黔南布依族苗族自治州 30 多年来土地利用的规模、结构以及空间布局变化规律，分析其变化对土地利用生态风险的影响，促进喀斯特地区土地利用格局优化。

2. 探索有效分析生态问题的研究方法

目前国内生态风险评价主要针对区域整体或以行政区划为评价单元，选取一些经济社会指标、环境指标和土地指标对区域整体或评价单元进行生态风险评价。因为评价单元过大，因此局部生态风险的差异较小。GIS 强大的空间分析、数据挖掘及空间表达功能，能够根据研究区特点合理划分评价单元，有效揭示土地生态问题的时空规律，使得结果能够更好地体现区域差异性，合理展现空间分析结果，保证分析及评价结果科学性及精确性，提高空间表达直观性。

3. 实行区域差异化生态建设，提高生态建设效益

生态建设是黔南布依族苗族自治州现在和未来的重点工作，通过对黔南布依族苗族自治州土地利用进行生态风险评价，利用 GIS 分析不同区域生态风险变化的主要原因，制定不同区域调控政策，实行区域差异化生态建设，有针对性地解决问题，降低土地利用生态风险，提高生态建设的效益。

黔南布依族苗族自治州位于贵州南部山地，是典型而复杂的山区生态系统脆弱区。随着城镇化进程的加快、人口数量的增加，人类活动开始向山区无序扩展，土地利用的强度和范围逐渐扩大，对生态系统质量产生极大影响，并引发一系列生态环境问题。土地利用系统与生态系统间的矛盾日益凸显。因此，在对黔南布依族苗族自治州土地利用 / 覆被变化时空演变特征及其驱动因素进行研究的基础上，分析其变化对生态环境的影响，可以为保护生态环境提供科学的依据，为决策部门合理开发利用自然资源提供科学的基础，同时也对保持自然系统平衡及区域社会经济的可持续发展有重要意义。

综上所述，基于层次理论的中小尺度的区域 LUCC 研究必然成为喀斯特地区环境变化研究的关键，其环境累积效应对喀斯特地区环境乃至全球环境变化研究产生重要意义。

第二节　研究进展

近几十年来区域气候异常和人类活动干扰导致其生态环境表现的脆弱性和变异性。21 世纪初期，国家区域发展的“西部大开发”战略，促使西部地区土地利用变化逐年增加（刘纪远等，2009）。

地球表层系统一直处于变化之中，据统计，陆地表面超过一半的面积已经被人类所改变（Foley et al.，1997），引起变化的主要原因之一就是土地利用 / 覆被变化（LUCC）。人类通过开发利用土地资源，从而对区域生态环境产生重要影响（刘纪远等，2009），并进而影响全球环境变化（Foley et al.，2005; GLP.，2005.）。

全球环境变化问题主要表现为极端气候增多（Chase TN，et al.，1999; Houghton RA，et al.，1999）、生物多样性丧失及生态系统服务功能下降（Daily G C et al.，2000; Sala OE et al.，2000）、土地退化（Riley WJ etal.，2000）等方面，与土地利用 / 覆被变化有直接和间接关系。土地利用 / 覆被变化是人类引起的地球表层地域系统变化的重要因素，主要表现为量变和质变，其中量变主要是指土地覆盖类型内部变化，质变主要是指土地覆盖类型之间的转化（徐新良，2014; 史培军，1997），是人类社会与自然的多尺度关系（Lambin et al.，2001; Rindfuss et al.，2004），是土地利用与经济、社会、自然之间协同演变的结果（Parker et al.，2003）。

土地利用系统是一个复杂的嵌套系统（Verburg et al.，2003）。层次理论认为，可以将复杂系统分解为数量有限的层次，其中，高层次的动态变化呈现出低速大尺度、低层次变化表现为快速小尺度等特点（Wu J，1999）。一个地区的土地利用 / 覆被格局是不同层次土地利用与自然环境综合作用的结果（Moreira et al.，2009）。研究表明，气候因素、地球表层状况、长期政策等决定了土地利用 / 覆被变化格局（Lambin EF et al.，2003），在宏观尺度上影响了土地利用 / 覆被格局和过程；而土地所有者在以上因素约束下改变了局部区域的土地利用 / 覆被格局（Gorton et al.，2008; Valbuena et al.，2010）。

土地利用与覆被变化的过程与趋势可以通过土地利用与土地覆被的变化幅度、面积变化速度、空间变化速度、变化趋势指数和变化区域差异等表征（罗格平等，2003），主要用于分析土地利用变化的质变。植被指数变化状况可以反映土地覆盖变化趋势，多年连续的植被指数数据可以用于土地利用的量变研究。

随着人口增加、经济社会发展和科学技术进步，使得地球表面化学过程、碳循环、生物多样性等全球变化和全球生态环境问题不断凸显，尤其是全球变暖、生物多样性的消失、酸雨等现象的出现，促使人们更多地关注全球变化。土地利用与覆被变化土地利用 / 覆被变化被认为是全球环境变化的主要驱动力之一，因此，成为全球环境变化研究中一个关键而迫切的研究课题（徐新良等，2014）。

土地是地球表面一定范围内自然和经济社会的综合体，也是人类生存和发展最重要的资源（任涵，2018），是土地利用 / 覆被变化的载体。土地利用 / 覆被变化是指人们对土地的不同利用目的，导致土地利用的类型、数量和格局发生变化，表现为土地覆盖状况发生改变的现象，因此，土地利用变化和土地覆被变化经常联系在一起，简称 LUCC（Land Use and Land Cover Change）。20 世纪 90 年代以来，随着遥感和地理信息技术提供了快速、准确动态监测生态环境的有效手段（贺秋华，2011）。1995 年，国际地圈与生物圈（IGBP）和国际人文因素计划（IHDP）联合提出了“土地利用 / 覆被变化（LUCC）科学研究计划”，逐渐成为全球环境变化研究的热点和前沿（摆万奇等，1999; 张世文等，2006; 何英彬等，2004）。

土地利用是根据自然资源状况及社会经济建设需求，合理配置土地资源以进行长期或周期性经营的动态过程（Turner et al.，2007; 甄霖等，2010）。土地利用具有时空变化特征，在时间上表现为为了满足产业发展、生态环境建设的需要及时作出的结构调整、布局优化；在空间上表现为多时空尺度的形态特征，进一步协调土地功能（刘纪远等，2014）。

土地覆被侧重土地的自然属性，土地利用侧重土地社会经济属性。两者既有区别又有联系。

联合国粮农组织（FAO）将土地利用定义为受自然条件与人类活动影响的土地功能（FAO，1985）。土地利用是人们按照一定的经济和社会目的，采取一系列生物和技术手段，对土地进行的长期性或周期性的经营活动，是一个把土地自然生态系统变为人工生态系统的过程（Turner et al，1995）；土地覆被是指自然营造物和人工建筑物的地表诸要素的具有多维空间信息的综合体，是自然过程和人类活动共同作用的结果（徐新良等，2014.），包括地表植物、土壤、冰川、湖泊、沼泽湿地及各种建筑物，具有特定的时间和空间属性，其形态和状态可在多种时空尺度上变化（史培军等，2000）。

土地利用变化是生态环境变化的重要驱动因素。土地利用变化会直接或间接地影响区域人类及动植物的生存环境，能够影响生态环境的状况，一直是学术界的研究热点。LUCC 可以体现全球变化、可持续发展、生态系统的过程和功能变化，因此成为地理学、经济学和生态学等基础学科和技术学科关注的热点。土地利用变化特征的研究主要是对土地利用类型数量变化、强度变化、动态度变化和流向变化等方面，土地利用空间扩展模式主要借助地理信息系统（GIS）和遥感（RS）技术，获取土地利用空间扩展的准确信息，并采取相应的方法模拟土地利用空间扩展过程。

19 世纪以来，研究者从经济角度、观测记录数据、土地利用变化等方面研究人类对环境的影响。20 世纪以来，国内外学者在土地利用变化研究领域取得了丰硕的成果。这一阶段开始应用理论、方法和模型开展土地利用研究，主要有 A. Weber 的工业区位论、A. Losch 的市场区位论、W. Christaller 的中心地方论等（杨吾扬等，2000）。欧美工业化和城市化进程加快促进了土地利用的显著变化，开展了关于欧洲、苏联、美国的农林覆盖变化、环地中海土地利用变化等相关研究（Kates et al.，1990）。20 世纪 70 年代，国内外学者利用 3S 技术和计量方法，从多学科、多视角开展 LUCC 的过程与趋势、驱动力研究及生态环境综合评价（Yan et al.，2002; Dcng et al.，2002; Herold，2006）。研究尺度从局部尺度发展到全球尺度，中小尺度上 LUCC 的变化将对大尺度区域产生戏剧性的累积放大效应，引起的环境效应既具有区域性也具有全球性（罗格平等，2003）。

基于遥感数据，结合数学模型研究土地利用变化取得了丰硕的成果，促进了学科发展。基于遥感数据及 SEBS 模型，研究了肯尼亚奈瓦沙湖流域的土地利用 / 覆盖变化及气候对蒸散量的影响（Odongo et al.，2019）。研究发现，自然保护区土地利用和土地覆被变化已经显著影响当地森林的范围和存在条件（Reshma et al.，2018）。对我国区域土地利用覆被研究的成果逐渐增多。基于土地利用数据和 NDVI 数据，结合土地利用动态度、土地利用转移矩阵，研究了淮河流域的土地利用与植被变化（Liu，2019）。基于 Landsat 数据，采用监督分类法，对 1964 ~ 2008 年间新疆阿勒泰山区绿洲居民点和周围牧场的土地利用 / 覆被变化（Andreas Dittrich et al.，2010）。应用遥感和 GIS 技术及数理统计方法，研究了绿洲土地利用与覆被动态变化（罗格平等，2003）。基于土地利用动态度、信息熵等研究方法，结合相关分析和主成分分析，探讨了土地利用 / 覆被变化的驱动力（陈忠升等，2010）。以 3 期遥感影像为基本数据源，以 DEM 及派生的坡度数据为辅助因子，利用改进的 BP 神经网络算法，研究了西安市土地利用 / 覆被变化及驱动力（张海龙等，2006）。基于遥感数据，结合第一次全国地理国情普查成果数据，分析了抚仙湖流域的地表覆盖类型变化的时空特征；并利用主成分和多元回归分析方法，分析了土地利用 / 覆被变化的驱动力（李石华等，2017）。基于遥感数据，结合信息熵理论与洛伦兹曲线 - 基尼系数，分析了贵州省土地利用结构演变及空间差异（陈远云等，2017）。基于景观干扰度指数和景观脆弱度指数构建土地利用生态风险指数，并借助空间统计学中的空间自相关和半方差分析方法，分析了土地利用生态风险的空间分布和梯度变化特征（谢花林，2011）。土地利用 / 覆被变化的水文效应受到关注（李丽娟等，2007; ISIKet al.，2013）。

土地利用变化是人类活动与自然变化相互作用的结果（Foley J A et al.，2005; 王涛等，2017）。土地利用格局能够反映各种土地利用类型在空间上的分布，是土地利用类型和土地利用结构在空间上的投影（宋戈等，2017）。土地利用时空变化的特点和规律性是研究土地利用变化的重要内容（刘纪远等，2014），不同的土地利用方式和开发强度对生态安全的影响具有区域性和积累性（Serveiss V B，2002; Turner B L Ⅱ et al.，2013; 卿凤婷等，2016）。生态风险是生态系统及其组分所承受的风险，反映了生态系统因受人类活动、自然环境变化所导致的不良生态效应（张小飞等，2011）。土地利用生态风险用于描述和评价人为活动、自然灾害或者环境污染对生态系统结构和功能所造成的影响（谢花林，2008）开展土地利用下的生态风险时空变化定量分析，有助于揭示区域生态环境的生态安全状况，促进区域可持续发展。

贵州南部为长江和珠江上游地区的生态屏障，属于西南喀斯特生态功能保护区，主要承担着水土保持生态功能。开展长时间处理的土地利用变化遥感监测，快速获得土地利用变化的相关数据，为适应气候变化的国家资源环境可持续发展具有重要的战略意义（Jin S M et al.，2011）。

黔南布依族苗族自治州属于典型的生态敏感区和生态脆弱区，生态环境质量的变化随着城镇化迅速发展、旅游活动大规模开展、土地资源的不合理利用等，土地利用发生了很大变化。但是由于黔南布依族苗族自治州复杂的地质地貌环境和脆弱的生态系统，以及剧烈的人类活动，其生态环境变化亟需研究。根据已获得的 20 世纪 80 年代至今的 7 期土地利用数据，分析近 35 年来贵州南部土地利用变化格局，分析其变化特征，为合理制定土地利用和生态环境保护提供参考依据。

第三节　数据来源与研究方法

一、数据来源

研究所采用的数据包括土地利用数据、DEM 数据、气象站点数据和统计数据，所用研究数据均来源于中国科学院资源数据中心。研究所用的 2000 年、2010 年和 2015 年的土地利用数据来源于中国科学院资源环境科学数据中心的土地利用数据集（http://www.resdc.cn），数据比例尺为 1∶10 万，结合行政边界对遥感图像进行裁剪，获得分辨率为 1 千米的土地利用栅格数据集。

二、研究方法

1. 土地利用面积变化

各土地利用类型的面积变化可以直观反映一段时间内土地利用类型的面积数量的变化，其数学公式为：

$$U = U_b - U_a \tag{1}$$

式中：U 为某一土地利用类型的面积变化量；U_b 和 U_a 分别为研究期末和研究期初的面积。

2. 土地利用动态度模型

土地利用单一动态度模型可以反映某一土地利用类型变化的剧烈程度，其数学表达式为：

$$K = \frac{U_b - U_a}{U_a} \times \frac{1}{T} \times 100\% \tag{2}$$

式中：K 为研究时段内某一土地利用类型的动态度，其值越大表示某种土地利用类型的变化越强烈，越小表示其变化越微弱 U_b、U_a 分别为研究末期和初期某一土地利用类型的面积；T 为研究时段。

——土地利用动态度。该指标用来研究某一土地类型数量变化，并可预测未来土地变化趋势（何书金等，2006）

$$K = \frac{U_b - U_a}{U_a} \times \frac{1}{T} \times 100\% \tag{3}$$

式中：K 为研究时段某一土地利用类型变化率；U_a 、U_b 分别为研究时段开始与结束时该土地类型面积；T 为研究时段，当设定为年时，K 则表示该类土地利用类型的年变化率。

——土地利用强度综合指数。指土地利用的广度和深度，可反映区域土地利用程度变化，用于测度人类活动对土地利用格局的干扰程度（宋戈等，2016）。

$$L = 100 \times \sum_{i=1}^{n} A_i \times C_i \tag{4}$$

式中：L 为土地利用程度综合指数；A_i 为区域内第 i 类土地利用程度分级指数；C_i 为区域内第 i 类土地利用程度分级面积百分比，n 为土地利用程度分级数，未利用地为 1 级，水域为 2 级，林地和草地为 3 级，耕地为 4 级，建设用地为 5 级（刘欢等，2012）

——耕地垦殖指数。指研究区内耕地开垦状况。

$$K = \frac{F}{L} \times 100\% \tag{5}$$

式中：F 为耕地面积；L 为土地总面积。

——植被覆盖指数。指研究区内植被覆盖状况。

$$C = \frac{W + G}{L} \times 100\% \tag{6}$$

式中：W 为林地面积；G 为草地面积；L 为土地总面积。

——土地生态风险指数。用于描述研究区内综合生态损失的相对大小，将地类空间结构转化为空间化的生态风险变量，从而建立土地利用类型与区域生态风险的经验联系（彭文君等，2018）其计算公式为：

$$R_E = \sum_{i=1}^{n} R_i \frac{A_i}{A} \tag{7}$$

式中：R_E 为土地生态风险指数；n 为土地利用类型的数量；A_i 为研究区内第 i 种土地利用类型的总面积；A 为研究区总面积；Ri 为第 i 种土地利用类型生态风险强度系数。参考相关文献，确定不同土地利用类型的生态风险强度系数依次为：耕地为 0.32，林地为 0.14，草地为 0.16，水域为 0.45，建设用地为 0.72，未利用地为 0.82（彭文君等，2018）。

第四节　黔南布依族苗族自治州土地利用 / 覆被变化分析

土地利用 / 覆被变化是一个复杂多变的过程，利用长时间土地利用数据可以反映不同时期人们的土地利用方式，包括土地利用类型时空格局演变、不同利用类型间的转化、数量结构变化和质量变化等方面。

一、黔南布依族苗族自治州土地利用 / 覆被现状分析

土地利用状况是在自然、经济、科技等条件下，人类长期干预的产物，在空间上具有一定的地域分布规律，在地区上是不连续的，但是可以重复出现，在时间上则随着经济、技术发展有明显的动态变化特点（徐新良等，2014）。土地利用 / 覆被现状分析是以研究区某一时期土地利用现状数据为基础，通过土地利用 / 覆被结构（类型）面积统计分析和空间分布分析，揭示研究区土地利用 / 覆被变化的空间分布规律。

黔南布依族苗族自治州土地资源丰富，人们长期的劳动改造了自然、发展了生产，同时形成了多种多样的土地利用类型。1949 年以来，黔南布依族苗族自治州常用耕地面积呈减少趋势，其中 1949 ～ 1969 年间呈波动下降趋势，且波动较大，1970 年之后呈下

降趋势，且 2000 年之后下降趋势更加显著（图 5–1）。

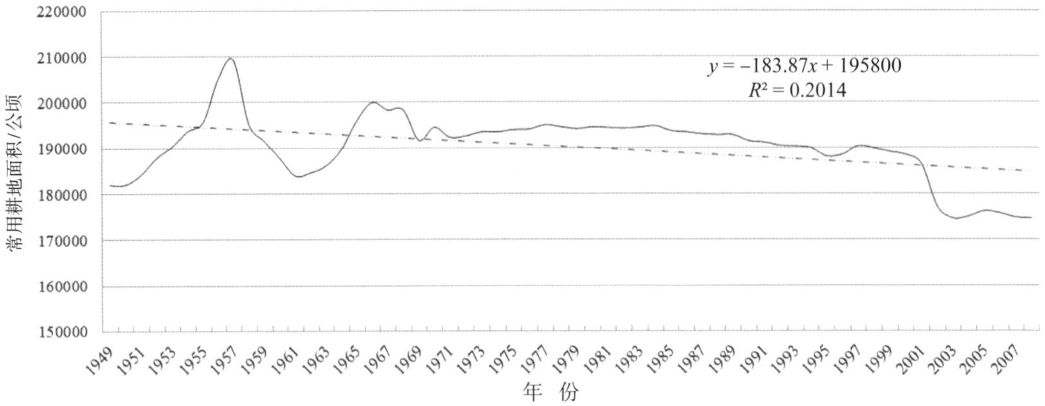

图 5–1　1949 ~ 2008 年黔南布依族苗族自治州常用耕地面积变化

二、黔南布依族苗族自治州土地利用数量结构

土地利用结构反映某区域土地利用的合理程度，是农业可持续发展的关键，是生态安全和粮食安全的基本条件。

基于遥感影像数据，在 GIS 软件平台上，统计各县市主要土地利用类型的面积，对黔南布依族苗族自治州土地利用主要数量结构进行分析。

统计结果表明，黔南布依族苗族自治州耕地面积为 6058.12 平方千米，占全州土地面积的 23.18%；林地面积为 14482.25 平方千米，占全州土地面积的 55.40%；草地面积为 5205.96 平方千米，占全州土地面积的 19.92%，可见全州土地利用总体特征为以林业为主，其次为农业和牧业。

各县市土地利用情况分析如下：

瓮安县耕地面积为 532.10 平方千米，占全县土地面积的 26.66%；林地面积为 1191.07 平方千米，占全县土地面积的 59.68%；草地面积为 206.25 平方千米，占全县土地面积的 10.33%，可见全县土地利用总体特征为以林业为主，其次为农业和牧业。

三都水族自治县耕地面积为 513.99 平方千米，占全县土地面积的 21.27%；林地面积为 1451.31 平方千米，占全县土地面积的 60.07%；草地面积为 434.48 平方千米，占全县土地面积的 17.98%，可见全县土地利用总体特征为以林业为主，其次为农业和牧业。

平塘县耕地面积为 635.70 平方千米，占全县土地面积的 22.38%；林地面积为 1661.28 平方千米，占全县土地面积的 58.49%；草地面积为 518.07 平方千米，占全县土地面积的 18.24%，可见全县土地利用总体特征为以林业为主，其次为农业和牧业。

罗甸县耕地面积为 419.84 平方千米，占全县土地面积的 13.84%；林地面积为 1829.51 平方千米，占全县土地面积的 60.31%；草地面积为 732.22 平方千米，占全县土地面积的

24.14%，可见全县土地利用总体特征为以林业为主，其次为牧业和农业。

龙里县耕地面积为 384.40 平方千米，占全县土地面积的 24.59%；林地面积为 799.02 平方千米，占全县土地面积的 51.11%；草地面积为 337.94 平方千米，占全县土地面积的 21.62%，可见全县土地利用总体特征为以林业为主，其次为农业和牧业。

荔波县耕地面积为 483.76 平方千米，占全县土地面积的 19.88%；林地面积为 1311.55 平方千米，占全县土地面积的 53.89%；草地面积为 624.11 平方千米，占全县土地面积的 25.64%，可见全县土地利用总体特征为以林业为主，其次为牧业和农业。

惠水县耕地面积为 592.38 平方千米，占全县土地面积的 23.46%；林地面积为 1435.59 平方千米，占全县土地面积的 56.85%；草地面积为 463.27 平方千米，占全县土地面积的 18.34%，可见全县土地利用总体特征为以林业为主，其次为农业和牧业。

贵定县耕地面积为 456.92 平方千米，占全县土地面积的 27.49%；林地面积为 627.48 平方千米，占全县土地面积的 37.76%；草地面积为 551.39 平方千米，占全县土地面积的 33.18%，可见全县土地利用总体特征为以林业为主，其次为农业和牧业。

福泉市耕地面积为 381.79 平方千米，占全市土地面积的 22.29%；林地面积为 855.35 平方千米，占全市土地面积的 49.94%；草地面积为 437.01 平方千米，占全市土地面积的 25.51%，可见全市土地利用总体特征为以林业为主，其次为牧业和农业。

都匀市耕地面积为 615.32 平方千米，占全市土地面积的 26.40%；林地面积为 1359.02 平方千米，占全市土地面积的 58.30%；草地面积为 300.50 平方千米，占全市土地面积的 12.89%，可见全市土地利用总体特征为以林业为主，其次为农业和牧业。

独山县耕地面积为 656.33 平方千米，占全县土地面积的 26.49%；林地面积为 1310.57 平方千米，占全县土地面积的 52.89%；草地面积为 493.69 平方千米，占全县土地面积的 19.92%，可见全县土地利用总体特征为以林业为主，其次为农业和牧业。

长顺县耕地面积为 403.00 平方千米，占全县土地面积的 25.42%；林地面积为 975.08 平方千米，占全县土地面积的 61.51%；草地面积为 191.37 平方千米，占全县土地面积的 12.07%，可见全县土地利用总体特征为以林业为主，其次为农业和牧业。

各县市都是以林地为主，其中灌木林地占比重最大，其次为疏林地，其他林地如未成林造林地、迹地、苗圃及各类园地（果园、桑园、茶园、热作林园等）占比较小。

三、土地利用变化幅度

在 ArcGIS 软件平台上进行计算和统计分析，获得黔南布依族苗族自治州 5 期土地利用类型面积总量及结构变化情况的相关数据，进行利用类型变化分析（表 5-1）。

表 5-1 1980 ~ 2018 年间 4 期土地利用类型变化统计

土地利用类型	1980 年		1990 年		2000 年		2010 年		2018 年	
	面积 / 平方千米	比例 %	面积 / 平方千米	比例 %	面积 / 平方千米	比例 %	面积 / 平方千米	比例 %	面积 / 平方千米	比例 %
耕地	6297.31	24.09	6291.03	24.07	6333.12	24.23	6161.25	23.57	6058.12	23.18
林地	14571.78	55.75	14576.42	55.76	14200.18	54.32	14528.85	55.58	14482.25	55.40
草地	5081.64	19.44	5080.80	19.44	5401.54	20.66	5241.25	20.05	5205.96	19.92
水域	99.27	0.38	97.84	0.37	98.88	0.38	100.01	0.38	103.69	0.40
建设用地	80.67	0.31	84.55	0.32	96.93	0.37	103.17	0.39	284.29	1.09
未利用地	9.12	0.035	9.13	0.035	9.13	0.035	5.07	0.019	5.29	0.020

表 5-2 黔南布依族苗族自治州 1980 ~ 2018 年间土地利用类型变化幅度

土地利用类型		耕地	林地	草地	水域	建设用地	未利用地
1980 ~ 1990 年	变化量 / 平方千米	−6.28	4.65	−0.84	−1.43	3.88	0.011
	年变化幅度 /%	−0.10	0.032	−0.017	−1.44	4.82	0.12
1990 ~ 2000 年	变化量 / 平方千米	42.09	−376.25	320.73	1.04	12.38	0
	年变化幅度 /%	0.67	−2.58	6.31	1.06	14.64	0
2000 ~ 2010 年	变化量 / 平方千米	−171.87	328.67	−160.29	1.13	6.23	−4.06
	年变化幅度 /%	−2.71	2.31	−2.97	1.14	6.43	44.49
2010 ~ 2018 年	变化量 / 平方千米	−103.13	−46.60	−35.29	3.68	181.12	0.22
	年变化幅度 /%	−1.67	0.32	−0.67	3.68	175.56	4.30

由表 5-1、表 5-2 数据分析，黔南布依族苗族自治州土地利用变化主要呈现以下特征：

近 38 年来，黔南布依族苗族自治州不同土地利用类型的面积发生了不同程度的变化。水域和建设用地面积呈增长趋势，尤其是建设用地面积增幅较大。耕地、林地和草地面积都有所减少。

从土地利用结构变化分析，黔南布依族苗族自治州土地利用类型所占比例一直是林地＞耕地＞草地，其他各类之间互有起伏。

从不同时期看，建设用地在 2010 ~ 2018 年间增幅较大，城市扩张明显加快（图 5-2）。

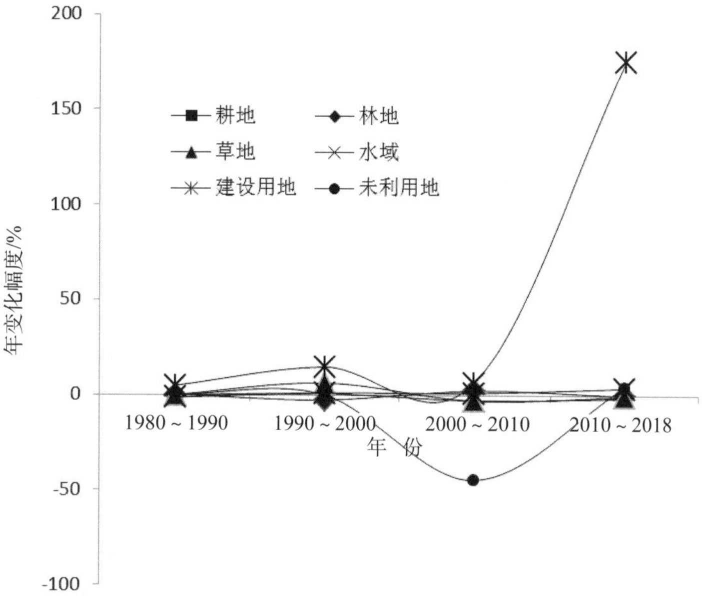

图 5-2　研究期间不同土地利用类型年变化幅度比较

四、土地利用扩展程度指数

利用土地利用扩展程度指数可以全面反映土地利用类型的扩展情况，同时也体现了土地总面积的影响及扩展基数的影响。

$$P_i = \frac{(KA_j - KA_i)}{KA_i} \times \frac{1}{t_2 - t_1} \times 100\%$$

$$Q_i = \frac{(KA_j - KA_i)}{A} \times \frac{1}{t_2 - t_1} \times 100\%$$

$$K_i = \sqrt{\frac{P_i^2 - Q_i^2}{2}}$$

式中：P_i、Q_i、K_i、分别为研究区某一时段第 i 种土地利用类型的动态度、扩展强度指数和扩展程度指数；A 为研究区总面积。

分析 1980 ~ 2018 年间黔南布依族苗族自治州不同土地利用类型动态度变化（图 5-3）。

耕地动态度总体呈下降趋势，在 20 世纪 90 年代有所增加，其他阶段均呈减小趋势。林地动态度呈上升趋势，20 世纪 90 年代减少较多，2000 ~ 2010 年间增加较多，2010 ~ 2018 年间稍有减少。草地动态度总体呈减少趋势，20 世纪 90 年代增加较多，2000 ~ 2010 年间减少较多，2010 ~ 2018 年间减少较少。水域动态度呈逐阶段上升趋势。建设用地动态度呈显著上升趋势，其中两个阶段上升较快，分别为 20 世纪 90 年代

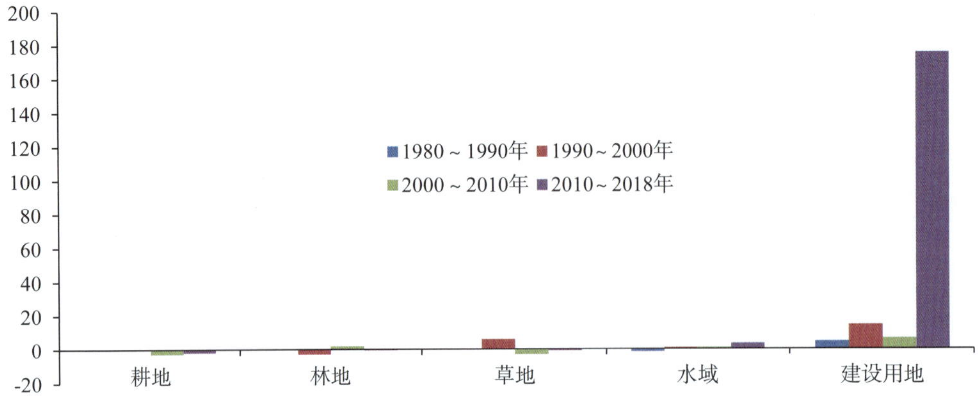

图 5-3　1980 ~ 2018 年间土地利用动态度变化

和 2010 ~ 2018 年间，尤其是后一阶段动态度幅度增加较大。

从不同土地利用类型的动态度变化看，建设用地的动态度变化最大，且在各阶段都是变化最大的类型，反映出黔南布依族苗族自治州在近几十年来基础设施等各方面建设速度和规模都很大；其次是水域面积动态变化，呈逐阶段上升趋势，表明黔南布依族苗族自治州在近几十年间水库区域和旅游景区注重了水资源的开发利用。

分析 1980 ~ 2018 年间黔南布依族苗族自治州不同土地利用类型扩展强度动态变化（图 5-4）。

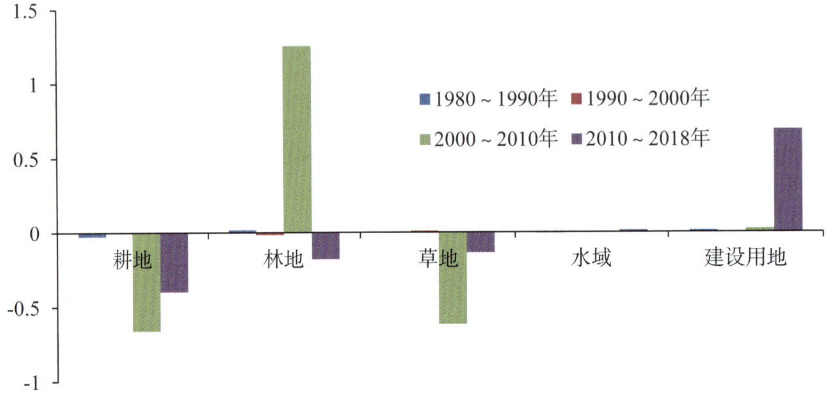

图 5-4　1980 ~ 2018 年间黔南布依族苗族自治州土地利用扩展强度指数

耕地扩展强度指数总体呈下降趋势，在 20 世纪 90 年代有所增加，其他阶段均呈减小趋势，尤其是 2000 ~ 2010 年间减小最大，其次为 2010 ~ 2018 年间减少较大，说明耕地面积在减小。林地扩展强度指数呈上升趋势，阶段变化显著，2000 ~ 2010 年间扩展强度较大，2010 ~ 2018 年间扩展强度较小。草地扩展强度指数总体呈减少趋势，2000 ~ 2010 年和 2010 ~ 2018 年间两个阶段扩展强度指数为负值且数值绝对值较大，说明草地减少面积较大。水域扩展强度指数呈逐阶段上升趋势，说明水域面积在增加。建设用地扩展强度指数呈显著上升趋势，尤其是 2010 ~ 2018 年间扩展强度较大，说明建设用地面积增加较大。

从不同土地利用类型的扩展强度指数变化看，建设用地的扩展强度最大，且增加幅度较大；其次为林地。耕地和草地扩展强度指数为负值，说明其面积减少较大。研究数据分析说明，1980 ~ 2018 年间，黔南布依族苗族自治州耕地和草地转为林地和建设用地的面积较大，一方面反映了退耕还林等生态保护措施的实施成效，另一方面也反映了黔南布依族苗族自治州社会发展速度在加快。

分析 1980 ~ 2018 年间黔南布依族苗族自治州不同土地利用扩展程度（图 5-5）。

从土地利用类型耕地扩展程度指数总体呈逐阶段上升趋势，在 2010 ~ 2018 年间开始减小。林地扩展程度指数呈上升趋势，阶段变化显著,1980 ~ 2010 年间扩展强度增大，但 2010 ~ 2018 年间扩展程度减小。草地扩展程度指数总体呈减少趋势，1980 ~ 2000 年间指数较大，2000 年之后逐阶段减小。水域扩展程度指数呈上升趋势。建设用地扩展程度指数呈显著上升趋势，尤其是 2010 ~ 2018 年间扩展程度指数较大。

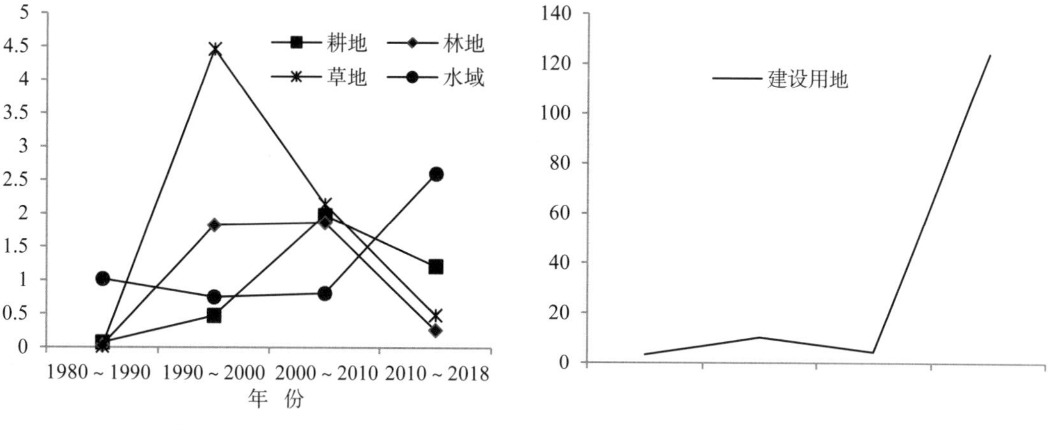

图 5-5　1980 ~ 2018 年间黔南布依族苗族自治州土地利用扩展程度变化

综上来看，黔南布依族苗族自治州 1980 ~ 2018 年间土地利用发生了很大变化，一方面生态保护政策实施的促进作用，另一方面新型城镇化建设加快、基础设施特别的道路建设力度加大极大地推动了土地利用类型的变化。

五、土地利用程度综合指数

用于反映人类活动对土地资源开发利用的广度和深度，借鉴刘纪远等提出的土地利用程度分级方法，将土地利用程度分为四个等级，如表 5-3：

表 5-3 土地利用程度分级赋值表

土地利用分级类型	土地利用类型	分级指数
未利用地	沙漠、裸地、滩涂地	1
林、草、水用地级	林地、草地、港口	2
农业用地级	耕地、盐田、人工草地	3
城镇聚落用地级	建设用地；公路	4

通过计算研究区土地利用程度综合指数来反映人类活动的影响程度（庄大方等，1997; 徐新良等，2014），其计算公式如下：

$$I = 100 \times \sum_{i=1}^{m} A_i \times C_i \qquad \in = [100,400]$$

式中：I 为土地利用程度综合指数；A_i 为第 i 级的土地利用程度分级指数；C_i 为第 i 级土地利用程度分级面积百分比。

总体来看，黔南布依族苗族自治州土地利用综合程度指数在 224 ~ 226 之间（图 5-6），普遍稍高，呈上升趋势；尤其是近年来社会发展加快，城镇化进程加快，基础设施建设增加，道路等交通路线建设面积的提升，促进了土地利用综合程度的提高。

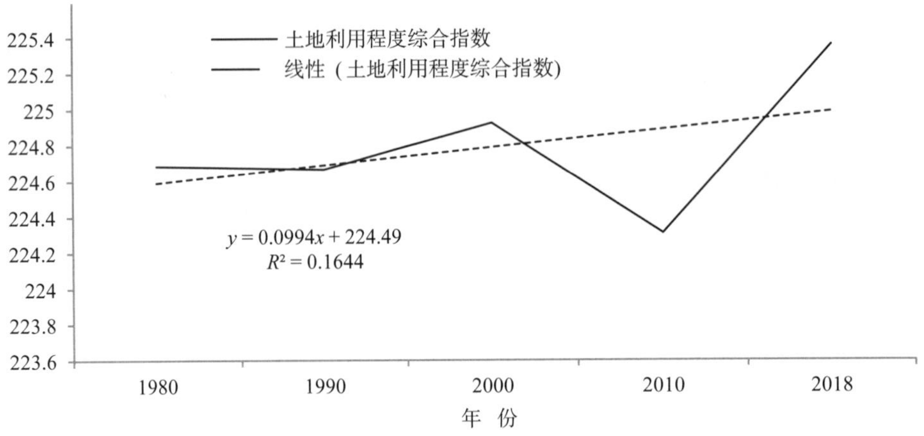

图 5-6 1980 ~ 2018 年黔南布依族苗族自治州土地利用程度综合指数变化

六、土地利用时间变化

土地利用动态度模型可以很好地反映一段时间内土地利用类型的变化快慢及变化趋势（张丽等，2014），是土地利用研究中比较成熟的模型。采用单一动态度反映研究期间各土地利用类型的变化特征，其计算公式如下：

$$K = \frac{U_b - U_a}{U_a} \times \frac{1}{T} \times 100\%$$

式中：K 为研究期间某一土地类型的动态度；U_b、U_a 分别为研究期末和研究期初的某土地类型的面积；为研究时段的长度。

研究表明，单一土地利用动态度通过关联某种土地利用类型在某段时间内的数量变化揭示该土地类型的变化活跃程度，与土地利用面积大小无关（李晓文等，2003）。

表 5-4 黔南布依族苗族自治州主要土地类型变化量及动态度 单位：平方千米

土地类型	1980 ~ 1990		1990 ~ 2000		2000 ~ 2010		2010 ~ 2018	
	变化量	动态度	变化量	动态度	变化量	动态度	变化量	动态度
耕地	-6.28	-0.01	42.09	0.067	-171.87	-0.27	-103.13	-0.17
林地	4.65	0.0031	-376.25	-0.26	328.67	0.23	-46.60	-0.03
草地	-0.84	-0.0017	320.73	0.63	-160.29	-0.30	-35.29	-0.067
水域	-1.43	-0.14	1.04	0.11	1.13	0.11	3.68	0.37
建设用地	3.89	0.48	12.38	1.46	6.23	0.64	181.12	17.56
未利用地	0.01	0.01	0	0	-4.06	-4.45	0.22	0.43

研究黔南布依族苗族自治州主要土地类型变化量及动态度（表 5-4）表明，耕地变化量是先增后减，1980 ~ 1990 年间减少量较少，1990 ~ 2000 年间增加较多，2000 ~ 2010 年间减少量最大，其次为 2010 ~ 2018 年间。体现了 1999 年实行退耕还林、还草后，黔南布依族苗族自治州耕地面积减少与此有关。从动态度看,2000 ~ 2010 年间最小，减少的面积最大。

林地变化量波动变化较大，1980 ~ 1990 年间稍有增加，1990 ~ 2000 年间减少面积较大，2000 ~ 2010 年间增加量较大，2010 年后又有减少趋势。1990 ~ 2000 年和 2000 ~ 2010 年两个阶段增减基本持平，动态度绝对值接近，退耕还林政策起到了重要作用。

草地变化量波动较大，减少 - 增加 - 减少 - 减少的变化特点，1990 ~ 2000 年间增加面积较大，2000 年之后呈现减少态势。

水域面积呈现增加态势，与水利工程建设和旅游景区水体开发有关。

建设用地在研究期间一直呈增加趋势，且增加幅度不断加大，反映出新型城镇化建设对本区域的促进作用。

总体来看，近 40 年来，各阶段呈现出不同的特点，各土地类型之间互有增减。

七、土地利用空间变化分析

为了更直观地了解某种土地类型的变化去向和增加的来源，借助土地利用矩阵研究土地类型之间的转化状况，其中每一行表示某类土地类型转化为其他类型的数量，每一列表示其他类型转化为某种的情况（刘瑞等，2010）。

一般在 ArcGIS 平台上，利用叠加分析功能模块进行运算，结合 Excel 制作出土地利用转移矩阵表，其表达形式如下：

$$A_{ij}=\begin{bmatrix} A_{11} & A_{12}\cdots A_{1n} \\ \vdots & \ddots \quad \vdots \\ A_{n1} & A_{n2}\cdots A_{nn} \end{bmatrix}$$

式中：A 代表面积；n 代表土地类型数；i、j 分别表示土地类型转移前后的类型；A_{ij} 表示 i 类土地类型转移为 j 类的面积。

参考文献

摆万奇，柏书琴 . 1999. 土地利用和覆盖变化在全球变化研究中的地位与作用 [J]. 地域研究与开发，18（4）: 13-16.

陈远云，罗海波，张莉娟，等 . 2017.1996 ~ 2014 年贵州省土地利用结构演变及空间差异分析 [J]. 江苏农业科学，45（ 8）: 228 -234.

陈忠升，陈亚宁，李卫红 . 2010. 新疆和田河流域土地利用 / 覆被变化及其驱动力分析 [J]. 中国沙漠，30（2）: 326-333.

何书金，王秀红，邓祥征，等 . 2006. 中国西部典型地区土地利用变化对比分析 [J]. 地理研究，25（1）: 79-87.

何英彬，陈佑启 . 2004. 土地利用 / 覆盖变化研究综述 [J]. 中国农业资源与区划，25（2）: 58-62.

贺秋华 . 2011. 江苏滨海土地利用 / 覆盖变化及其生态环境效应研究 [D]. 南京：南京师范大学 .

李丽娟，姜德娟，李九一，等 . 2007. 土地利用 / 覆被变化的水文效应研究进展 [J]. 自然资源学报，22（2）: 211-224.

李石华，周峻松，王金亮 . 2017.1974 ~ 2014 年抚仙湖流域土地利用 / 覆被时空变化及驱动力分析 [J]. 国土资源遥感，29（4）: 132-139.

李晓文，方创琳，黄金川，等 . 2003. 西北干旱区城市土地利用变化及其区域生态环境效应 [J]. 第四纪研究，23（3）: 280-291.

刘欢，张荣群，郝晋珉，等 . 2012. 基于半方差函数的银川平原土地利用强度图谱分析 [J]. 农业工程学报，28（23）: 225-231.

刘纪远，邓祥征 . LUCC 时空过程研究的方法进展 [J]. 科学通报，2009，54（21）: 3251-3258.

刘纪远，匡文慧，张增祥，等 . 2014. 20 世纪 80 年代末以来中国土地利用变化的基本特征与空间格局 [J]. 地理学报，69（01）: 3-14.

刘纪远，张增祥，徐新良，等 . 2009. 21 世纪初中国土地利用变化的空间格局与驱动力分析 [J]. 地理学报，64（12）: 1411-1420.

刘瑞，朱道林 . 2010. 基于转移矩阵的土地利用信息变化挖掘方法探讨 [J]. 资源科学，32（8）: 1544-1550.

罗格平，周成虎，陈曦. 2003. 干旱区绿洲土地利用与覆被变化过程 [J]. 地理学报，58（1）: 63-72.

彭文君，舒英格 . 2018. 基于 GIS 的石漠化山区县域土地利用空间变化的生态风险测度 [J]. 水土保持研究，25（1）: 342-348，355.

卿凤婷，彭羽 . 2016. 基于景观结构的北京市顺义区生态风险时空特征 [J]. 应用生态学报，27（5）：1585-1593.
任涵 . 2018. 基于 LUCC 的太行山淇河流域生境质量变化研究 [D]. 郑州：河南大学 .
史培军，陈晋，潘耀忠 . 2000. 深圳市土地利用变化机制分析 [J]. 地理学报，55（2）：151-160.
史培军 . 1997. 人地系统动力学研究的现状与展望 [J]. 地学前缘，4（1-2）：201- 211
宋戈，王盼盼 . 2017. 松嫩高平原县域土地利用空间格局地形梯度特征分析——以巴彦县为例 [J]. 地理科学，37（8）：1218-1225.
宋戈，王越 . 2016. 松嫩高平原土地利用格局变化时空分异 [J]. 农业工程学报，32（18）：225-233.
王涛，张超，于晓童，等 . 2017. 洱海流域土地利用变化及其对景观生态风险的影响 [J]. 生态学杂志，36（7）：2003 ~ 2009.
肖笃宁，李秀珍 . 1997. 当代景观生态学的进展和展望 [J]. 地理科学，17（4）：356-363.
谢花林 . 2008. 基于景观结构和空间统计学的区域生态风险分析 [J]. 生态学报，28（10）：5020-5026.
谢花林 . 2011. 基于景观结构的土地利用生态风险空间特征分析——以江西兴国县为例 [J]. 中国环境科学，31（4）：688-695.
徐新良，庞治国，于信芳 . 2014. 土地利用 / 覆被变化时空信息分析方法及应用 [M]. 北京：科学技术文献出版社，4.
杨吾扬，梁进社 . 2000. 高等经济地理 [M]. 北京：北京大学出版社 .
张海龙，蒋建军，解修平，等 . 2006. 近 25 年来西安地区土地利用变化及驱动力研究 [J]. 资源科学，28（4）：71-77.
张丽，杨国范，刘吉平 . 2014.1986 ~ 2012 年抚顺市地利用动态变化及热点分析 [J]. 地理科学，34（2）：185-191.
张世文，唐南奇 . 2006. 土地利用 / 覆被变化（LUCC）研究现状与展望 [J]. 亚热带农业研究，2（3）：221-225.
张小飞，王如松，李正国，等 . 2011. 城市综合生态风险评价：以淮北市城区为例 [J]. 生态学报，31（20）：6204-6214.
甄霖，魏云洁，谢高地，等 . 2010. 中国土地利用多功能性动态的区域分析 [J]. 生态学报，30（24）：6749-6761.
Andreas Dittrich, Andreas Buerkert, Katja Brinkmann. 2010. Assessment of land use and land cover changes during the last 50 years in oases and surrounding rangelands of Xinjiang, NW China[J]. Journal of Agriculture and Rural Development in the Tropics and Subtropics, 111(2): 129-142.
Chase TN, Pielke RA, Kittel TGF, et al. 1999. Simulated impacts of historical land cover changes on global climate in northern winter[J]. Climate Dynamics, 16(2-3): 93-105.
Daily GC, Söderqvist T, Aniyar S et al. 2000. The Value of Nature and the Nature of Value[J]. Science, 289: 395-396.
Dcng Xiangzheng, Liu Jiyuan. 2002. Modeling the relationship of land use change and some geographical indicators for the interlock area of farming and pasturing in China[J]. Journal of Geographical Sciences, 12(3): 397-404.
FAO. 1985. Pesticide residues in food-1983: evaluations[J]. Fao Plant Production & Protection Paper, 61.

Foley J A, De Fries R, Asner G P, et al.2005. Global Consequences of Land Use[J]. Science, 309: 570-574.

Foley J A, DeFries R, Asner GP, et al. 2005. Global consequences of land use[J]. Science, 309: 570-575.

Gorton M, Douarin E, Davidova S et al. 2008. Attitudes to agricultural policy and farming futures in the context of the 2003 CAP reform: a comparison of farmers in selected established and new Member States[J]. Journal of Rural Studies, 24(3): 322-336.

Herold M M. 2006. A joint initiative for harmonization and validation of land cover datasets[J]. IEEE Transactions on Geoscience and Remote Sensing, 44(7): 1719-1727.

Houghton R A, Hackler J L, Lawrence K T. The US carbon budget: contributions from land-use change[J]. Science, 1999, 285(5427): 574 - 578.

ISIK S, KALIN L, SCHOONOVER J E, et al. 2013. Modeling effects of changing land use/cover on daily streamflow: an artificial neural network and curve number based hybrid approach[J]. Journal of Hydrology, 485: 103 - 112.

Jin S M, Yang L M, Danielson et al. 2013. A comprehensive change detection method for updating the national land cover database to circa 2011[J]. Remote Sensing of Environment, 132: 159-175.

Lambin E F, Geist H J, Lepers E. 2003. Dynamics of land-use and land-cover changes in tropical regions[J]. Annual Review of Environmental Resources, 28: 205-241.

Lambin E F, Geist H J. 2001. Global land-use and cover change: What have we learned so far?[J]. Global Change Newsletter, 46: 27-30.

Liu Fang, Qin Tianlin, Girma A, et al. 2019. Dynamics of Land-Use and Vegetation Change Using NDVI and Transfer Matrix: A Case Study of the Huaihe River Basin[J]. Pol. J. Environ. Stud, 28(1): 213-223.

Moran E F. 2003. News on the land project[J]. Global Change Newslett, 54: 19-21.

Moreira E, Costa S, Aguiar A P, et al. 2009. Dynamical coupling of multiscale land change models[J]. Landscape Ecology,24(9): 1183-1194

Parker D C, Manson S M, Janssen M A, et al. 2003. Multi-agent systems for the simulation of land-use and land-cover change: a review[J]. Annals of the Association of American Geographers, 93(2): 314-337

Reshma M. Ramachandran,Parth Sarathi Roy,V. Chakravarthi, et al. 2018. Long-term land use and land cover changes (1920–2015) in Eastern Ghats, India: Pattern of dynamics and challenges in plant species conservation[J]. Ecological Indicators , 85: 21–36.

Riley WJ, Matson PA. 2000. Nloss: A Mechanistic Model of Denitrified N2o and N2 Evolution From Soil[J]. Soil Science, 165(3): 237-249.

Rindfuss R R, Walsh S J, Turner II B L et al. 2004. Developing a science of land change: challenges and methodological issues[J]. Proceedings of National Academy of Sciences, 101(39): 3976-3981.

Rindfuss R R, Walsh S J, Turner II B L,et al.2004. Developing a science of land change: challenges and methodological issues[J]. Proceedings of National Academy of Sciences, 101(39): 3976-3981.

Sala O E, Chapin F S, Armesto J J,et al. 2000. Global Biodiversity Scenarios for the Year 2100[J]. Science, 287(5459): 1770-1774.

Serveiss V B. 2002. Applying ecological risk principles to watershed assessment and management[J].

Environmental Management, 29: 145-154.

Turner B L Ⅱ , JanetosA C, Erburg PH, et al. 2013. Land system architecture: using land systems to adapt and mitigate global environmental change[J]. Global Environmental Change, 23: 395-397.

Turner B L, Lambin E F, Reenberg A.2007. The emergence of land change science for global environmental change and sustainability[J]. Proceedings of the National Academy of Sciences of the United States of America, 104(52): 20666–20671.

Turner I B L, Skole D, et al. 1995. Land Use and Land Cover Change（LUCC）: Science/Research Plan[R]. IGBP Reports, 35, HDP Reports, 7.

Turner II B L, Lambin E F, Reenberg A. 2007. The emergence of land change science for global environmental change and sustainability[J]. Proceedings of the National Academy of Science, 104(52): 20666-20671.

V.O. Odongo, P.R. van Oel, C. van der Tol, et al. 2019. Impact of land use and land cover transitions and climate on evapotranspiration in the Lake Naivasha Basin, Kenya[J]. Science of the Total Environment, https://doi.org/10.1016/j.scitotenv.04.062

Valbuena D, Verburg P H, Bregt A K, et al. 2010. An agent-based approach to model land-use change at a regional scale[J]. Landscape Ecology,25(2): 185-199.

Vitousek P M, Mooney H A, Lubchenco J, et al. 1997. Human Domination of Earth’s Ecosystems[J]. Science, 277: 494-499.

Wu J. 1999. Hierarchy and scaling: extrapolating information along a scaling ladder[J]. Canadian Journal of Remote Sensing, 25(4): 367-380.

Yan lianzhong, Zhang Yili, Liu Linshan et al. 2002. Land use and landscape pattern change ：a Linkage to the construction of the Qinghai, Xizang highway[J]. Journal of Geographical Sciences, 12(3): 253-265.

第六章　黔南布依族苗族自治州植被覆盖动态变化

第一节　研究概述

植被作为联系土壤、大气和水分的自然纽带，对土壤侵蚀的防治、水资源的调节、水质的改善、区域小气候的改善及水土保持功能的发挥具有十分重要的作用，因此，对植被进行动态监测，并分析其覆盖度变化及影响因素，已经成为全球变化研究的一个重要领域（崔林丽等，2010; ZHAO et al.，2001；蔺星娜等，2018）。

植被是生态环境的重要组成部分，是陆地生态系统的主体，是地表覆盖变化的重要指示器。植被生长状况影响并改变着区域生态系统的格局与质量、结构与功能，在一定程度上可以反映生态环境的变化。

传统的植被监测方法主要通过野外采样获取小区域范围的数据信息，耗时较多、成本较高、受人为主观因素影响较大、无法迅速准确地在较大区域范围内进行植被生长状况的动态监测。同时，实地取样往往是以某个点的数据代替了整个区域的真实状态，很难准确地呈现整个研究区植被变化状况。

随着遥感观测技术的发展，提高了人类监测陆地生态系统的能力。遥感数据被认为是大区域尺度、长时间序列进行植被覆盖动态变化监测研究的最有效的数据源。基于遥感数据来反演地表变化状况，具有时间尺度长、覆盖范围广、数据获取方便、空间分辨率高等优点，已广泛应用于环境保护、生态监测、农业普查等领域。遥感数据中的归一化植被指数（Normalized Difference Vegetation Index，NDVI）与绿色叶片生物量、叶面积指数、植物生产力和植被生物量等均有很好的相关性，能够很好地反映植物生长状况和植被覆盖度，是监测地区或全球植被生态环境变化的有效指标之一。由于 NDVI 能够准确反映植被绿度、光合作用强度以及季节和年际变化，能够部分补偿光照、地形坡度和观测方向引起的图像变化，因此成为应用最为广泛的植被指数。

植被就是覆盖地表的植物群落的总称。植被是全球土地覆被最重要、最敏感的构成要素之一，可在较短时间尺度上反映气候变化与人类活动的影响（张月丛等，2008），在全球变化中起着“指示器”的作用（孙红雨等，2009）。在全球气候变化加剧和人类活动日益频繁的背景下，植被覆盖变化对生态环境影响大（李德辉等，2014; 郭铌，2003），研究生态环境的变化及其变化趋势和规律，探讨变化驱动因子和驱动力，对评估地区环境有重要现实意义（王柳等，2010）。

对于植被变化的监测主要有地面实测和遥感两种方式。地面实测方式属于传统数据获取方式，具有监测范围较小、工作强度大、收集数据所需时间长和更替周期长的特点。目前遥感技术是监测全球和区域尺度植被动态的最有效工具（Pouliot D et al.，2009），在全球土地覆盖和土地利用类型以及地壳运动、海陆变迁的研究中发挥着重要作用。遥感技术结合地理信息空间分析技术，广泛应用于监测地表覆被变化。利用遥感数据提取区域植被覆盖度，成为建立区域生态模型的基础工作，也是开展生态环境恢复评价研究的重点（王春香等，2010）。

归一化植被指数（NDVI）可以反映植被生长状况，因此广泛作为对植被变化的研究参数。NDVI 应用于植被监测、土地覆盖变化、荒漠化研究、净第一性植被生产力等方面的研究，采用最大值法、均值法、差值法、一元线性回归趋势计算法等，用于分析植被的分布状况，能够确定植被的季节性变化规律，对于植被变化的监测有重要意义（冯露等，2009）。目前研究所采用的数据来源主要是 Tucker et al（2005）提出的 NOAA AVHRR、SPOT-4 Vegetation 以及 MODIS 等。

第二节　国内外研究现状及发展动态

一、植被覆盖动态变化研究

随着对地观测技术的不断发展，遥感数据已被广泛用于植被动态监测评价、土地利用 / 覆被变化等方面的研究（Boegh E.，1999; Golmehr. E，2011）。1985 年开始利用遥感数据研究非洲土地利用及其植被动态变化过程（Tucker et al.，1985）。研究表明，东亚北部 1982 ~ 2006 年 4 ~ 10 月间植被活动在 1990s 中期之前趋于增强，而后呈现明显减弱的趋势（Park et al.，2010）。国内学者主要从植被动态变化特征、土地覆盖分类、植物物候变化等方面进行了研究。利用 AVHRR 数据对我国植被的初步分类，研究表明主要植被类型分布和动态变化从东南到西北呈明显带状分布，反映了我国三大自然分区的特点（李晓兵和史培军，1999）。基于遥感数据，结合多种统计方法，研究表明 1983 ~ 1992 年间中国西部的植被变化幅度强于东部，且东西部的植被分异明显（陈云浩等，2002）。利用 NOAA-AVHRR/NDVI 时间序列数据，研究表明 1982 ~ 1999 年间我国植被活动在增强（方精云等，2003）。利用 NDVI 监测中国寒旱区植被覆盖，发现高原植被呈现改善趋势且更能及时、明显地预兆全球变化（宋怡等，2009）。利用 MODIS-NDVI 为数据源，研究表明 2000 ~ 2008 年间呼伦贝尔草原植被状况趋于恶化（张宏斌等，2009）。利用 MODIS NDVI 卫星遥感数据，研究表明 2000 ~ 2008 年间内蒙古中部地区植被总体稳定，东南部区域植被恢复明显，农牧交错区北部区域植被退化（王军邦等，2010）。基于MODIS数据，三江源区植被覆盖呈增加趋势，其中长江源区、黄河源区植被均呈增加趋势，而澜沧江源区植被呈下降趋势（刘宪锋等，2013）。利用MODIS数据研究发现2000～2010年间黄河流域植被改善区域远远大于退化区域（袁丽华等，2013）。华北平原的植被覆盖度主要呈上升趋势，具有南高北低、中部高四周低的分布特点（赵舒怡等，2015）。

植被作为土地覆盖的最主要成分（李琳，2008），其变化对全球能量循环及物质的生物地球化学循环具有重要的影响（Piao S L，2003）。目前有关地表植被覆盖与环境演变关系及其对生态效应是当前的研究热点（潘耀忠等，2000）。利用NDVI数据对北半球植被覆盖进行研究，发现北半球中纬度以及高纬度地区的植被活动在过去的20多年中表现为增强趋势，且趋势明显（Myneni R B et al.，1997）。应用RS与GIS技术，采用最大值合成、一元线性回归变化斜率法和Mann-Kendall非参数检验法，研究表明1998～2007年间近1/3国土面积植被覆盖基本不变（邱海军和曹明明，2011）。这些区域性的研究结论为当地生态系统的管理提供了重要的指导意义。

二、气候变化对植被变化的影响研究

气候变化是陆地植被变化的重要驱动因素，表现在热量是植物进行一切生命活动的能量来源和基础，而水分是植物内部和生长重要的组成部分。这种影响关系时空差异显著，因此需要在不同的时间尺度和空间尺度上对比分析植被－气候之间的关系，更好地理解和模拟陆地生态系统的变化特征。

在全球变化背景下研究陆地地表植被覆盖对温度和降水的相互关系及时滞响应，已逐渐成为地球科学领域研究的热点和重要内容。研究表明植被NDVI主要与降水有关，对温度的变化无显著对应关系（Rasmusen，1997）。美国布拉斯加州植被NDVI与植物所处的土壤环境中的温度密切相关，受植被生长状态持续的时间影响（Yanget al.，1998）。结合地面观测点的降水资料，研究发现植被的季节平均值对植被分布、累积降雨量以及年均降雨量有较好的预测能力（Plessis et al.，1999）。由于降水减少导致南半球（特别是干旱半干旱地区）的植被变化表现出了退化的趋势（Ichii et al.，2002）。区域优势物种植被变化与降雨、气温之间具有较好的相关性，在春季和夏季尤其显著（Weiss et al.，2004）。1999～2002年降水量长时间较少，导致北美洲大部分地区和欧亚大陆区域植被退化趋势显著（Lotsch et al.，2005）。北半球纬度较高地区，春秋季节NDVI与温度高度相关（Ichii et al.，2010）。

我国越来越多的学者利用遥感数据结合气象数据，探究植被变化对气候变化的响应。利用AVHRR数据，研究表明植被变化与同期月平均气温、降水等气候因子相关（孙红雨等，1998）。利用多时相NOAA/AVHRR数字影像研究发现，中国主要植被类型的动态变化与气候变化的相关系数从北到南逐渐降低，从东南到西北逐渐增加（李晓兵等，2000）。我国大多数地区由于温度上升、夏季降水量的增加以及农业活动的加强，导致生长季节的提前、延长和生长加速，植被变化都呈不同程度的增加趋势（朴世龙和方精云，2001）。西北年均 NDVI 与气温呈明显正相关且寒区植被 NDVI 变化对气温比较敏感（王海军等，2010）。采用 GIS 空间技术和相应的生物学统计方法，结合 GIMMS AVHRR-NDVI 遥感数据集，研究表明东北地区植被覆盖呈缓慢减少态势受人为因素和自然因素改变的双重影响（国志兴等，2010）。1982 ~ 2006 年间新疆植被活动增强显著，主要与生长速度增长和生长时间延长有关（赵霞等，2011）。2001 ~ 2010 年间蒙古高原植被覆盖呈增加趋势和呈减少趋势的面积基本持平，植被覆盖度在春夏季呈下降趋势、秋季呈上升趋势，降水是影响植被覆盖度变化的最主要因子（包刚等，2013）。利用 SPOT VEG 数据研究表明，西北地区植被覆盖整体呈增加趋势，但局部地区干旱少雨和人类活动抑制了植被生长（韦振锋等，2014）。气温是长江中下游区域植被覆盖变化的主要影响因素（邓伟等，2014）。

三、人类活动对植被变化的影响研究

随着人口数量的不断增长，人类活动对地表植被干扰和影响程度在逐渐增强。研究区域植被 NDVI 变化与该地气候因子相关性不大，地形的高低起伏、人类活动等影响占主要地位（Schultz et al.，1995）。意大利南部的针叶林 NDVI 减少与森林火灾、人类活动显示良好的相关性（Cuomo et al.，2001）。1986 ~ 1999 年间 Puget Sound 地区流域人口密度及道路密度的增加导致 NDVI 的降低（Morawitz et al.，2006）。人类活动对植被覆盖变化的影响越来越大（Davies et al.，2006）。人类在流域周边不同的活动方式导致了植被的地带分布格局（Ogden et al.，2006）。土耳其 Trabzon 地区林地景观的破碎度在降低，主要是人口增长造成林地面积的减少，而林地斑块数量的减少以及破碎度的降低与农村人口的减少有关（Keles et al.，2008）。1988 ~ 2009 年间菲律宾 Baguio 地区城市中心、城市扩张主要地区、旅游景点和主要道路对植被面积和景观格局有重要影响（Estoque & Murayama，2013）。

我国城市化快速发展的地区植被质量降低、植被覆盖下降趋势最明显（Sun 等，2011；朴世龙和方精云，2001）。对青藏公路与铁路沿途植被覆盖变化在人类活动较频繁的区域变化明显，而在人类活动较少的区域变化轻微（丁明军等，2005）。1989 ~ 1999 年间锡林郭勒草原植被受到人类干扰的巨大影响，造成大面积的退化（曹鑫等，2006）。人为因素导致玛曲县植被覆盖变化，人类活动对玛曲县高寒草地生态环境变化的影响非常大（李文龙等，2010）。利用 2000 ~ 2008 年 MODIS NDVI 数据确定陕北地区退耕还林工程实施以来的效果，近年陕北地区年平均 NDVI 呈显著增长趋势且坡耕地增长速度和幅度最大，人类一系列提升生态环境的行为，主要包括退耕还林等措施，是 NDVI 增长的重要驱动因子（宋富强等，2011）。1990 ~ 2009 年间广州地区城市热岛效应与 NDVI 呈现负相关，建筑物和人口越集中的地区，植被覆盖度越小，NDVI 值越小（Xiong 等，2012）。三江源区人口密度、GDP 密度和公路密度与可利用草地的植被指数显著正相关（赵芳，2012）。在西南喀斯特区域贵州省植被 NDVI 增强主要是由于人为因素驱动导致（Cai 等，2014）。

近年来，应用残差法和相关分析研究 NDVI 与人类活动的关系，将人类活动定量化，从而确定人类活动对植被变化的贡献率。1983 ~ 1999 年间锡林郭勒草原退化已达中等退化程度，人类活动加剧了草原的退化，过度放牧等现象频繁（曹鑫等，2006）。降水是影响黄土高原地区植被覆盖的关键因素，但近年在黄土高原地区进行的大规模退耕还林还草工程建设，其生态效应也在逐渐呈现（信忠保等，2007）。1981 ~ 2000 年间鄂尔多斯沙漠化形成过程中气候因子变化和人类活动在不同时间、空间均表现出明显的空间异质性（许端阳等，2009）。陕西省 1998 ~ 2005 年北部地区植被恢复良好，主要得益于退耕还林和防沙治沙项目的实施，而中北部、南部林地虽降水量较多，但因人类砍伐过度，表现为植被覆盖减少（周洪建等，2009）。三江源地区人类活动对该区域植被变化的影响有明显的空间异质性，且生态项目本身效果缺乏长期性，短期人类活动影响显著（李辉霞等，2011）。以上研究方法应用在 NDVI 与人类活动关系领域开辟了新的思路。

第三节　数据来源与研究方法

一、数据来源及预处理

研究所用的遥感数据主要是 MODIS NDVI 植被指数数据和 MCD12Q1 土地覆盖类型。

采用美国 NASA 提供的 2000 ~ 2014 年的 MODIS–NDVI 数据产品，用于黔南布依族苗族自治州植被覆盖时空变化研究。影像的空间分辨率是 250 米，数据投影格式是正弦曲线投影。该数据已经进行了大气校正和双向反射去除水、云、气溶胶以及阴影，可以直接应用于植被覆盖情况的研究。利用 MRT 软件进行图像拼接和投影转换，将正弦曲线投影图像转换为 WGS48 地理坐标系下的 UTM_48N 投影。然后利用黔南布依族苗族自治州行政边界矢量数据对图像进行统一裁剪。

利用 MODIS MCD12Q1 三级土地覆盖类型数据，分析黔南布依族苗族自治州土地覆盖类型和植被覆盖状况。该数据是按照国际地圈生物圈计划（IGBP）提供的分类方案，采用监督决策树分类方法得到黔南布依族苗族自治州 500 米分辨率的土地覆被分类数据。

气象数据来源中国气象网。选取黔南布依族苗族自治州 4 个地面气象站点 2000 年以来逐年气温和降水量数据，统计得到黔南布依族苗族自治州逐年的平均气温和降水数据。

根据黔南布依族苗族自治州统计年鉴得到 2000 年以来黔南布依族苗族自治州建城区面积数据。

综合以上数据，分析黔南布依族苗族自治州植被时空变化及其驱动机制。

二、研究方法

1.NDVI 阈值设定

根据已有研究（方精云等，2003；于泉洲等，2014），采用 NDVI 为 0.1 作为常年植被区的阈值，统计 NDVI 大于 0.1 的像元区域作为植被变化研究数据；统计 NDVI 大于 0.42 的像元区域来计算绿色植被面积。

2. 植被覆盖变化趋势分析

一元线性回归分析可以分析每个栅格上的变化趋势，该方法被用来模拟植被的绿度变化率 (Greenness Rate of Change，GRC)，GRC 被定义为某时间段内的季节合成归一化指数 (Seasonally Integrated Normalized Difference Vegetation Index，SINDVI) 年际变化的线性回归方程的斜率（Stow D et al.，2003）。本研究中，植被绿度的变化率被定义为研究期内 16 天归一化植被指数（Normalized Difference Vegetation Index，NDVI）年际变化的一次线性回归方程的斜率，计算公式为：

$$\theta_{slope}=(n\times\sum_{i=1}^{n}i\times NDVI_i-\sum_{i=1}^{n}i\sum_{i=1}^{n}NDVI_i)/(n\times\sum_{i=1}^{n}(t_i)^2-(\sum_{i=1}^{n}(t_i)^2)$$

式中：变量 i 为 16 天合成影像按时间排列的序号，i 取值为 1，2，…，23；n 为研究期限，本研究中 n 取 15；NDVI 为第 i 景影像的 NDVI 值；*slope* 是 2000 ~ 2014 年 NDVI 的线性回归斜率，若 $slope>0$，说明在这一时段的 NDVI 值增加，植被覆盖度上升，植被覆盖面积增加；反之，说明在研究时段的 NDVI 值减少，植被覆盖度下降，植被覆盖面积减少（潘蔷等，2012）。

3. 植被覆盖稳定性分析

植被 NDVI 年际变化可直观反映生产力变化以及植被覆盖率发生年际变化的状况，因此，用植被 NDVI 的年际变化监测植被受到外界因素的影响程度，对于分析植被健康状况有重要意义（侯美亭等，2013）。如果年际变化波动值大，说明植被群落受到外界因素影响大，不稳定，即植被覆盖状况趋于恢复或退化；如果波动值小，说明植被群落受外界因素影响小，植被覆盖状态稳定。通过计算研究期间年 NDVI 的变异系数，用以反映近 15 年来基于像元的研究区域的植被相对波动程度（何彬方等，2010），也就是植被覆盖稳定程度。

$$S=\sqrt{\sum_{i=1}^{n}(NDVI-\overline{NDVI})^2/n}$$

式中：S 为标准差；C_v 为变异系数；$\overline{NDVI}$ 为多年 NDVI 平均值。

第四节　植被覆盖时空变化

一、植被覆盖时间变化特征

1. 植被年内变化特征

取植被覆盖的年平均值和每个月的年平均值，研究黔南布依族苗族自治州的植被覆盖面积的年内变化趋势（图 6–1）。

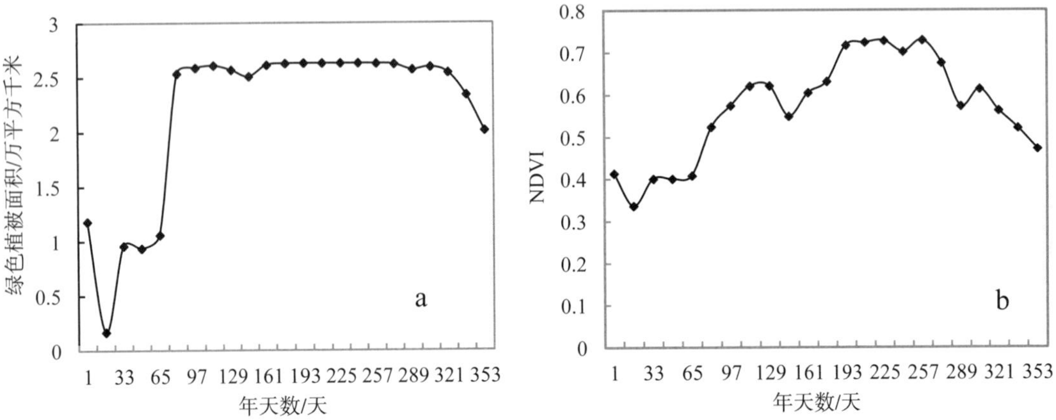

图 6–1　平均植被面积 (a) 和植被 NDVI 的年内变化曲线 (b)

从绿色植被覆盖面积变化看，第 33 ～ 81 天间植被覆盖面积处于上升阶段，这段时间是春季后期，植被开始返青和生长，绿色植被覆盖面积增加；第 81 ～ 321 天间植被处于基本稳定阶段，这段时间在夏秋季节，光热水条件配合好，适合植被的生长，是植被迅速生长的繁茂时期，绿色植被覆盖面积达到一年中最大值；在第 321 ～ 365 天及次年第 1 ～ 16 天间，是一年中的冬季，此时气温降低、降水和光照条件减弱，植被生长期结束，部分落叶阔叶林植被冬季落叶，导致绿色植被覆盖面积减少。黔南布依族苗族自治州位于西南部山区，是我国三大林区之一的西南部林区中，且为高原山地地形，森林、草地所占面积大，所以夏季绿色植被面积大。由于地处高原地区，有部分植被为落叶阔叶林，草地面积占比较大，冬季绿色植被覆盖面积缩小。

从植被 NDVI 的年内变化看，近 15 年来黔南布依族苗族自治州植被年内变化特征明显。在一年中的第 321 ～ 365 天和次年的第 1 ～ 16 天，受气温与降水因素的影响较大，大部分植被生长停滞，植被 NDVI 值处于下降阶段；在第 17 ～ 241 天，植被 NDVI 处于波动上升阶段，在第 241 天达到最大值，这段时间光热水充足，适合植被的生长，是植被迅速生长的繁茂时期；在第 321 ～ 353 天和次年的第 16 天，植被 NDVI 处于较低阶段，最低值出现在第 16 天。

绿色植被面积和 NDVI 的年内变化趋势不一致，绿色植被面积的季节变化更剧烈。

2. 植被季节变化和年际变化趋势分析

参考以平均气温 10℃和 22℃作为划分四季的标准（赵济，1995），结合植被覆盖变化 NDVI 趋势分析和四季的天数划分（于泉洲等，2015），进行植被季节变化和年际变化研究。其中，把第 86 ~ 145 天作为春季，第 146 ~ 248 天作为夏季，第 249 ~ 309 天作为秋季，第 310- 次年第 85 天作为冬季，研究了自 2000 ~ 2014 年间的植被 NDVI 值的季节变化趋势（图 6-2）。

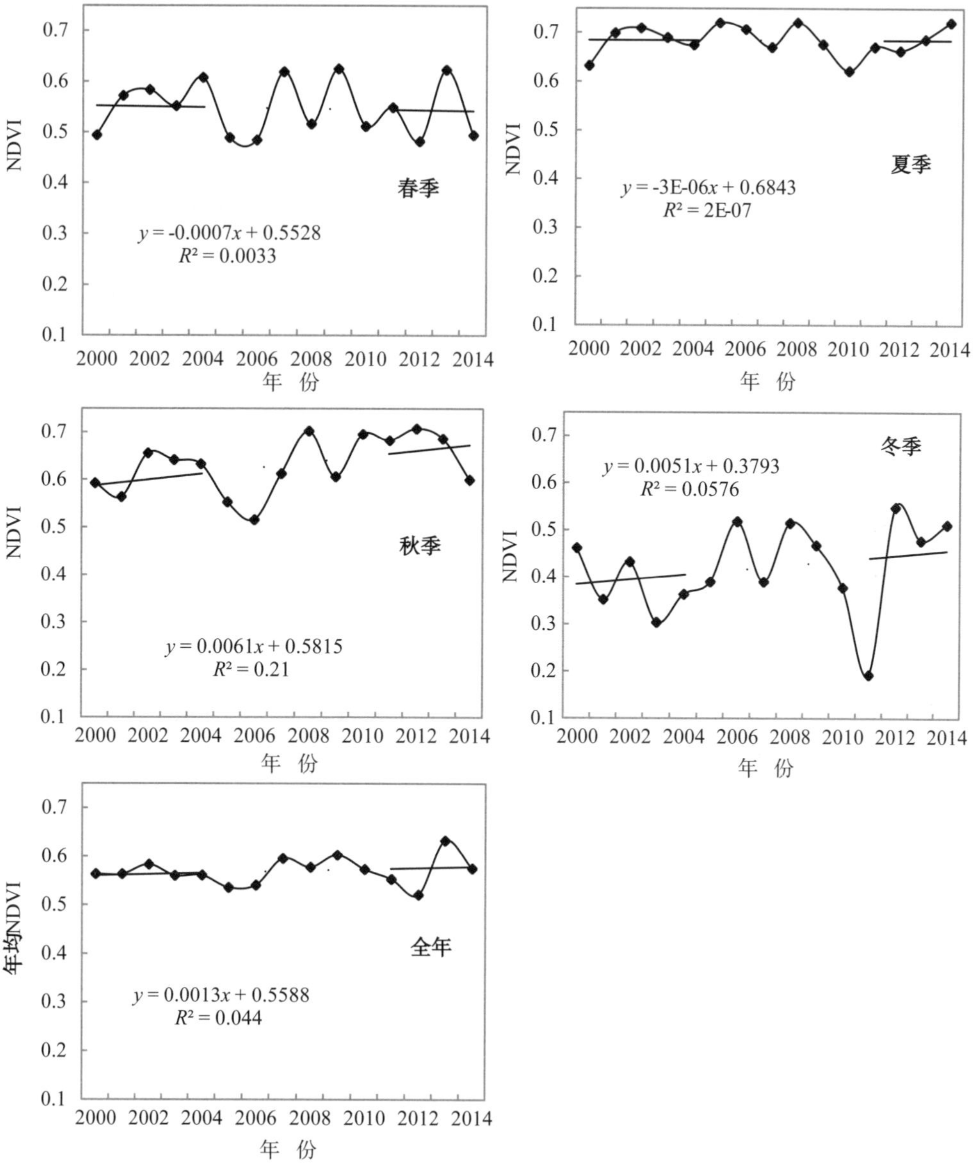

图 6-2 2000 年以来黔南布依族苗族自治州植被不同季节及年 NDVI 变化趋势

春季 NDVI 呈波动降低趋势，但下降的趋势异常缓慢，每 1 年降低 0.0007；夏季 NDVI 波动大，2000 年和 2010 年处于最低值，之后围绕 0.68 ~ 0.7 之间的大幅度波动。秋冬季呈波动上升趋势，其中秋季每年平均上升幅度为 0.0061，而冬季每年平局上升幅度为为 0.0051，年际变化大，2011 年冬季的 NDVI 达到最低值 0.2 左右。总体上，夏季和冬季的 NDVI 值波动最大。但从 2000 年以来的 NDVI 的全年平均变化是相对平稳，波动值相对较小。

近 15 年黔南布依族苗族自治州的植被年际变化 NDVI 值稳定缓慢上升，但植被覆盖面积呈减少状态。在季节上，夏季和冬季的 NDVI 全年平均值是波动最大，而春秋两季的波动小。

根据植被覆盖面积的阈值统计了黔南布依族苗族自治州绿色植被生长中期（第 225 天）的覆盖面积变化图（图 6–3）。从中可以看出，自 2000 年以来，黔南布依族苗族自治州的绿色植被面积是呈迅速下降趋势，每年下降约 11.298 平方千米，与前几年相比，2006 年之后波动相对显著，2009 ~ 2010 年间下降较快。近 15 年黔南布依族苗族自治州地区的绿色植被覆盖面积的呈现出明显的下降趋势，斜率为 –11.298，面积减少约 145 平方千米，2006 年以后的植被覆盖面积波动性趋势增大，2009 ~ 2011 年间减少显著。

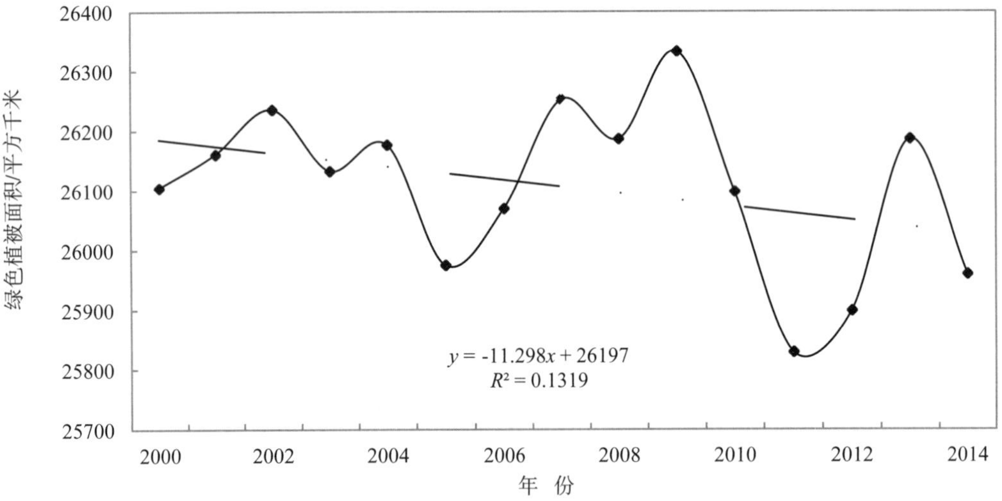

图 6–3　2000 年以来黔南布依族苗族自治州生长季绿色植被面积变化趋势

二、植被空间变化特征

1. 植被覆盖空间分布

黔南布依族苗族自治州的植被 NDVI 指数与土地覆被状况密切关系。从中可以看出，在整个黔南布依族苗族自治州，NDVI 多年平均值 0.5 以下地区占 1/2 以上。从 2000 年以来的 NDVI 多年均值最高的区域主要是在黔南布依族苗族自治州的东南部地区的荔波县、三都水族自治县以及西南部的罗甸县，NDVI 多年平均值在 0.5 以上；而在长顺、惠水以及独山、瓮安、福泉等县的 NDVI 值为全州最低值区，尤其以长顺县的 NDVI 值最为突出（图 6-4）。

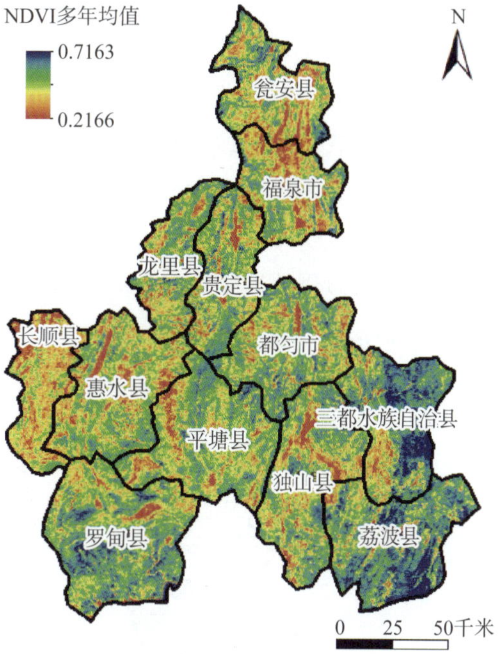

图 6-4　2000 年以来黔南布依族苗族自治州植被 NDVI 多年均值空间格局

2. 植被覆盖空间变化趋势

黔南布依族苗族自治州的植被归一化指数 NDVI 的变化趋势总体呈上升趋势，但存在较大的空间差异（图 6-5）。植被覆盖改善区域在全州都有分布，但 NDVI 变化呈上升趋势的区域主要分布在黔南布依族苗族自治州的西部、西南部和西北部，且大部分区域的植被 NDVI 趋势级别在提高，植被覆盖变化有明显的改善；在黔南布依族苗族自治州北部、东部和东南部的瓮安县、福泉市、都匀市、独山县、荔波县以及三都水族自治县等区域，其植被 NDVI 变化的下降趋向明显。

黔南布依族苗族自治州植被稳定性总体状况较好，稳定级别在提高，但各县市植被

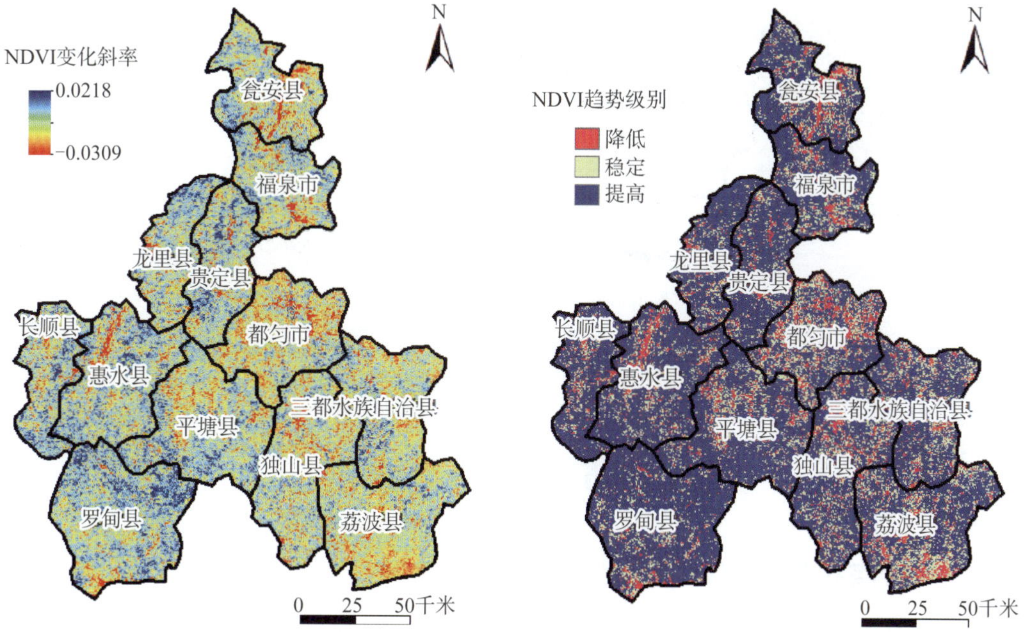

图 6-5　2000 年以来黔南布依族苗族自治州植被变化率（a）和变化级别（b）

空间分布差异大。黔南布依族苗族自治州植被保持稳定不变的区域较小，大部分区域处于提高状况，其次是降低状况。黔南布依族苗族自治州的北部、西部以及西南部地区大部分是耕地，植被稳定性差，植被覆盖的季节变化大，但是其NDVI趋势级别在提高，植被覆盖状况在不断地改善；黔南布依族苗族自治州的东部和东南部地区植被稳定，但由于受人为因素尤其是建设面积的扩大影响大，其植被NDVI值有所下降，植被覆盖变化有下降趋势。

因此，可以用植被变化直观反映植被级别变化。

3. 植被覆盖空间稳定性分析

黔南布依族苗族自治州植被覆盖稳定性特点表现为西部和北部变化较大，东部、中部和东南部较稳定。黔南布依族苗族自治州植被的稳定性格局与NDVI的变异系数相关。整个黔南布依族苗族自治州的植被变异系数CV值较小，在0.285以下，其植被覆盖相对来说，植被稳定性较高，但存在区域差异（图6-6）。

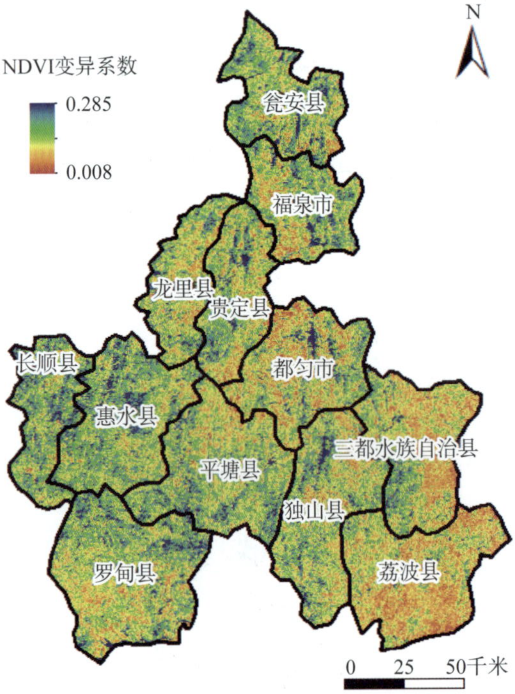

图6-6　2000年以来黔南布依族苗族自治州植被稳定性分布

黔南布依族苗族自治州的北部瓮安、福泉市和西部的长顺、惠水县以及罗甸县的北部区域，NDVI变异系数在0.22以上，多为耕地和草地，植被生长期短，有四季更替，植被季节变化大，表现为植被稳定性较差。黔南布依族苗族自治州北部和西部位于山地高原地区，农作物种植区，过度开垦和放牧，导致人地矛盾激化，植被破坏，水土流失较严重。

东部和东南部多是常绿林地，海拔较低，降水丰富，其植被生长茂盛，植被的四季变化比较稳定，植被覆盖变化较小，表现为植被稳定性较好。

第五节　驱动力分析

一、黔南布依族苗族自治州土地利用状况

根据MODIS数据解译出2010年黔南布依族苗族自治州土地利用类型图，反映出黔

南布依族苗族自治州的土地利用以林地和草地为主，遍布于全州各县市，其中，林地主要集中分布于东南部的荔波县、三都水族自治县、独山县和西部的龙里县；农作物主要分布在西部的长顺县、惠水县，北部的瓮安县、福泉市，和西南部的平塘县和罗甸县，以长顺县的西北部分布最广；建设用地所占面积较小，主要在各个行政单位所在地，其中，都匀市作为黔南布依族苗族自治州的州府所在地，建设用地所占面积在全州行政单位中最大；全州水体所占面积相对较少，主要分布在罗甸县的南部，其他各县市均有河流水系分布（图 6–7）。

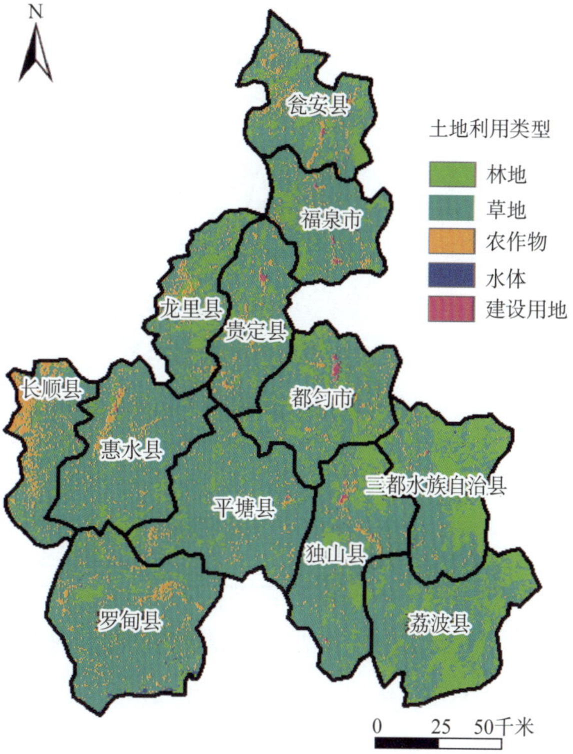

图 6–7　2010 年黔南布依族苗族自治州土地覆被状况

黔南布依族苗族自治州地区的土地利用类型主要是以森林和草地为主，占了全州面积的 1/2 以上，主要分布在南部、东南部和中部等区域，农作物种植区主要在西部地域。植被 NDVI 变化与土地利用类型相关，NDVI 高值区在东部、中部和东南部等区域，NDVI 低值区在西部、西北部等区域。

二、黔南布依族苗族自治州降水量变化

分析黔南布依族苗族自治州气候变化对植被 NDVI 变化的影响。近 15 年来，黔南布依族苗族自治州年均气温处于平稳状态，故对植被 NDVI 变化与年降水量的变化关系做详细分析。降水量距平与 NDVI 值距平的变化趋势，揭示降水量变化与植被 NDVI 变化的关系。研究期间黔南布依族苗族自治州年降水量与植被 NDVI 距平值的变化波动幅度大，但波动趋势相一致（图 6–8），说明植被 NDVI 的年际变化与降水量的年际变化关系密切，降水量的增加和减少都会对 NDVI 造成影响，直观反映在植被 NDVI 值围绕平均值上下波动。

植被覆盖面积随着降水的增加而增加，且波动趋势相一致，说明植被绿度的时空变化与降水息息相关。

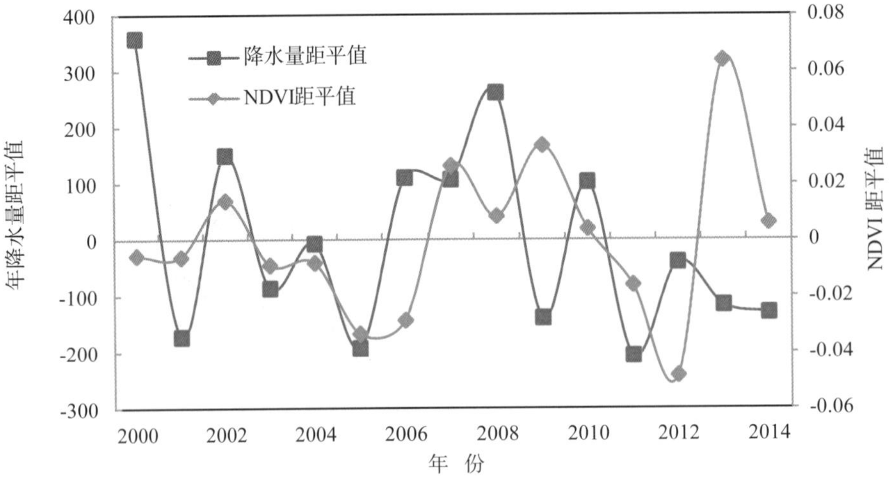

图 6-8 2000 年以来年均降水距平与年均 NDVI 值距平变化

三、设用地变化影响分析

选取黔南布依族苗族自治州州府所在地都匀市的城市建设用地变化，研究城镇化对植被 NDVI 变化的影响。从统计数据变化看，黔南布依族苗族自治州地区城市建设用地不断扩大（图 6-9），由于地形地貌影响，一般是通过削平山丘、砍伐林地或占用草地来扩大建设用地，因此，城镇化进程加快引起局部区域植被 NDVI 下降，对其附近区域的生态环境有重要影响。

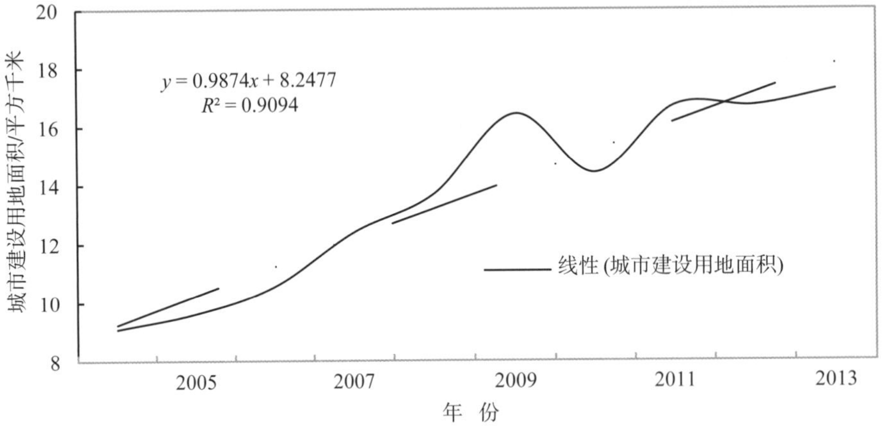

图 6-9 近 10 年都匀市建城区面积变化趋势

参考文献

曹鑫，辜智慧，陈晋，等 . 2006. 基于遥感的草原退化人为因素影响趋势分析 [J]. 植物生态学报，30（2）：268-277.

陈云浩，李晓兵，陈晋，等 . 2002.1983 ~ 1992 年中国陆地植被 NDVI 演变特征的变化矢量分析 [J]. 遥感学报，6（1）：12-19.

崔林丽，史军，肖风劲，等 .2010. 中国东部 NDVI 的变化趋势及其与气候因子的相关分析 [J]. 资源科学，32（1）：124-131.

丁明军，沈振西，张镱键，等 .2005. 青藏公路与铁路沿途 1981 年 -2001 年植被覆盖变化 [J]. 资源科学，（5）：128-133.

方精云，朴世龙，贺金生，等 .2003. 近 20 年来中国植被活动在增强 [J]. 中国科学 C 辑：生命科学，33（6）：554-565.

冯露，岳德鹏，郭祥 . 2009. 植被指数的应用研究综述 [J]. 林业调查规划，34（2）：48-52.

郭铌 . 2003. 植被指数及其研究进展 [J]. 干旱气象，21（4）：71-75.

国志兴，王宗明，宋开山，等 . 2008.1982 ~ 2003 年东北地区植被覆盖变化特征分析 [J]. 西北植物学报，（1）：155-163.

侯美亭，赵海燕，王筝，等 . 2013. 基于卫星遥感的植被 NDVI 对气候变化响应的研究进展 [J]. 气候与环境研究，18（3）：353-364.

李德辉，刘颖 . 2014. 矿山边坡植被恢复目标和方法探讨 [J]. 现代园艺，2：153.

李辉霞，刘国华，傅伯杰 . 2011. 基于 NDVI 的三江源地区植被生长对气候变化和人类活动的响应研究 [J]. 生态学报，31（19）：5495–5504.

李琳 . 2008. 北京郊区植被覆盖度变化动态遥感监测 [D]. 北京林业大学 .

李文龙，薛中正，郭述茂，等 . 2010. 基于 3S 技术的玛曲县草地植被覆盖度变化及其驱动力 [J]. 兰州大学学报（自然科学版），46（1）：85-95.

李晓兵，史培军 . 1999. 基于 NOAA/AVHRR 数据的中国主要植被类型 NDVI 变化规律研究 [J]. 植物学报，41（3）：314-324.

李晓兵，王瑛，李克让 . 2000. NDVI 对降水季节性和年际变化的敏感性 [J]. 地理学报，（S1）：82-89.

蔺星娜，牛健植，贾京伟，等 . 2018. 张家口清水河上游流域植被时空变化特征 [J]. 中国水土保持科学，16（1）：123-130.

刘宪锋，任志远，林志慧，等 . 2013.2000 ~ 2011 年三江源区植被覆盖时空变化特征 [J]. 地理学报，68（7）：897-908.

潘蕾，范文义，于海群，等 . 2012. 北京市植被指数变化与影响因素分析 [J]. 北京林业大学学报,34（2）：26-33 .

潘耀忠，李晓兵，何春阳 . 2000. 中国土地覆盖综合分类研究——基于 NOAA / AVHRR 和 Holdridge PE[J]. 第四纪研究，20（3）：270-281.

朴世龙，方精云 . 2001.1982 ~ 1999 年我国植被净第一性生产力及其时空变化 [J]. 北京大学学报（自然科学版），37（4）：563-569.

邱海军，曹明明 .2011. 基于 SPOT VEGETATION 数据的中国植被覆盖时空变化分析 [J]. 资源科学，33（2）：335-340.

宋怡，马明国 . 2008. 基于 GIMMS AVHRR NDVI 数据的中国寒旱区植被动态及其与气候因子的关系 [J]. 遥感学报，（03）：499-505.

孙红雨，王常耀，牛铮，等 . 1998. 中国地表植被覆盖变化及其与气候因子关系——基于 NOAA 时间序列数据 [J]. 遥感学报，2（3）: 204-210.

王春香，张涤非，任万辉 . 2010. MODIS 数据植被覆盖度提取方法计算比较 [J]. 大气与环境光学学报，5（6）: 457-462.

王海军，靳晓华，李海龙，等 . 2010. 基于 GIS 和 RS 的中国西北 NDVI 变化特征及其与气候变化的耦合性 [J]. 农业工程学报，（10）: 194-203.

王军邦，陶健，李贵才，等 . 2010. 内蒙古中部 MODIS 植被动态监测分析 [J]. 地球信息科学学报，12（06）: 835-842.

王柳，段英，周静 . 2010. 珠三角地区地表植被时空变化及其空间异质性分析 [J]. 嘉应学院学报，28（2）: 82 -87.

于泉洲，梁春玲，刘煜杰，等 . 2015. 基于 MODIS 的山东省植被覆盖时空变化及其原因分析 [J]. 生态环境学报，24（11）: 1799-1807.

于泉洲，梁春玲，张祖陆 . 2014. 近 40 年来南四湖湿地 NDVI 变化特征及其控制因子分析 [J]. 湖泊科学，26（3）: 455-463.

袁丽华，蒋卫国，申文明，等 .2013. 2000 ~ 2010 年黄河流域植被覆盖的时空变化 [J]. 生态学报，33（24）: 7798-7806.

张宏斌，唐华俊，杨桂霞，等 . 2009. 2000 ~ 2008 年内蒙古草原 MODIS NDVI 时空特征变化 [J]. 农业工程学报，25（9）: 168-175.

张月丛，赵志强，李双成 . 2008. 基于 SPOT NDVI 的华北北部地表植被覆盖变化趋势 [J]. 地理研究，27（4）: 745-755.

赵济 . 1995. 中国自然地理 [M]. 北京：高等教育出版社，38.

赵霞，谭琨，方精云 . 2011.1982 ~ 2006 年新疆植被活动的年际变化及其季节差异 [J]. 干旱区研究，28（1）: 9-15.

Boegh E.,Soegaard H.,Hanan N.,Kabat P.,et al. 1999. A remote sensing study of the NDV1-T relationship and the transpiration from sparse vegetation in the Sahel based on high-resolution satellite date[J]. Journal of Remote Sensing,69(3): 224-240.

CAI H Y,YANG X H,WANG K,et al. 2014. Is Forest restoration in the southwest china Karst promoted mainly by climate change or human-induced factors？ [J]. Remote Sensing,6(10): 9895-9910.

Cuomo V,Lanfredi M,Lasaponara R,Macchiato M,et al. 2001. Detection of interannual varimion of vegetation in middle and southern Italy during 1985 ~ 1999 with 1 km NOAA AVHRR NDVI data [J]. Journal of Geophysical Research,106(D16): 17863-17876.

Davies RG,Orme CDL,Olson V,et al. 2006. Human impacts and the global distribution of extinction risk[C].// Proceedings of the Royal Society B: Biological Sciences,273(1598): 2127-2133.

Golmehr E. 2011. Use of radar remote sensing for land use dynamic monitoring in South West Coast of Caspian Sea[J]. Journal of Geomatics and Geosciences,2(2):472-481.

Ichii K,Kawabata A,Yamaguchi Y. 2002. Global Correlation Analysis for NDVI and Climatic Variables and NDVI Trends: 1982 ~ 1990[J]. International Journal of Remote Sensing,23(18): 3873-3878.

Keles S,Sivrikaya F,Cakir G,et al. 2008. Urbanization and forest cover change in regional directorate of Trabzon forestry from 1975 to 2000 using landsat data[J]. Environmental Monitoring and Assessment,140(1-3): 1-14.

Lotsch A,Friedl M A,Anderson B T,et al. 2005. Response of Terrestrial Ecosystems to Recent Northern Hemispheric Drought[J]. Geophysical Research Letters,32(6): L06705.

Morawitz DF,Blewett TM,Cohen A,et al. 2006. Using NDVI to assess vegetative land cover change in central Puget Sound [J]. Environmental Monitoring and Assessment,114(1-3): 85-106.

Myneni R B,Keeling C D,Tucker C J,et al.1997. Increased Plant growth in the northern high latitudes from 1981 to 1991[J]. Nature,386(6626): 698-702.

Park H S,Sohn B J. 2010. Recent Trends in Changes of Vegetation over East Asia Coupled with Temperature and Rainfall Variations[J]. Journal of Geophysical Research,115(D14101): 1-12.

Piao S L,Fang J Y,Zhou L M,et al. 2003. Interannual variations of monthly and seasonal normalized difference vegetation index (NDVI) in China from 1982 to 1999[J]. Geophys. Res,108(14): 12-18.

Pouliot D,Latifovic R,Olthof I. Trends in vegetation NDVI from 1km AVHRR data over Canada for the period 1985 ~ 2006 [J]. Int. J. Remote Sens,2009,30: 149-168.

Rasmusen M S. 1998. Developing simple,operational consistent NDVI-Vegetation models by applying environmental and climatic information: Part II. Crop yield assessment[J]. International Journal of Remote Sensing,19: 119-139.

Stow D,Daesch ner S,H ope A,et al. 2003. Variability of the seasonally integrated normalized difference vegetation index across the north slope of Alaska in the 1990s [J]. International Journal of Remote Sensing,24(5): 1111-1117.

Sun J,Wang X,Chen A,et al. 2011. NDVI indicated characteristics of vegetation cover change in China's metropolises over the last three decades[J]. Environmental Monitoring and Assessment,179(1-4): 1-14.

TUCKER C J,PINZON J E,BROWN M E. 2005. An extended AVHRR8-km NDVI dataset compatible with MODIS and SPOT vegetation NDVI data[J]. International Journal of Remote Sensing,26(20): 4485-4498.

Tucker C J. 1985. Satellite remote sensing of total herbaceous biomass production in the senegalese sahel: 1980 ~ 1984[J]. Remote Sensing of Environment,17(3): 233-249.

Weiss J L,Gutzler D S,et al. 2004. Long-term vegetation monitoring with NDVI in a diverse semi-arid setting,central New Mexico USA[J]. Journal of Arid Environments,58: 249-272.

Xiong Y,Huang S,Chen F,et al. 2012. The impacts of rapid urbanization on the thermal environment: A remote sensing study of Guangzhou,South China[J]. Remote Sensing,4(7): 2033-2056.

ZHAO Maosheng, FU Congbin,YAN Xiaodong,et al. 2001. Study on the relationship between different ecosystems and climate in China using NOAA / AVHRR data[J]. Acta Geographica Sinica,56(3) : 287.

第七章　黔南布依族苗族自治州石漠化演变分析

第一节　研究背景和意义

石漠化是指在特定的喀斯特环境背景下，由于人类活动不合理的干扰破坏造成的基岩大面积出露、土壤严重侵蚀、土地生产力下降等土地退化过程（李森等，2007；Mario Parise ET AL.，2009），是喀斯特生态系统退化到极端的表现形式，严重制约当地区域社会经济的健康发展（赵丽苹，2015）。

喀斯特山区的成土母岩主要是碳酸盐岩，易溶物质含量很高，不溶物质含量低，成土过程缓慢，土层浅薄且缺乏过渡层，土层间附着性差，容易发生水土流失（熊康宁等，2012 ）。喀斯特地区的生态环境脆弱，土壤形成速率慢、蓄水性差，土层覆盖浅薄不连续、黏着性低，极不利于地表植被的生长，在外部条件尤其是人类活动的不合理影响下生态系统很容易发生逆向演替，导致土地退化（朱林富，2018）。当前全球喀斯特面积占全球陆地面积的 15%（袁道先，2001）。当前，世界喀斯特主要分布在欧洲地中海沿岸、美国东部、东亚等三大片区（兰安军等，2003）。我国的西南岩溶区位于石漠化发育最强烈、面积最大、最典型的生态脆弱的东亚片区（曹建华等，2005），具有改善演变和恶化演变并存、石漠化面积和空间变化快的特点（赵丽苹，2015）。

石漠化主要表现为水土流失、土地生产力下降、土地资源丧失、非地带性干旱和自然灾害频发，不仅加剧了喀斯特地区的贫困，还威胁到长江、珠江流域中下游地区的经济发展和生态安全（Wang et al，2002；张素红，2007）。贵州省位于中国西南喀斯特分布区的中心，是亚热带喀斯特分布面积最大、发育最强烈的高原山区，是我国石漠化面积最大、等级最全、程度最深、危害最重的省份（王世杰等，2006）。由于贵州省的地理位置和生态区位十分重要，是珠江的源头和长江的重要水源补给区，影响着珠江、长江下游的生态安全，是西电东输等国家重大工程所在地（刘彦随等，2006），但石漠化地质灾害带来的土地退化问题，不断缩减当地人的耕地和生存空间，是导致当地自然灾害频发和贫困落后的主要根源，也是抑制该地区社会经济可持续发展的重要因素（王世杰等，2003）。贵州省属于亚热带高原区，境内绝大部分属于山区，而且喀斯特地貌分布广泛。

石漠化问题是贵州省最严重的生态问题之一，石漠化监测工作是石漠化防治的基础，是各级政府制定防治政策和规划的依据，是评价工程治理成效的重要手段。贵州省黔南布依族苗族自治州位于贵州省中南部山区，石漠化带来的耕地退化问题、饮水难、灾害多发等负面影响，是使身处石漠化中的人民长期贫困的主要原因之一；但由于群众有脱贫致富的强烈愿望，为石漠化防治工作的顺利开展提供了有利条件（陈燕琴，2008）。

基于遥感技术手段，提取大范围石漠化信息，快速、准确地监测石漠化演变，揭示其时空变化规律，是治理石漠化、改善生态环境的关键，为石漠化综合治理提供充分的理论依据。

第二节　国内外研究进展

一、石漠化研究进展

人们对石漠化问题的研究起源于荒漠化问题的研究。20 世纪 40 年代末，法国学者 A.Aubrevile 开始注意到这种环境问题，并称之为荒漠化（朱震达，1994）。联合国防治荒漠化公约指出荒漠化是指包括气候变化和人类活动在内的各种原因造成的干旱、半干旱和亚热带湿润干旱地区的土地退化（联合国防治荒漠化公约，1996）。石漠化灾害的概念最早是在 20 世纪 80 年代初期提出的（Williams P W.，1993）。袁道先认为石漠化是“喀斯特地区的植被、土壤裸露转变为岩石喀斯特景观的过程，在热带、亚热带湿润季风气候下，西南岩溶地区生态系统特别脆弱，为该地区石漠化的形成提供了良好的地质岩溶环境与物质基础，加上人地矛盾突出问题、不合理的人为活动等人为因素，加剧了石漠化问题的严重性与治理难度”（袁道先，1993）。屠玉麟、温远光等认为石漠化是指喀斯特岩溶地区在其自然背景下，由于受到人类活动的干扰破坏而导致的土地退化，称为石漠化土地（屠玉麟，1996；温远光，1999）。Richard R.Parezek 在分析美国 Pennsy Lvania 的喀斯特山区土地利用时，强调碳酸盐岩地区人为因素导致的石漠化问题相当明显（苏醒等，2014）。喀斯特石漠化是青藏高原隆升在其东南翼诱发的地质灾害问题（王世杰等，2003）。

综上来看，南方热带、亚热带脆弱的岩溶生态地质环境是石漠化形成的基础条件；人类不合理的社会经济活动是石漠化问题加剧的驱动力；表观特征为植被减少、土壤严重流失和基岩大面积的裸露；本质特征是土地生产力严重下降和退化（苏醒等，2014；王世杰，2006）。

石漠化的形成受地质构造、地形地貌、岩性、降水等自然因素的影响，又与强烈的人类活动密切相关，人类活动破坏了地表植被，加速了石漠化的发生（Wang et al，2002；李瑞玲，2003；邵景安等，2007；Wu et al，2011）。石漠化是在喀斯特脆弱生态环境基础上，人为过度干扰如开垦、放牧、樵采、火烧等，在极端降水天气增加的情况下，裸露的地表被侵蚀的一种土地退化现象（王德炉，2003；胡莉，2015）。

二、石漠化相关研究

随着遥感技术的广泛应用，石漠化遥感监测发展迅速，为石漠化时空格局变化提供了技术和数据支撑（姚永慧，2014）；同时结合 GPS 技术和 GIS 技术在各自领域的专长，3S 技术在石漠化动态监测研究中起着越来越重要的作用。基于 GIS 网格化技术，评价了喀斯特生态安全模型，计算研究区生态安全度的空间数据（魏小岛等，2012）。利用增强型植被指数提取石漠化的信息，在此基础上进行遥感动态监测（李朝阳等，2007）。以石漠化地区空间数据为基础，建立石漠化信息管理系统，为石漠化管理规划、动态监测和治理等相关工作提供数据和技术支持（颜学莉等，2008）。基于 GIS 软件平台解译遥感影像，获取了岩石裸漏率、地表植被的起伏指数等环境信息，结合当地的社会经济数据，预警了石漠化状况（闫妍等，2012）。建立了石漠化灾害预警模型和风险评估的模型，分析了都安县生态环境的变化对石漠化灾害的影响及其过程（胡宝清等，2005）。基于 3S 技术与数学模型，选取石漠化地区生态环境变化的过程及生态系统的变化的预警评价因子，借助于编程语言，对生态环境和资源环境等问题进行预警分析（曹水和周忠发，2013）。以 TM 影像为基础数据，在 GIS 和 RS 的技术支持下，通过回归分析等数学方法分析了县级及县级以下乡镇尺度的石漠化分布演变规律及其决定因素（杨青青等，2009）。运用 GIS 技术，评价了石漠化的敏感性，分析了石漠化现状与岩溶地貌、坡度、植被覆盖、土壤类型等石漠化敏感因素的关系（赖长鸿等，2013）。采用 TM 影像解译了贵州 3 期石漠化数据，详细探讨和分析了石漠化的时空动态演变过程（白晓永等，2009）。利用 TM 影像解译了 2000 ~ 2010 年间贵州毕节的石漠化数据，探讨了石漠化时空演变总体特征及其变化过程（左太安等，2014）。采用 SPOT 数据分析了贵州马别河流域 2005 年的石漠化现状及其坡度的空间分布规律（单伟，2009）。利用 1993 和 2001 年的 TM 遥感影像数据，分析了紫云县石漠化的分布与演变特征（袁士聪，2008）。

资源的匮乏和经济贫困是造成石漠化的重要原因，彻底解决当地群众的贫困问题，是从根本上消除人为石漠化的途径（万军等，2003；刘宇涛，2010），因此，人地矛盾是石漠化治理的根本矛盾（张惠远等，2000），缓解人地资源矛盾是喀斯特地区生态治理的关键（王德炉，2003；李先琨等，2003）。20 世纪 80 年代以来广泛开展了石漠化生态环境的综合治理（李阳兵，2004），对生态文明建设有着十分重要的现实意义和生态价值（方健梅，2013；Zhang et al.，2016）。从研究方法和技术来看，3S 技术广泛应用于喀斯特石漠化的环境安全评价、动态监测、空间预警、石漠化成因分析、等级分级等方面的研究、调查和治理中（李仕蓉等，2014）。

三、MODIS 数据在石漠化研究中的应用

MODIS 产品是用于植被覆盖度研究最常用的研究数据之一，结合其植被指数进行

荒漠化的研究较多，目前正在成为石漠化研究的重要数据。基于植被指数 NDVI 分析了 1982~2000 新疆土地荒漠化的变动特征（龚新梅，2007）。MODIS 是研究大区域大尺度的石漠化变化趋势的良好数据源（周欣等，2008）。利用植被覆盖度为主导因子提取了石漠化信息（李丽等，2010）。基于 MODIS 数据，研究石漠化地区植被生长状况（倪雪波等，2009）。利用 MODIS 数据开展生态动态监测与评价工作（李水明等，2005）。

在已有研究成果的基础上，通过对贵州省黔南布依族苗族自治州的地质调查、生态环境调查和遥感影像的分析，揭示黔南布依族苗族自治州土地石漠化的现状及其时空分布格局，为黔南布依族苗族自治州喀斯特石漠化综合防治提供科学参考。

第三节　数据来源与研究方法

一、数据来源与预处理

遥感数据来自美国国家航空航天局（NASA）提供的 Terra 卫星的 MODI3Q1 数据。数据格式为 EOS-HDF。其中 MODI3Q1 为植被指数，包括空间分布率为 250m 的 16 天合成的归一化植被指数 NDVI。最大的优点是它使大气和云的影响得到了有效的清除。

MOD13Q1 遥感为 MODIS 的三级数据，已经过大气校正、辐射校正、云体掩膜等处理（巩朋，2014），本书主要使用的是投影转换和裁剪的预处理。首先使用 MRT(MODIS Reprojection Tools) 几何纠正软件进行地理几何校正与重采样，把 HDF 格式转化为 Tiff 格式，将 MODIS 影像自身的 Sinusoidal 投影转换为 UTM(通用横轴墨卡托投影)，坐标系统采用 WGS_84 坐标系。

二、研究方法

1. 植被覆盖度反演

植被覆盖度常用于植被变化、生态环境研究、水土保持、气候等方面（侯留飞等，2010）。利用遥感测量植被覆盖度的方法有多种，主要有光谱梯度差法、混合光谱差法、亚像元分解法、经验模型法、植被指数法以及亚像元分解法等（杨世凡等，2014；陈晋等，2001），其中利用植被指数近似估算植被覆盖度是最常用的方法，广泛采用的植被指数为 NDVI（宗慧琳等，2014）。

归一化植被指数（Normalized Difference Vegetation Index，即 NDVI）的值介于 -1 和 1 之间，负值表示地面覆盖为云、水、雪等；0 表示有岩石或裸土等；正值表示有植被覆盖，且随覆盖度增大而增大（张晓克等，2010）。

利用植被指数，结合像元分解模型反演植被覆盖度（Zribi et al，2003；Obata et al，2012；Xiao et al.，2005；Kergoat et al，2015）的计算公式如下：

$$f_c = (NDVI - NDVI_s) / (NDVI_v - NDVI_s)$$

式中：$NDVI_s$ 代表无植被覆盖的 NDVI 值；$NDVI_v$ 代表全植被覆盖的 NDVI 值。理论上的 $NDVI_s$ 值接近 0，$NDVI_v$ 的值接近 1，近似可以理解为 $NDVI_s$ 取 NDVI 的最小值，$NDVI_v$ 取 NDVI 的最大值。由于遥感图像不可避免的存在噪声，根据图像实际情况选取置信度范围内对应的 NDVI 值（叶娇珑等，2012；韩月娇等，2012）。

2. 石漠化等级划分标准

建立科学合理的石漠化分级标准，是提取石漠化信息和分析其演变特征的关键。参照植被覆盖度划分石漠化等级的方法，综合考虑坡度、坡面的形态、地貌特点、植被的覆盖度、岩石裸露率、土地利用等实际状况（李森等，2007；李丽等，2010），结合研究区实际调查数据，将黔南布依族苗族自治州的石漠化土地分为四个等级，即重度石漠化、中度石漠化、轻度石漠化、无石漠化等（表 7–1）。重度石漠化的植被覆盖度小于 30%，可产生喀斯特石漠化的地质、土地利用条件；中度石漠化的植被覆盖度在 50% ~ 70% 之间，可产生喀斯特石漠化的地质、土地利用条件；轻度石漠化植被覆盖度在 30% ~ 50% 之间，可产生喀斯特石漠化的地质、土地利用条件；无石漠化植被覆盖度 >70%，不产生石漠化的土地利用方式（水利、交通、建设用地等）；坡度≤ 15% 的区域为水土流失不明显的宜农林牧地（张平仓等，2008）。

表 7–1　喀斯特石漠化分级标准

石漠化等级	无石漠化	轻度石漠化	中度石漠化	重度石漠化
植被覆盖度	> 70%	50% ~ 70%	30% ~ 50%	< 30%

3. 图像差值分析

在 ArcGIS 平台上，利用年最大化 NDVI 或月最大化 NDVI 的后一阶段数据减去前一阶段数据，统计参与计算的所有像元差值的平均值，从而直观反映相邻两年间或相隔几年间的植被改善或退化状况（梁继运等，2009）。

4. 石漠化面积转移矩阵

研究区内石漠化面积和非石漠化面积的整体增减以及不同级别的石漠化土地面积的变化是石漠化的基本演变特征。定量研究不同石漠化类型之间的相互转移情况，了解其内部变化结构及石漠化转移方向和趋势，揭示石漠化演变的时空特征（许莲芳，2009）。通过计算不同级别石漠化土地的面积总量的变化，可以从宏观上了解石漠化变化的总的特点和趋势（赵丽苹，2015）。

为更好地说明黔南布依族苗族自治州石漠化面积的时空变化过程，解释某一种石漠化类型的增加是从哪一种类型转化而来，或它的某一种石漠化类型减少转化为了哪种类型，以及增加或减少的数量，建立了分研究段的石漠化类型转移矩阵（胡业翠，2015）。

石漠化转移矩阵模型如下：

$$S_{ij}=\begin{bmatrix} S_{11} & S_{12} & S_{13} & \cdots S_{1n} \\ S_{21} & S_{22} & S_{23} & \cdots S_{2n} \\ \vdots & \vdots & \vdots & \\ S_{n1} & S_{n2} & S_{n3} & \cdots S_{nn} \end{bmatrix}$$

式中：S_{ij} 为研究区面积（平方千米）；n 为石漠化的类型；i 和 j 分别代表研究期初和研究期末的石漠化类型。

5. 石漠化实地调查

选取了两个经度相同的、比较典型的代表点：黔南布依族苗族自治州瓮安县建中镇、黔南布依族苗族自治州独山县麻尾镇，进行了实地考察。

独山县为典型的喀斯特地貌，具有环境承载能力低下、生态系统脆弱、地形破碎崎岖、坡度陡急、土层浅薄等自然环境特征，同时过度采伐、陡坡耕作、毁林开荒等导致森林植被受到破坏并逐渐消失，水土流失不断加剧，土地严重退化。尤其是在河流的发源地及两岸的陡坡处，一旦植被遭到破坏，水土流失严重。目前独山县采取了封山育林模式、人工促进封山育林模式、白云质砂石山柏类造林模式等治理模式（付永利，2006）。实地调查发现，独山县植被覆盖率为 30.23%，且分布不均；麻尾镇位于其西南喀斯特分布区，植被覆盖率为 9.27%。

瓮安县地处黔南布依族苗族自治州与遵义市的交界处，由于季风气候导致夏秋季节降水相对集中，坡度较大的地区地表的土层被雨水带走，造成基岩裸露，从而形成石漠化，因此，石漠化主要发生在坡度较大、容易发生水土流失的区域。建中镇植被覆盖率较高，出现石漠化的区域所占比率较小，生态状况相对较好。

第四节　黔南布依族苗族自治州石漠化时空变化分析

一、黔南布依族苗族自治州植被覆盖时空分析

1. 黔南布依族苗族自治州植被覆盖时间变化

研究期间，黔南布依族苗族自治州植被覆盖呈波动下降趋势，阶段变化明显。其中，2000 ~ 2007 年间连续下降，2011 ~ 2012 年出现明显的下降趋势，2012 ~ 2015 年间植被覆盖度总体呈上升趋势，但 2013 ~ 2015 年有所下降。总体上来看，黔南布依族苗族自治州植被覆盖度在 2003 年出现最高值，2012 年出现最低值，最高值与最低值之间相差 0.19 个百分点（图 7–1）。

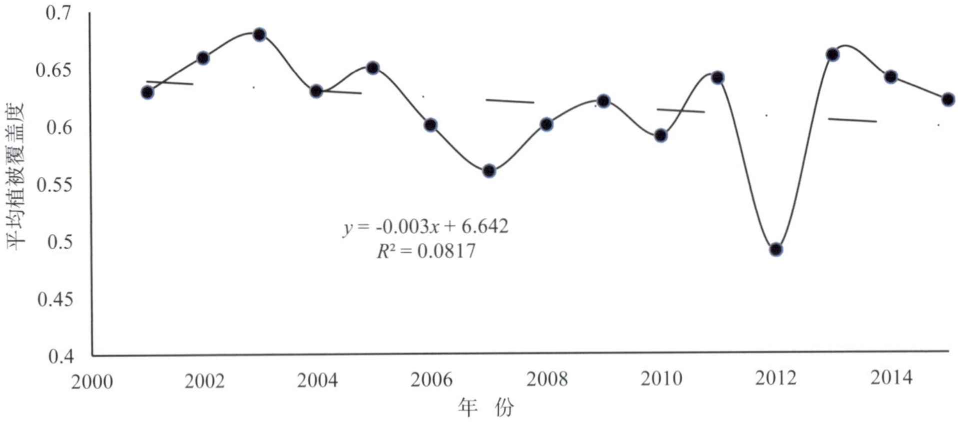

图 7-1 研究期间黔南布依族苗族自治州植被覆盖变化趋势

2. 黔南布依族苗族自治州植被覆盖空间分布

黔南布依族苗族自治州植被指数空间分布不均，尤其是各县市 NDVI 值各不相同，即使是同一个县市内部不同区域，其 NDVI 值也不同。

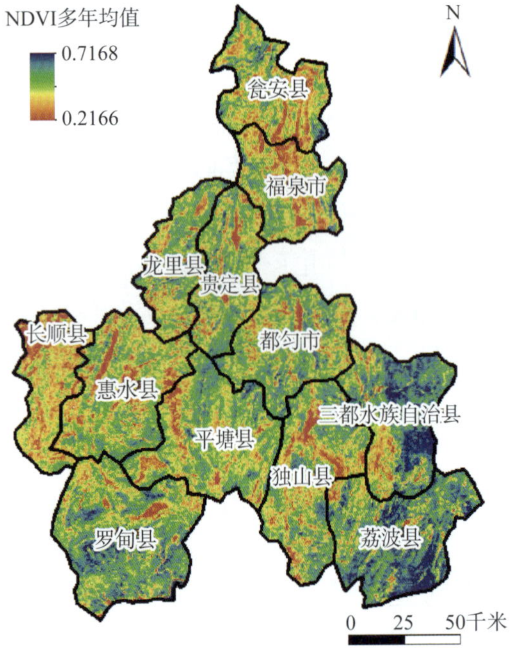

图 7-2 黔南布依族苗族自治州年均植被 NDVI 空间分布

黔南布依族苗族自治州植被覆盖的空间分布特点：南高北低、东高西低。黔南布依族苗族自治州荔波县大部、三都水族自治县东部、罗甸县南部等地区，植被覆盖较高。黔南布依族苗族自治州北部、中部、西北部植被覆盖率较低，具体来说，就是西部的长顺县大部、惠水县部分地区、罗甸县北部、平塘县西部、独山县中部、三都水族自治县西部、瓮安县和福泉市等区域的 NDVI 值较低（图 7-2）。因此，黔南布依族苗族自治州东南部和南部地区植被覆盖率＞黔南布依族苗族自治州中部地区植被覆盖率＞黔南布依族苗族自治州西部和北部地区植被覆盖率。

3. 黔南布依族苗族自治州植被覆盖空间变化

通过图像差值分析，研究区 NDVI 的差值在 [−0.7，0.7] 之间，黔南布依族苗族自治州 NDVI 值在 [−0.3，0.3] 之间的面积所占比重最大为 88.51%。

2000 ~ 2015 年间黔南布依族苗族自治州植被 NDVI > 0 的比例最大，占研究区面积的 55.11%；NDVI < 0 的面积比例为 44.86%；NDVI = 0 的面积比例最小，说明黔南布依族苗族自治州整体的植被覆盖率在变好（表 7–2）。

表 7–2　2015 年与 2000 年 NDVI 差值比较

总数	所占比例 /%
大于 0	55.11
小于 0	44.86
等于 0	0.03

黔南布依族苗族自治州 NDVI < –0.7 的面积占黔南布依族苗族自治州总面积的 0.07%，–0.7 < NDVI < –0.5 的面积占黔南布依族苗族自治州总面积的 1.20%，–0.5 < NDVI < –0.3 的面积占黔南布依族苗族自治州总面积的 4.38%，–0.3 < NDVI < 0 的面积占黔南布依族苗族自治州总面积的 39.21%，0 < NDVI <于 0.3 的面积占黔南布依族苗族自治州总面积的 49.30%，0.3 < NDVI < 0.5 的面积占黔南布依族苗族自治州总面积的 4.53%，0.5 < NDVI < 0.7 的面积占黔南布依族苗族自治州总面积的 1.20%，NDVI > 0.7 的面积占黔南布依族苗族自治州总面积的 0.11%（图 7–3）。总体来看，黔南布依族苗族自治州植被覆盖率植被覆盖率较高，但是部分地区由于各种原因出现岩石裸露现象。

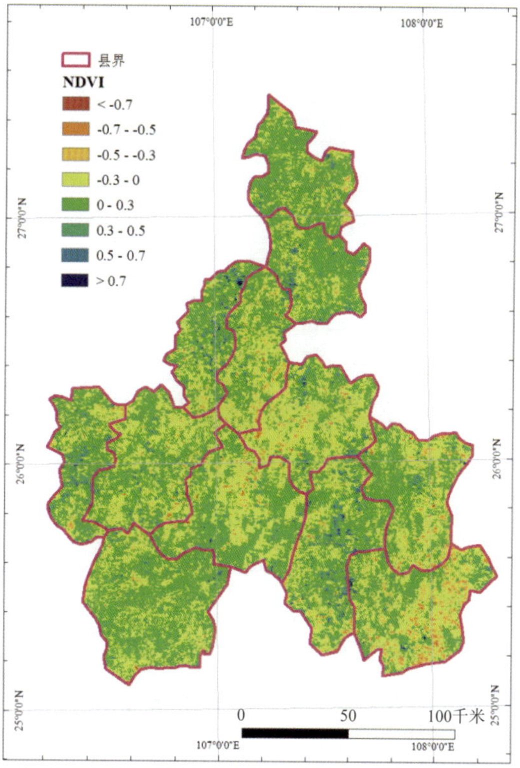

图 7–3　2015 年与 2000 年黔南布依族苗族自治州植被 NDVI 的差值分析

利用变化趋势分析黔南布依族苗族自治州植被空间变化。2000 ~ 2015 年间，黔南布依族苗族自治州的荔波县东部和南部、长顺县的大部、惠水县的西部、平塘县西部、罗甸县西部、福泉市东部、瓮安县东南部和北部、三都水族自治县东南部等地区植被覆盖度呈上升趋势，尤其是长顺县、荔波县、惠水县等区域上升趋势明显；瓮安县大部、龙里县西部、贵定县南部、都匀市大部、独山县大部、三都水族自治县中部和北部、平塘县东部、罗甸县东南部、荔波县中部等区域植被覆盖度均有所下降，尤其是瓮安县、龙里县、独山县的局部区域较为严重（图 7–4）。

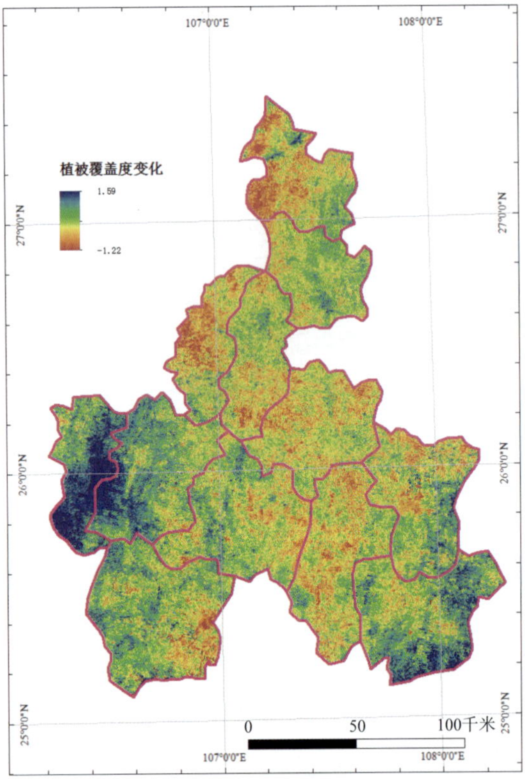

图 7–4　黔南布依族苗族自治州年植被覆盖度空间变化

二、黔南布依族苗族自治州石漠化空间格局演变

1. 2000 年黔南布依族苗族自治州石漠化空间格局分析

2000 年黔南布依族苗族自治州重度石漠化区域占研究区总面积的 11.96%，中度石漠化的土地占土地总面积的 11.13%，轻度石漠化的土地占土地总面积的 25.53%，无石漠化土地占土地总面积的 51.37%。可见，2000 年黔南布依族苗族自治州土地总面积中无石漠化的土地占土地总面积的一半以上，2000 年黔南布依族苗族自治州的植被覆盖度度相当高，生态环境良好。

2000 年黔南布依族苗族自治州植被覆盖度小于 30% 的重度石漠化区域较少，主要集中出现在长顺县、惠水县和独山县。长顺县的中部和南部地区重度石漠化最为明显，惠水县出现重度石漠化的地区主要在该县的中部地区，独山县重度石漠化主要出现的地区则是由北至南中部呈条带状分布。

中度石漠化（植被覆盖度大于 30% 而小于 50% 的区域）在黔南布依族苗族自治州分布较为零散，各县、市均有分布，其中长顺县较为明显（图 7–5）。

轻度石漠化区域（植被覆盖度大于 50% 而小于 70%），零散分布在各县、市，其中瓮安县和福泉市中东部地区、三都水族自治县、独山县与荔波县三县的交界地区分布较明显，惠水县、平塘县、罗甸县也有分布（图 7–5）。

植被覆盖度大于 70% 为无石漠化地区，主要出现在以下几个地区：瓮安县北部地区；龙里县西部地区；福泉市、都匀市、平塘县、惠水县几个县、市交界地区；三都水族自治县东部；荔波县大部分地区；罗甸县西南部地区（图 7–5）。

2.2005 年黔南布依族苗族自治州石漠化空间格局分析

2005 年和 2000 年植被覆盖度分级标准一致。2005 年黔南布依族苗族自治州重度石漠化土地面积占总面积的 10.10%，中度石漠化土地面积占 9.00%，轻度石漠化土地面积占 25.89%，无石漠化土地面积占 55.01%。2005 年黔南布依族苗族自治州石漠化四个级别中，无石漠化所占比例最高，其次为轻度石漠化，重度石漠化和中度石漠化所占比例较小。

与 2000 年相比，2005 年重度石漠化区域所占比例降低了 1 个百分点，中度石漠化区域降低了 2 个百分点，轻度石漠化数据相差不大，而无石漠化区域所占比例在 2000 年的基础上上升了将近 4 个百分点。相对 2000 年而言，2005 年黔南整体的植被覆盖度得到了一定的提高，石漠化程度在慢慢减轻。

整体来看，2005 年重度石漠化（植被覆盖度小于 30%）的区域主要分布在黔南布依族苗族自治州西部地区，其中长顺县较为严重，惠水县和龙里县次之（图 7–6）。中度石漠化（植被覆盖度大于 30% 小于 50%）的区域主要分布在黔南布依族苗族自治州西南部的平塘县、惠水县、长顺县和罗甸县，黔南布依族苗族自治州北部的瓮安县和福泉市部分地区也有分布。轻度石漠化（植被覆盖度大于 50% 小于 70%）的地区主要是黔南布依族苗族自治州西南部的罗甸县、平塘县、惠水县、长顺县，黔南布依族苗族自治州北部

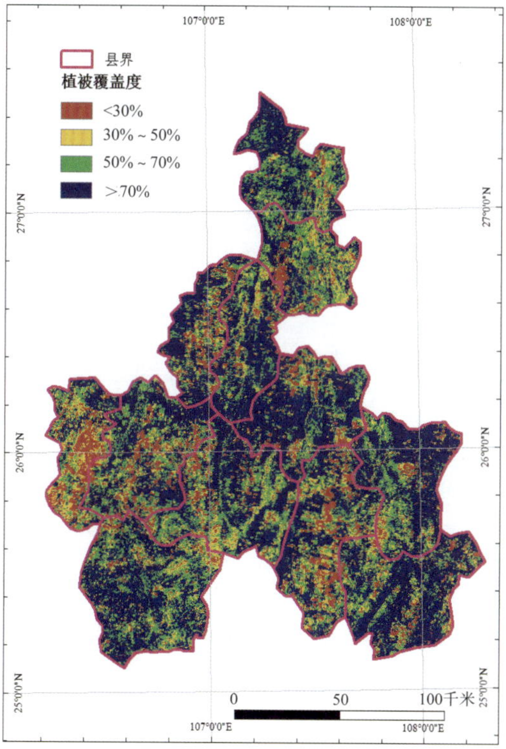

图 7–5　2000 年黔南布依族苗族自治州石漠化分布

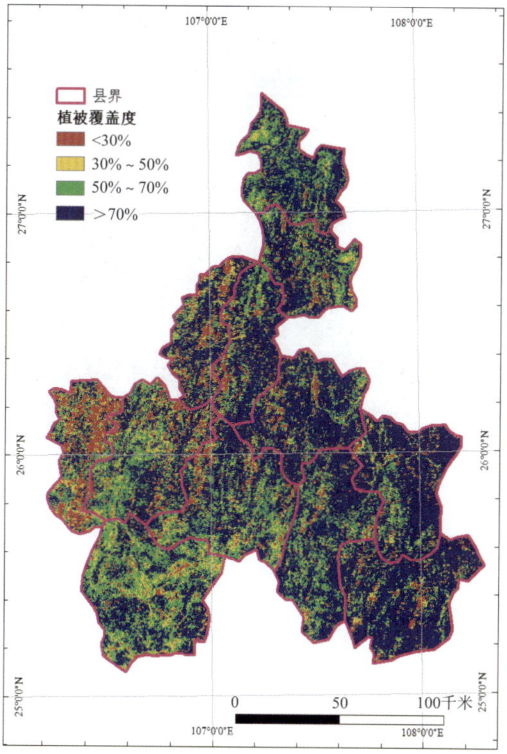

图 7–6　2005 年黔南布依族苗族自治州石漠化分布

的瓮安县、福泉市以及贵定县的部分地区。植被覆盖度大于 70% 为无石漠化，主要分布在贵定县、都匀市、三都水族自治县、荔波县等县市无石漠化现象最为明显（图 7–6）。

与 2000 年石漠化分布相比较，黔南布依族苗族自治州东部地区石漠化程度减轻较明显，其中独山县最为突出。

3. 2010 年黔南布依族苗族自治州石漠化空间格局分析

2010 年黔南布依族苗族自治州重度石漠化土地面积占总面积的 17.12%，中度石漠化面积占 16.48%，轻度石漠化面积占 24.27%，无石漠化面积占 41.53%。2010 年黔南布依族苗族自治州石漠化四个级别中，无石漠化所占比例最高，其次为轻度石漠化，重度石漠化和中度石漠化所占比例较低。

与 2005 年相比，重度石漠化所占比例上升了 7 个百分点，中度石漠化所占比例上升了将近 8 个百分点，轻度石漠化在 2005 年的基础上降低了 1 个百分点，无石漠化所占比例在 2005 年的基础上降低了将近 14 个百分点。

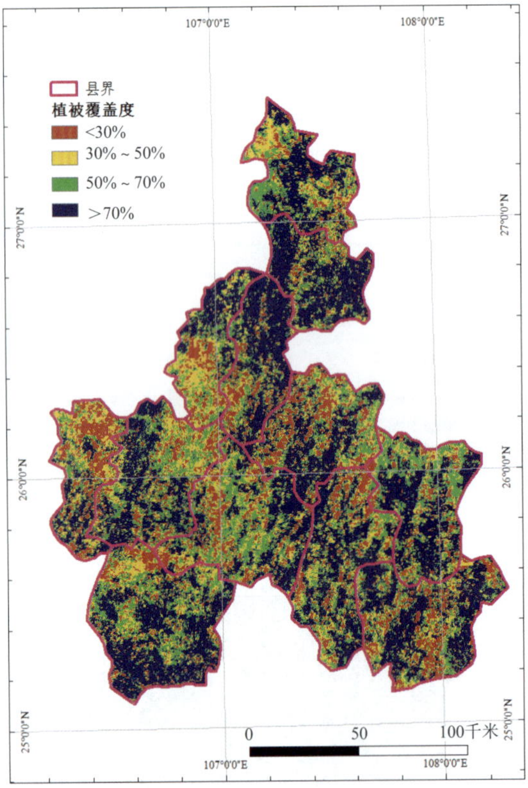

图 7–7　2010 年黔南布依族苗族自治州石漠化分布

相对 2005 年而言，2010 年黔南整体的植被覆盖度有所降低，石漠化程度加深。

2010 年重度石漠化（植被覆盖度小于 30%）的区域在黔南布依族苗族自治州各县、市均有分布，较为严重的区域主要分布在长顺县、龙里、贵定、惠水、平塘四县交界处、罗甸县北部、瓮安县、都匀市、三都水族自治县、独山县、荔波县等地区（图 7–7）。中度石漠化（植被覆盖度大于 30% 而小于 50%）区域主要分布在重度石漠化的边缘地区。轻度石漠化（植被覆盖度大于 50% 小于 70%）的地区主要分布地区和重度石漠化及中度石漠化分布地区一致。植被覆盖度大于 70% 为无石漠化，2010 年黔南布依族苗族自治州无石漠化的地方主要在福泉市、龙里县北部、贵定县北部、罗甸县西南边缘（图 7–7）。与 2005 年石漠化分布图相比，石漠化程度上升较为明显，大部分地区石漠化程度较为严重。

4. 2015 年黔南布依族苗族自治州石漠化空间格局分析

2015 年黔南布依族苗族自治州重度石漠化面积占总面积的 12.61%，中度石漠化面积占 12.07%，轻度石漠化面积占总面积的 28.75%，无石漠化面积占总面积的 46.57%。

2015 年黔南布依族苗族自治州石漠化四个级别中，无石漠化所占比例最高，其次为轻度石漠化，中度石漠化和重度石漠化面积较小。

重度石漠化所占比例较之 2010 年降低了 5 个百分点，中度石漠化降低了 4 个百分点，轻度石漠化在 2010 年的基础上上升了 4 个百分点，无石漠化所占比例在 2010 年的基础上上升了 5 个百分点。相对 2010 年而言，2015 年黔南整体的植被覆盖度有所上升，石漠化程度降低。

2015 年重度石漠化（植被覆盖度小于 30%）的区域在黔南布依族苗族自治州较为严重和集中的是荔波县，以及三都水族自治县、独山县与荔波县的交界地区，在黔南布依族苗族自治州中西部地区也有零星的分布（图 7–8）。

2015 年中度石漠化（植被覆盖度大于 30% 而小于 50%）的区域主要分布在重度石漠化的边缘地区。轻度石漠化（植被覆盖度大于 50% 小于 70%）主要分布地区与重度石漠化及中度石漠化分布地区一致（图 7–8）。

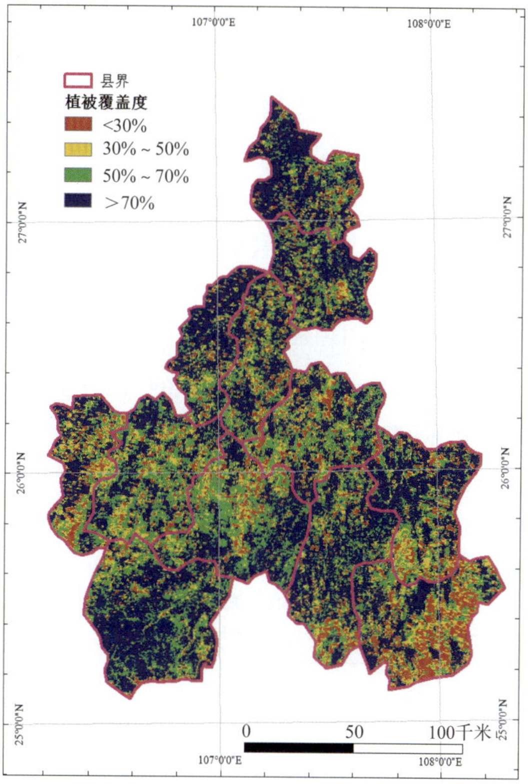

图 7–8 黔南布依族苗族自治州 2015 年石漠化分布

植被覆盖度大于 70% 为无石漠化，2015 年黔南布依族苗族自治州无石漠化的地方主要在罗甸县、瓮安县北部、独山县与三都水族自治县北部地区。与 2010 年石漠化分布图相比较，石漠化程度减少较为明显，大部分地区植被恢复较好。

三、黔南布依族苗族自治州石漠化年际变化特征

针对黔南布依族苗族自治州石漠化年际变化特征做了整体分析，特别对石漠化夏天的情况做了整理。2000 年黔南布依族苗族自治州重度石漠化面积占总面积的 11.96%，2005 年重度石漠化所占比例下降了 1.86 个百分点，重度石漠化程度有所减轻（表 7–3）。2010 年黔南布依族苗族自治州重度石漠化面积占总面积的 17.72%，与 2000 年相比上

升了 5.76 个百分点，与 2005 年相比上升了 7.62 个百分点，无论是与 2000 相比还是与 2005 年相比，2010 年的重度石漠化面积均有所上升，石漠化程度在加剧（表 7–3）。2015 年黔南布依族苗族自治州重度石漠化面积占总面积的 12.61%，与 2000 年相比上升了 0.65 个百分点，与 2005 年相比上升了 2.51 个百分点，与 2010 年相比降低了 5.11 个百分点（表 7–3）。整体来说，黔南布依族苗族自治州 2005 年重度石漠化面积最少，而 2010 年重度石漠化面积最多，植被遭到严重破坏。但是到了 2015 年植被覆盖率得到了一定的回升。这与退耕还林、封山育林、陡坡限耕种等政策息息相关。

2000 年黔南布依族苗族自治州中度石漠化面积占总面积的 11.13%，2005 年中度石漠化所占比例下降了 2.12 个百分点，中度石漠化程度减轻（表 7–3）。2010 年黔南布依族苗族自治州中度石漠化面积占总面积的 16.48%，与 2000 年相比上升了 5.35 个百分点，与 2005 年相比上升了 7.48 个百分点，无论是与 2000 相比还是与 2005 年相比，2010 年的中度石漠化面积均有所上升，石漠化程度在加剧（表 7–3）。2015 年黔南布依族苗族自治州中度石漠化面积占总面积的 12.07%，与 2000 年相比上升了 0.94 个百分点，与 2005 年相比 1.97 个百分点，与 2010 年相比降低了 4.61 个百分点。整体来说，黔南布依族苗族自治州 2005 年中度石漠化面积最少，植被覆盖度最高；2010 年中度石漠化面积最多，植被覆盖度最低，森立资源遭到破坏。2015 年植被覆盖度有一定的回升趋势。

表 7–3 黔南布依族苗族自治州不同时间段的石漠化等级面积比例 单位：%

	2000 年	2005 年	2010 年	2015 年
重度石漠化	11.96	10.10	17.72	12.61
中度石漠化	11.13	9.00	16.48	12.07
轻度石漠化	25.53	25.89	24.27	28.75
无石漠化	51.37	55.01	41.53	46.57

与 2000 年相比，2005 年轻度石漠化所占比例上升了 0.36 个百分点，轻度石漠化面积上升（表 3）。2010 年黔南布依族苗族自治州轻度石漠化面积占总面积的 24.27%，与 2000 年相比降低了 1.26 个百分点，与 2005 年相比降低了 1.26 个百分点，无论是与 2000 相比还是与 2005 年相比，2010 年的轻度石漠化面积均有所下降（表 7–3）。2015 年黔南布依族苗族自治州轻度石漠化面积占总面积的 28.75%，与 2000 年相比上升了 3.22 个百分点，与 2005 年相比上升了 2.86 个百分点，与 2010 年相比上升了了 4.48 个百分点（表 7–3）。整体来说，黔南布依族苗族自治州 2005 年轻度石漠化面积与 2000 年持平；2010 年轻度石漠化面积最少，植被覆盖度最低，森立资源遭到破坏。2015 年植被覆盖度有一定的回升趋势。

四、2000 年以来黔南布依族苗族自治州石漠化动态变化分析

利用黔南布依族苗族自治州不同等级石漠化土地转移矩阵，表示 2000 年不同等级的石漠化转移到 2015 年四种等级的面积比例。表 7-4 中的 1、2、3、4 分别表示重度石漠化、中度石漠化、轻度石漠化、无石漠化四种等级（皇甫江云，2014）。

2000 年 1 级转移为 2015 年 1 级的面积为 1.96%；2000 年 1 级转移到 2015 年 2 级的面积为 1.83%；2000 年 1 级转移到 2015 年 3 级的面积为 3.56%；2000 年 1 级转移到 2015 年 4 级的面积为 4.62%。

2000 年 2 级转移到 2015 年 1 级的面积为 1.55%；2000 年 2 级转移到 2015 年 3 级的面积为 1.73%；2000 年 2 级转移到 2015 年 4 级的面积为 3.72%；2000 年 2 级转移到 2015 年 4 级的面积为 4.14%。

2000 年 3 级转移到 2015 年 1 级的面积为 2.95%；2000 年 3 级转移到 2015 年 2 级的面积为 3.14%；2000 年 3 级转移到 2015 年 3 级的面积为 8.26%；2000 年 3 转移到 2015 年 4 级的面积为 11.19%。

2000 年 4 级转移到 2015 年 1 级的面积为 6.15%；2000 年 4 级转移到 2015 年 2 级的面积为 5.38%；2000 年 1 级转移到 2015 年 3 级的面积为 13.22%；2000 年 4 级转移到 2015 年 4 级的面积为 26.63%。

总体来看，2000 年转移到 2015 年的四种类型的石漠化中，无石漠化的面积最多。

表 7-4　黔南布依族苗族自治州不同等级石漠化土地转移矩阵

		2015 年							
		1	2	3	4	百分比 /%	百分比 /%	百分比 /%	百分比 /%
2000 年	1	8265	7697	15002	19452	1.96	1.83	3.56	4.62
	2	6536	7274	15676	17431	1.55	1.73	3.72	4.14
	3	12421	13227	34791	47149	2.95	3.14	8.26	11.19
	4	25920	22662	55706	112204	6.15	5.38	13.22	26.63

第五节　研究结论

本书通过使用主要使用 3S（GPS、GIS、RS）技术对黔南布依族苗族自治州 2000 年、2005 年、2010 年、2015 年土地进行植被覆盖度、NDVI 的差值分析、石漠化面积、石漠化面积转移矩阵的计算分析得出黔南布依族苗族自治州石漠化时空格局。

研究结论如下：

一是研究期间，黔南布依族苗族自治州植被覆盖呈波动下降趋势，阶段变化明显。黔南布依族苗族自治州植被指数空间分布不均，各县市 NDVI 值各不相同，即使是同一县市内部不同区域，其 NDVI 值也不同。黔南布依族苗族自治州东南部和南部地区植被覆盖率>黔南布依族苗族自治州中部地区植被覆盖率>黔南布依族苗族自治州西部和北部地区植被覆盖率。具体来说，就是荔波县大部、三都水族自治县东部、罗甸县南部等区域植被覆盖较高，而长顺县大部、瓮安县和福泉市的中部等区域植被覆盖较低。

2000 ~ 2015 年间黔南布依族苗族自治州植被 NDVI 值较高的区域占比在 55.11%，说明黔南布依族苗族自治州植被覆盖整体状况较好。

2000 ~ 2015 年间，黔南布依族苗族自治州大部分县市植被覆盖呈上升趋势，尤其是长顺县、荔波县、惠水县等区域上升趋势明显；瓮安县大部、龙里县西部、贵定县南部、都匀市大部、独山县大部、三都水族自治县中部和北部、平塘县东部、罗甸县东南部、荔波县中部等区域植被覆盖度均有所下降，尤其是瓮安县、龙里县、独山县的局部区域较为严重。

二是从空间上看，研究期间黔南布依族苗族自治州石漠化表现为西部的长顺县石漠化程度较为严重，东南部的三都水族自治县、独山县、荔波县石漠化程度也较为严重。

从时间上看，2000 年黔南布依族苗族自治州无石漠化区域所占比例较高，植被覆盖状况较好；黔南布依族苗族自治州 12 个县、市当中，石漠化程度较严重的是长顺县、惠水县和独山县。

与 2000 年相比，2005 年黔南整体的植被覆盖度有所提高，石漠化程度减轻，但长顺县石漠化较严重。

与 2005 年相比，2010 年黔南整体的植被覆盖度有所降低，石漠化程度加深，面积在扩大，黔南布依族苗族自治州各县、市均有较严重的石漠化分布。

与 2010 年相比，2015 年黔南整体的植被覆盖度有所上升，石漠化程度降低。2015 年石漠化较为严重和集中的是荔波县、三都水族自治县、独山县与荔波县的交界地区，在黔南布依族苗族自治州中西部地区也较为严重，但是与 2010 年相比石漠化程度有所减弱，2015 年植被覆盖率得到了回升，与退耕还林、封山育林、陡坡限耕种等政策息息相关。

三是石漠化是人为因素和自然因素综合作用的结果。自然因素难以避免，但是可以降低人为因素的影响程度。退耕还草还林、封山育林、减少以木柴作为生活燃料、避免陡坡耕种等等措施可以减缓石漠化的进程。

参考文献

白晓永，王世杰，陈起伟，等 . 2009. 贵州土地石漠化类型时空演变过程及其评价 [J]. 地理学报，64（5）：609-618.

曹建华，袁道先 . 2005. 受地质条件制约的中国西南岩溶生态系统 [M]. 北京：地质出版社 .

曹水，周忠发 . 2013. 贵州高原喀斯特石漠化监测预警系统设计 [J]. 水土保持通报，33（4）：221-232.

陈晋，陈云浩，何春阳，等 . 2001. 基于土地覆盖分类的植被覆盖率估算亚像元模型与应用 [J]. 遥感学报，5（6）：416-423.

陈起伟，熊康宁，兰安军 . 2014. 基于 3S 的贵州喀斯特石漠化遥感监测研究 [J]. 干旱区资源与环境，28（3）：62-67.

陈燕琴 . 2008. 黔南布依族苗族自治州喀斯特石漠化现状与综合防治对策 [D]. 南京：南京林业大学 .

单伟，刘少峰，张伟，等 . 2009. 马别河流域石漠化影响因素分析 [J]. 中国水土保持，(06)：36-38，64.

方健梅 . 2013. 石漠化区小流域综合治理可持续发展评价 [D]. 北京：中国林业科学研究院 .

付永利 . 2006. 独山县石漠化治理模式探讨 [J]. 林业调查规划，31（A01）：95-98.

龚新梅 .2007. 新疆土地荒漠化时空变化特征及驱动因子分析 [D]. 乌鲁木齐：新疆大学 .

巩朋 . 2014. 巴丹吉林沙漠植被动态变化与土壤湿度的遥感研究 [D]. 中国地质大学（北京），

韩月娇，刘航 . 2012. 基于 ENVI 的阜新山区植被覆盖度的提取研究 [J]. 鸡西大学学报（综合版），12(5)：39-40.

侯留飞，安沙舟，侯钰荣 . 2010. 塔里木河流域上游生态输水后植被覆盖度与遥感影像变化的对比 [J]. 青海草业，19（1）：7-10.

胡宝清，王世杰，李玲，等 . 2005. 喀斯特石漠化预警和风险评估模型的系统设计——以广西都安瑶族自治县为例 [J]. 地理科学进展，24（2）：122-130.

胡莉 . 2015. 中国南方喀斯特地区人地关系与石漠化调控——以贵州毕节撒拉溪、关岭 - 贞丰花江示范区为例 [D]. 贵阳：贵州师范大学，

皇甫江云 . 2014. 西南岩溶地区草地石漠化动态检测与评价研究 [D]. 北京林业大学 .

赖长鸿，覃家作，张文，等 . 2013. 四川省石漠化敏感性评价及其空间分布特征 [J]. 水土保持研究，20（4）：99-104.

兰安军，张百平，熊康宁，等 . 2003. 黔西南脆弱喀斯特生态环境空间格局分析 [J]. 地理研究，22（6）：732-740.

李朝阳，况顺达，李志忠，等 . 2007. 喀斯特石漠化遥感信息增强与监测技术 [J]. 桂林工学院学报，27（1）：30-35.

李丽，童立强，李小慧 . 2010. 基于植被覆盖度的石漠化遥感信息提取方法研究 [J]. 国土资源遥感，22（2）：59-62.

李瑞玲，王世杰，周德全，等 . 2003. 贵州岩溶地区岩性与土地石漠化的相关分析 [J]. 地理学报，58（2）：314-320.

李森，董玉祥，王金华 . 2007. 土地石漠化概念与分级问题再探讨 [J]. 中国岩溶，26（4）：279-284.

李仕蓉，王恩文，龚文琪 . 2014.“3S”技术在喀斯特土地石漠化研究中的应用现状及展望 [J]. 江苏农业

科学，42（6）：17-20.
李水明，舒宁 . 2005.MODIS 数据在广西生态环境监测及评价中的应用方法 [J]. 测绘信息与工程，30（1）：40-42.
李先琨，何成新，蒋忠诚 . 2003. 岩溶脆弱生态区生态恢复、重建的原理与方法 [J]. 中国岩溶，22（1）：12-17.
李阳兵，王世杰，容丽 .2004. 西南岩溶山区生态危机与反贫困的可持续发展文化反思 [J]. 地理科学，24（2）：157-162.
联合国 .1996. 联合国关于在发生严重和 / 或荒漠化的国家特别是在非洲防治荒漠化的公约 [Z]. 联合国防治荒漠化公约中国执行委员会秘书处等印制，7-9.
梁继运，万力，金晓媚，等 . 2009. 基于 SPOT-VEGETATION 数据的张掖盆地植被覆盖变化动态分析 [J]. 科技导报，27（12）：65-70.
刘彦随，邓旭升，胡业翠 . 2006. 广西喀斯特山区土地石漠化与扶贫开发探析 [J]. 山地学报，24（2）：228-233.
刘宇涛 . 2010. 不同景观类型下生态环境脆弱性研究及生态恢复模式探讨 [D]. 重庆：西南大学 .
倪雪波，刘荣高，王世杰 . 2009. 干旱影响石漠化地区植被生长的遥感观测 [J]. 西南大学学报（自然科学版），31（12）：140-144.
邵景安，李阳兵，王世杰，等 . 2007. 岩溶山区不同岩性和地貌类型下景观斑块分布与多样性分析 [J]. 自然资源学报，22（3）：478-485.
苏醒，冯梅，颜修琴，等 . 2014. 我国西南地区石漠化治理研究综述 [J]. 贵州师范大学学报（社会科学版），（2）：92-97.
屠玉麟 . 1996. 贵州土地石漠化现状及成因分析 [M]. 贵阳：贵州人民出版社 .
万军 . 2003. 贵州省喀斯特地区土地退化与生态重建研究进展 [J]. 地球科学进展，18（3）：447-453.
王德炉 . 2003. 喀斯特石漠化的形成过程及防治研究 [D]. 南京：南京林业大学 .
王世杰，李阳兵，李瑞玲 . 2003. 喀斯特石漠化的形成背景、演化与治理 [J]. 第四纪研究，2（6）：657-666.
王世杰 .2006. 喀斯特石漠化概念演绎及其科学内涵的探讨 [J]. 中国岩溶，21（6）：101-104.
魏小岛，周忠发，王媛媛 . 2012. 基于格网 GIS 的喀斯特生态安全研究—以贵州花江石漠化综合治理示范区为例 [J]. 山地学报，30（6）：681-687.
许莲芳 . 2009. 基于 3S 的西南石漠化时空变化分析——以环江毛南族自治县为例 [J]. 国土资源导刊，6（4）：72-75.
闫妍，胡宝清，韩清延，等 .2012. 基于 3S-ANN 技术的县域农地石漠化预警分析——以广西壮族自治区都安瑶族自治县为例 [J]. 中国岩溶，31（1）：52-58.
颜学莉，谢世友，费文涛 . 2008. 基于 Arc Objects 的石漠化管理信息系统的设计研究 [J]. 西南师范大学学报（自然科学版），33（4）：80-85.
杨青青，王克林，岳跃民 . 2009. 桂西北石漠化空间分布及尺度差异 [J]. 生态学报，29（7）：3629-3640.
杨世凡，安裕伦 . 2014. 生态恢复背景下喀斯特地区植被覆盖的时空变化——以黔中地区为例 [J]. 地球与环境，42（3）：404-412.
姚永慧 . 2014. 中国西南喀斯特石漠化研究进展与展望 [J]. 地理科学进展，33（1）：76-84.

叶娇珑，何政伟，翁中银，等 . 2012.NDVI 像元二分模型在喀斯特地区提取石漠化中的应用 [J]. 地理空间信息，(4): 134-136.
袁道先 . 1993. 中国岩溶学 [M]. 北京：地质出版社 .
袁士聪 . 2008. 基于 RS 与 GIS 的喀斯特石漠化演变特征研究 [D]. 贵阳：贵州师范大学 .
张惠远，蔡运龙 . 2000. 喀斯特贫困山地的生态重建：区域范型 [J]. 资源科学，22（5）：21-26.
张静 .2015. 黔南布依族苗族自治州地质地貌 [J]. 黔南布依族苗族自治州人民政府 .
张平仓，丁文峰 . 2008. 我国石漠化问题研究进展 [J]. 长江科学院院报，25（3）：1-5.
张素红 . 2007. 粤北岩溶山区土地石漠化研究 [D]. 北京：北京师范大学 .
张晓克，胡海峰，康立勋，等 .2010. 基于 SPOT 卫星影像的矿区植被指数研究 [J]. 山西农业科学，38（3）：48-51.
赵丽苹 . 2015. 基于 MODIS 数据的喀斯特地区石漠化时空演变特征研究 [D]. 中国地质大学（北京）.
周欣，吴虹，党宇宁 . 2008. 基于 EOS-MODIS 的广西全境石漠化信息提取方法研究 [J]. 化工矿产地质，30（4）：219-222.
朱林富 . 2018. 基于 MODIS 数据的植被覆盖度时空变化及石漠化监测研究 [D]. 重庆：西南大学 .
朱震达 . 1994. 中国荒漠化问题研究现状与展望 [J]. 地理学报，13（1）：105-113.
宗慧琳，甘淑，任鹏飞 . 2014. 滇东南岩溶石漠化信息提取研究 [J]. 价值工程，(10)：211-214.
左太安，刁承泰，苏维词，等 . 2014. 毕节试验区石漠化时空演变过程和演变特征 [J]. 生态学报，34（23）：7067-7077.
Kergoat L，Hiernaux P，Dardel C，et al. 2015. Dry-season vegetation mass and cover fraction from SWIR1.6 and SWIR2.1 band ratio: Ground-radiometer and MODIS data in the Sahel[J]. International Journal of Applied Earth Observation and Geoinformation，39: 56-64.
Mario Parise，Jo De Waele，Francisco Gutierrez. 2009. Current perspectives on the environmental impacts and hazards in karst[J]. Environmental Geology，58(2): 235-237.
Obata K，Miura T，Yoshioka H.2012. Analysis of the scaling effects in the area-averaged fraction of vegetation cover retrieved using an NDVI-isoline-based linear mixture model[J]. Remote Sensing，4(7): 2156-2180.
Wang S J，Zhang D F，Li R L. 2002. Mechanism of rocky desertification in the karst mountain areas of Guizhou province，southwest China[J]. International Review for Environmental Strategies，3(1): 123-135.
Williams P W. 1993. Environmental change and human impact on karst terrains an introduction[J]. Catena: 1-19.
Wu X，Liu H，Huang X，et al. 2011. Human driving forces: Analysis of rocky desertification in karst region in Guanling County，Guizhou Province[J]. Chinese Geographical Science，21(5): 600-608.
Xiao J，Moody A. 2005. A comparison of methods for estimating fractional green vegetation cover within a desert-to-upland transition zone in central New Mexico，USA[J]. Remote Sensing of Environment，98(2-3): 237-250.
Zhang J Y，Dai M H，Wang L C，et al. 2016. The challenge and future of rocky desertification control in karst areas in southwest China[J]. Solid Earth，7(1): 83-91.
Zribi M，Taconet O，Ciarletti V，et al. 2003. Derivation of wild vegetation cover density in semi-arid regions: ERS2/SAR evaluation[J].International Journal of Remote Sensing, (24): 1335-1352.

第三篇

黔南布依族苗族自治州各县市旅游可持续发展研究

>>>

第八章　都匀市旅游发展研究

第一节　都匀市旅游发展现状

一、都匀市概况

都匀市是黔南布依族苗族自治州首府，是中国优秀旅游城市、“全球绿色城市”、中国十大名茶之一的“都匀毛尖”之乡、西部摄影城、中国宜居城镇、中国空气质量十佳城市、全国现代物流示范城市、贵州省文明城市，同时也是全国首批产城融合发展示范区、贵州省首批县级国家新型城镇化综合试点市和黔中经济区五大主要城市中心之一。

都匀市地处苗岭山脉中段，森林覆盖率在60%以上，草灌生长茂盛。都匀市属亚热带季风湿润气候。冬无严寒，最冷月（1月）的日平均气温5.6℃；夏无酷暑，最热月（7月）的日平均气温24.8℃；雨量充沛，年平均降雨量1431.1毫米。雨热同季，年平均气温16.1℃，无霜期300天左右。四季较为分明，气候湿润。

二、都匀市旅游发展现状

1. 具备的优势条件

1）旅游资源丰富，旅游产业渐具规模

都匀市旅游资源类型多样，自然旅游资源与人文旅游资源组合较好，旅游发展潜力巨大，为旅游产业发展奠定了良好的基础。乡村旅游成为旅游转型后续发展潜力。

石板街位于都匀市广惠路中段，始建于明洪武年间（公元1368 ~ 1398年），长约200米，路面由青石铺砌而成，是明清时期贵州通往广西的必经古驿道。当年，徐霞客到都匀游览时，即由此路段进城。1992年，石板街维修改造后，两边的房屋随着街道蜿蜒伸展，整条街道古朴典雅，金碧辉煌，是都匀市区保存完好、别具特色的古建筑群。有非遗传承的苗银工艺产品销售商店。

百子桥位于都匀市广惠路南端剑江河之上，建于清乾隆五十一年（1786年），1986年改建为游览风景桥。桥长140米、宽8米、高11.5米，为七孔石拱桥结构，桥上建有古典楼厅、六角琉璃亭、石狮以及龙、凤、八仙等精美图案，古今建造融为一体，整座桥雄浑古朴，精美典雅，是都匀市桥梁的典范及代表性建筑之一。相传由当地唐姓家族筹建，故也被称为“唐家桥”。

西山大桥位于都匀市区中心大十字附近。现为改造后融合了黔南布依族、苗族、水族等多民族特色的景观桥。由于电影《无名之辈》的拍摄取景于此，因此成为“网红桥”，是很多粉丝的“打卡地”。

都匀三线建设博物馆，位于都匀市环西大道。以“东方记忆”为主题，对原东方机床厂进行改造升级，分为文博板块、会展板块、休闲娱乐板块，收藏并展示“三线”建设时期军工企业的一些设备、产品，是国内为数不多的三线建设专题博物馆。

茶博园位于都匀市毛尖影视小镇附近。仿 1915 年巴拿马太平洋万国博览会中国馆古建筑群 1∶1.8 而建，总占地 136 亩，建筑面积 1.7 万平方米。以都匀毛尖茶为切入点，将茶文化与民族文化相结合，真实再现了当年场景。区域周边规划有茶文化广场、茶文化主题公园、百年毛尖古镇、饮食城等，是集旅游参观、休闲娱乐、康体养生为一体的特色文化产业园。

斗篷山—剑江风景名胜区，位于都匀市西北部，距市区 22 千米。斗篷山雄踞苗岭山脉中段，总面积 61.8 平方千米，斗篷山主峰海拔 1961 米，山上有峰峦、峡谷、溶洞、溪流及瀑布等景观，原始森林覆盖率近 90%。斗篷山—剑江风景名胜区以森林茂密的斗篷山为龙头，由都匀剑江河、桥城景区、南线景区、剑江下游景区四个部分组成，是国内距离城市最近的原始林区。

青云湖国家森林公园，位于都匀市郊、文峰公园东面，是集森林景观、水体景观和民族风情等于一体的城市后花园。青云湖四面青山环抱，湖水清澈，环境深幽，令人心旷神怡。景区森林覆盖率 90% 以上，天然次生林面积大，物种多样，风景优美，靠近城市，是居民日常休闲去处。

螺丝壳原始森林自然保护区，位于都匀市城区西部约 20 千米，动植物种类繁多，自然景观丰富。有原始森林 3 万余亩，是名副其实的天然氧吧。最高峰螺丝壳海拔 1738 米。这也是都匀毛尖茶的产地，茶园景观令人向往，成为一些电视剧的取景地。

归兰山，位于都匀市阳和水族乡，距市区约 50 千米。“归”在水族语言中意指“溪流两旁的山峰”，“兰”在水话中意指“溪流”。归兰山奇峰环抱，清泉穿行其间。主峰海拔 1025 米，分为鼻子岩景区、大峡谷景区、撒朗黄金山景区，沿东西方向分布多个景点。归兰山处于原始状态，有很大的开发潜力，是野营、徒步的良好场所，被列为“贵州十大非著名山峰”、贵州省“5 个 100 工程”、黔南布依族苗族自治州“5 个 20 工程”建设项目。

杉木湖公园，位于都匀东部新城，占地 80 万平方米，总体设计为一轴一环五区九景，包含环西路、环湖路、中央公园。结合市民需求和场地特点，着力打造集生态、文化、休憩、娱乐、健身、防灾功能为一体的综合性市政公共公园。附近有黔南布依族苗族自治州博物馆等，可一并游览。

西山公园（九龙寺），位于都匀市民族路 89 号，是我国罕见的城区喀斯特园林，因其小巧玲珑，被称为袖珍喀斯特公园。西山公园占地 26.63 公顷，由 4 座自然岩石组成，园内有松石亭、望江亭、晨曦亭、半山亭和后山九龙寺等景点。半山亭可将全城景致一览无遗，后山山顶上有九龙寺，寺周松林密布，地势高迴，风景优美。解放黔南革命烈士纪念碑在园内。

东山公园，位于都匀市前进巷，是贵州省较早的国家 AA 级景区。占地约 20 公顷，是一个地质地貌典型、岩层走向清晰，园林、花圃有特色，楼阁、摩崖和古遗址具有时代风格的综合性公园。《都匀县志》称："东山巍峨矗立，气象端严，剑河前绕，诸山罗列，为府治镇山。"有张翀摩崖等历史遗迹，为当地居民休闲健身场所。

民俗特色村寨格多苗寨，位于都匀经济开发区匀东镇王司社区新场村，距市区约 35 千米。格多苗寨泛指现在新场行政村，包括格多、阳久、阳颂、欧勇、嘎笑、阳亚等 6 个自然苗族村寨，98% 的人口为苗族。格多苗寨有纯朴的民风和厚重的历史。寨子古树簇拥，民居古朴。村民喜着民族传统服装，过苗家节日，遵苗家礼仪，内部用苗语交流，苗家风情十分浓郁。民族节日有"四月八""六月六""七月半""吃新节""戏鱼节""苗年""迎雷节"。其中，"四月八""六月六"节日活动最为隆重。苗族文化保存较为丰富，6 个自然苗寨都保存较好的苗族服饰、语言、习俗和杆栏式古建筑，还有梯田等特色农耕景观。被收录在第三批中国传统村落名录、第二批中国少数民族特色村寨名录，被评为首届黔南布依族苗族自治州最美村寨，有苗族"六月六"传习所。

2）政策支持

近年来，都匀市旅游产业发展步伐加快，产业投入增加，旅游经济总量和旅游人数迅速增长；地方政府明确了"全域旅游、全民兴旅"的发展战略，积极启动 AAAA、AAAAA 级旅游景区的创建工作，打造了一批具有民族特色的乡村旅游精品景区，旅游竞争力增强；通过不断加强基础设施建设，培育旅游精品，加大旅游宣传力度，整治旅游市场，培植旅游龙头企业，都匀市旅游接待能力不断增强，旅游产业体系初步形成。

2019 年都匀市政府工作报告指出，坚持"三园三线两城"的旅游发展布局，推进都匀市旅游产业提质增效五年行动。实施"旅游 +""生态 +"模式，支持农村家庭经营小餐馆、小旅店，吸引城市居民进村入户体验农耕文化，促进乡村休闲旅游快速发展。用好毛尖小镇、汉唐影视基地、巨升影视城等资源，促进影视文化产业快速发展。提出了"六园五带"的发展规划，即现代高效茶叶产业园区、墨冲现代农业产业园区、平浪优质稻米产业园区、小围寨现代农业产业园区、绿茵湖生态农业观光园区和坝固生态农业示范园区等"六园"；西部毛尖镇一线做优毛尖茶特色种植产业带，西南部平浪一线发展特色养殖产业带，南部小围寨、墨冲一线发展绿色蔬菜水果产业带，北部绿茵湖、沙包堡办事处一线发展农特产品加工和生态旅游产业带，东部归兰乡一线发展扶贫山地种植养殖产业带等“五带”，发展特色旅游区，带动都匀市的发展。

在新时代背景下，都匀市结合历史、人文、民族、资源实际，坚持“产业兴旺、生态宜居、乡风文明、治理有效、生活富裕”的总要求，以打造旅游景点的标准建设美丽村庄，重点抓好特色产业发展，形成“一村一品、一村一特”的乡村休闲旅游经济带，积极推动乡村振兴与旅游发展有机结合，带动乡村发展。

3）旅游发展态势良好

都匀市具有特殊的区位、良好的生态环境等发展旅游产业的基础条件。山水风光和人文景观丰富，全域旅游持续发展。近年来，都匀市积极推进茶产业基础设施建设，围绕“茶+”思路健全产业链，促进三产融合，有效助推了乡村振兴。茶博园、毛尖小镇、青云湖公园等旅游设施逐步完善，星级酒店、旅行社等旅游企业服务水平不断提升，杨柳街到斗篷山旅游公路正在建设，墨冲良田坝、格多苗寨等乡村旅游得到发展。

从社会经济发展来看，2013 ~ 2018 年都匀市国内生产总值呈上升趋势，增速逐渐趋缓，但仍然保持着年均 9.0% 以上的增速，国民经济增长依然稳定（图 8-1）。

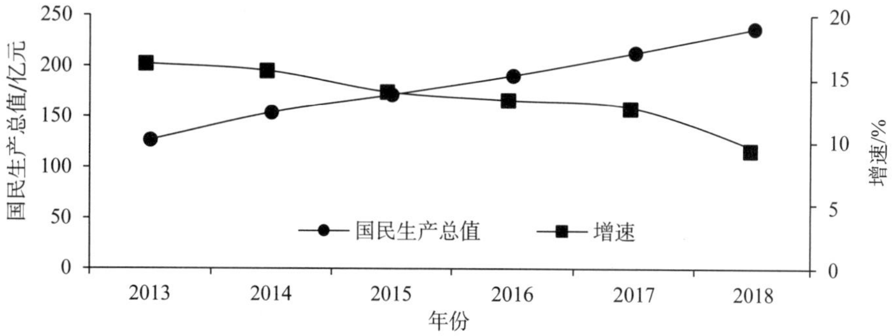

图 8-1　2013 ~ 2018 年都匀市国民生产总值及增速变化

从三次产业增加值占 GDP 的比例看，第三产业增加值呈上升趋势，虽然变化不显著、增加缓慢，但总体来看，产业结构基本合理（表 8-1）。

表 8-1　2013 ~ 2018 年都匀市产业结构

年份	一、二、三产业增加值比例	一、二、三产业结构比例
2013	90710 ∶ 496464 ∶ 681136	≈7 ∶ 39 ∶ 54
2014	142310 ∶ 546002 ∶ 850900	≈9 ∶ 36 ∶ 55
2015	148644 ∶ 607223 ∶ 960845	≈9 ∶ 35 ∶ 56
2016	154888 ∶ 666260 ∶ 1084606	≈8 ∶ 35 ∶ 57
2017	169779 ∶ 753425 ∶ 1206754	≈8 ∶ 35 ∶ 57
2018	181827 ∶ 824289 ∶ 1362209	≈8 ∶ 34 ∶ 58

2013 ~ 2018 年，都匀市人均生产总值逐渐增加，城镇居民人均可支配收入和农民人均纯收入均呈上升趋势（图 8-2）。人均可支配收入稳步增长，为旅游产业发展提供了基础条件。

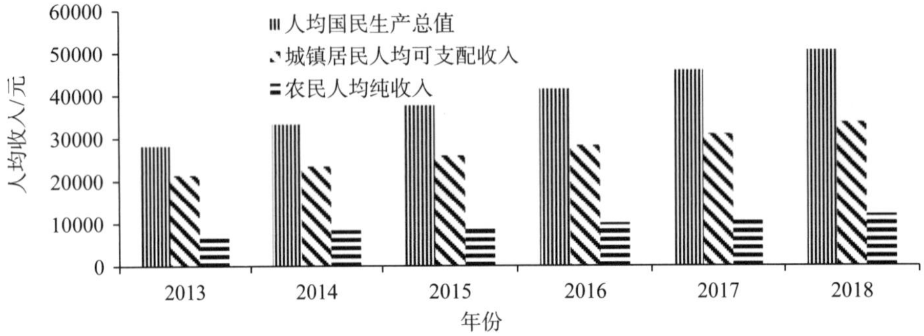

图 8-2　2013 ~ 2018 年都匀市人均收入

从人口方面来看，2014 ~ 2018 年都匀市户籍人口总数和城镇人口数量不断增加，尤其是 2014 ~ 2015 年增加较快（图 8-3）。从变化趋势看，2014 ~ 2018 年户籍人口总数增加趋势比较显著，城镇人口总数增加不显著，表明，2014 年以来都匀市吸引外来人口的能力在增加，城市活力逐渐提升。

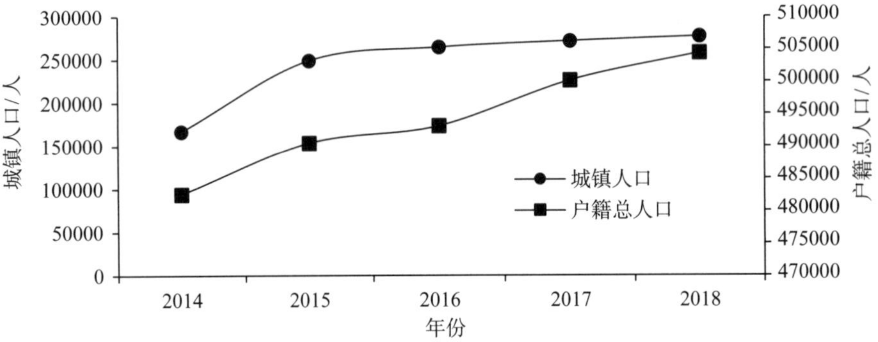

图 8-3　2014 ~ 2018 年都匀市户籍总人口和城镇人口变化趋势

一般用城镇化率来反映地区城镇化发展水平。2014 ~ 2018 年都匀市城镇化率增长较快，由 2014 年的 34.59% 增长到 2018 年的 54.91%（图 8-4），表明，在新时代背景下，新型城镇化水平在提高。2015 年 11 月 23 日，都匀市入选“2015 年度中国中小城市新型城镇化质量百强县市”，是贵州省唯一入选城市。

4）旅游配套设施逐步完善，标准化建设初见成效

便利的交通是旅游业发展的基础条件。旅游公路建设提高了旅游集散地到旅游景区、景点与景点之间的便利程度，提升了景区的可进入性；开设景区旅游专线，解决游客出行困扰；规划全域旅游交通网络，使游客可以随时随地体验休闲旅游模式，引导都匀市

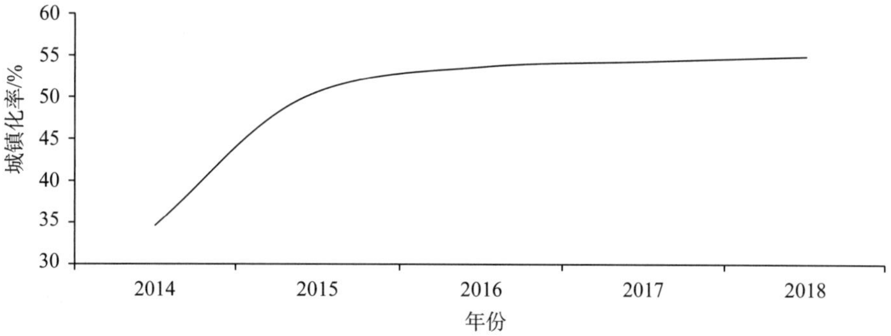

图 8-4　2014 ~ 2018 年都匀市城镇化率变化

全域旅游快速发展。

旅游标准化建设是指对旅游业基本要素采用统一、规范的标准进行管理，是提升旅游业发展竞争力的重要方式。加大旅游行业从业人员的教育培训力度，提高旅游从业人员综合素质；与地方高校联合，培训旅游从业人员岗位技能；全面推进景区 A 级标准化建设和乡村旅游的标准化建设，严格按照国家《旅游景区质量等级的划分与评定》和贵州省出台的相关标准进行规划、设计、建设和改造。通过旅游标准化建设，整顿旅游市场，强化旅游安全意识，旅游行业管理水平不断提高。

2. 旅游发展中存在的问题

1）目前旅游发展仍处于探索阶段

都匀市旅游资源丰富，在各种文物古迹、生态资源等旅游条件基础上，许多旅游景区已初步成型。目前，都匀市 AAAA 级旅游景点有 1 个，AAA 级旅游景点有 6 个，AA 级旅游景区有 1 个。但长期以来缺乏带动区域旅游发展的龙头企业；农家乐、休闲度假等旅游模式特色区别不大。

当前，都匀市旅游产品虽然有多样化发展的趋势，但是仍然以景观型旅游为主，体验型旅游发展亟待加强。旅游资源整合、旅游形象定位等方面仍处在探索阶段。

2）旅游产业化程度低，旅游专业人才缺乏

历史上长期闭塞的环境条件、较低的社会发展水平等限制了旅游产业的开发和资源条件的充分利用。基础交通设施发展缓慢，许多景区间没有比较完善的交通线。旅游产品开发创新不够，旅游体验产品没有充分体现当地独特的民族文化特色，旅游体验同质化严重。旅游业高层次发展的专业管理人才缺乏。

3）区域竞争激烈，文化传承与保护亟待重视

黔南布依族苗族自治州周边的黔东南苗族侗族自治州、贵阳市、黔西南布依族苗族自治州等区域的旅游开发已走在前头，带来了激烈竞争，本州内荔波县、平塘县等地的资源优势也给都匀市的旅游发展带来一定程度的威胁。

黔东南苗族侗族自治州的民族民俗文化开发较早，在国内甚至在国际舞台上都享有盛名，而都匀市很多有特色的旅游资源没有及时开发，很多旅游产品的开发仅仅处于起步阶段，必然受到旅游竞争带来的威胁。如何能够在开发严重滞后的现实中，在激烈的旅游市场竞争中脱颖而出，是都匀市旅游业面临的重大挑战。

都匀市特色民族文化较多，原生态文化资源占重要地位，传统文化内容丰富多彩，但是其旅游开发仍然以新开发为主、挖掘传统文化为辅。非遗传承保护是传统特色文化产品开发的主要形式，还需多形式保护才能促进传统文化发展。

第二节　都匀市旅游可持续发展对策建议

一、都匀市旅游发展历程

根据 2014 ~ 2018 年《都匀市国民经济和社会发展统计公报》数据，都匀市旅游综合收入从 90.14 亿元增长到 230.69 亿元，旅游接待游客总量在逐年增加，过夜游客数量增加（表 8–2）。

表 8–2　2014 ~ 2018 年旅游综合收入

年份	旅游综合收入 / 亿元	旅游人数 / 万人	国内旅游人数 / 万人	入境旅游人数 / 万人
2014	90.14	1048.14	1047.93	0.21
2015	109.97	1249.66	1249.48	0.18
2016	163.32	1721.39	1719.79	1.60
2017	227.95	2303.75	2303.52	0.24（过夜游客）
2018	230.69	217.90（过夜游客）	217.55（过夜游客）	0.35（过夜游客）

结合旅游综合收入增长和 A 级旅游景区数量变化，分析都匀市旅游发展历程。2001 ~ 2007 年，都匀市 A 级旅游景区由 1 个 AA 级景区发展到 1 个 AA、2 个 AAA 级旅游景区，旅游发展较为缓慢，是都匀市旅游发展的起步阶段。2008 ~ 2015 年，都匀市旅游发展进入加速发展阶段。这一时期，加强了旅游基础设施建设，加大了旅游投资力度，开展了多种形式的旅游营销渠道，增强了都匀市旅游品牌效应。2016 年以来，都匀市旅游发展急剧增速，呈现“井喷式”发展态势。都匀市 AAA 级景区数量增加，AAAA 级旅游景区出现，高等级旅游景区增加较快，在住宿、餐饮、旅行社等方面投入加大，全域旅游得到全面发展。山水游、森林游、溶洞游、民俗游等初步形成规模，吸引了大量省内外游客，入境游客数量增加较快。2017 年以来，都匀市全域旅游带动乡村旅游发展进一步深化，A 级旅游景区数量持续增加，旅游收入增速趋缓，旅游发展由快速发展向提质升级模式转变（表 8–3、表 8–4）。

表 8–3　都匀市 A 级旅游景区数量

名称	等级	评定时间
都匀市茶文化影视小镇景区	AAAA	2017 年 11 月 10 日
都匀市文峰园景区	AAA	2007 年 12 月 19 日
都匀市斗篷山景区	AAA	2007 年 12 月 19 日
都匀市青云湖景区	AAA	2016 年 12 月 19 日
都匀市杉木湖景区	AAA	2016 年 12 月 19 日
都匀市东方记忆景区	AAA	2019 年 11 月 13 日
都匀市黔南职院研学旅游景区	AAA	2019 年 11 月 13 日
都匀市东山公园景区	AA	2001 年 10 月 15 日

表 8–4　2000 ~ 2018 年都匀市旅游发展阶段

年份	发展阶段	发展速度	发展态势
2001 ~ 2007	起步阶段	缓慢	A 级旅游景区数量增加
2008 ~ 2015	初步发展阶段	较快	投资力度加大，旅游收入增加
2016 ~ 2018	提质升级阶段	快速	全域旅游持续发展，乡村旅游逐步深化

二、都匀市旅游发展对策建议

根据都匀市旅游发展现状及存在问题，秉承绿色发展理念，科学合理地挖掘旅游资源优势，深度挖掘民族文化资源及其保护和传承，扩大传承途径，开发旅游项目种类，构建特色品牌，促进旅游可持续发展。

1. 加强特色旅游景点的建设与管理

都匀市周边具有代表性的、有特色的自然景观较多，以螺蛳壳和斗篷山景区为例，提出旅游发展建议。

螺蛳壳景区因影视剧的拍摄及独特的高海拔优势，成为都匀市著名的自然景观之一。可通过进行统一合理规划，将茶园、山峰、风电场等特色景点以旅游线路连接，并在采茶时节增加摄影、采风等项目，可打造成都匀市的一张旅游名片。但管理状态不理想，没有明确的景区范围和标志，没有从市区直达的公共交通。

斗篷山风景优美，基础设施建设较为完备，知名度较高，但从市区前往景区交通不便。建议在市区或交通便利的地方开设游客集散中心，设计景区旅游指导手册，规范往返专线车；景区住宿分档次设计，满足不同收入阶层的游客需求。

2. 重视传统文化传承的多角度保护

有意识地引导和培养民众的旅游产品开发意识，注重日常生产生活中的文化积累和传承，重视和保护优秀传统技艺和民俗文化，促进特色旅游资源的挖掘。

都匀市石板街、百子桥和文峰塔等是较为著名的古建筑。石板街保存了原始整体风貌，是较为著名的商业街，是销售民族特色的银饰、服饰的地方。可以对有特色的商店进行扶持和指导，适当扶持民族手工业者的特色产品展销，将石板街打造成都匀市特色产品展销基地。

都匀市周边有很多具有民族特色的少数民族村寨，如榔木水寨、格多苗寨、千户布依寨等，很多村寨周边拥有特色自然景观，如瀑布、峡谷、溶洞等，可以进行综合开发；对民族特色比较浓厚的村寨，可以进行民宿开发，并为游客提供农耕、做饭、蜡染、织布等体验活动，满足城市居民对农村生活的向往，适当增加亲子活动环节，拉近家长与子女的距离；挖掘民族手工艺产品，并进行改良创新，将产品的民族气息与产品的应用相结合，提高民族产品的使用广度和深度，扩大受众，提高品牌效应。

3. 加强旅游整体规划

都匀市是重要的旅游集散地和旅游目的地，是很多游客前往黔南旅游的落脚点。随着一些在此取景的影视剧的热播，诸如西山大桥、秦汉影视城、螺蛳壳景区等逐渐成为来都匀游客的旅行目的地和重要打卡点。

都匀市区和周边分布着数量众多的三线建设遗址，有的进行了开发，有的亟待开发。毛尖小镇旅游区便是由老厂房改造而成的影视基地。都匀三线建设博物馆所在的东方记忆景区也是由老厂房建设而成的。三线建设时期的建筑、标语等极具时代特色，而国内有关特定年代的影视基地较少，如果进行合理开发，可打造影视和怀旧基地。

都匀市区及近郊有数量众多的公园景区，如西山公园、东山公园、南沙洲公园、文峰公园、青云湖公园、三江堰公园等，此类公园景区风景优美，环境优雅，主要为城市居民日常活动、健身、休闲娱乐的场所，可作为游客小憩游览的去处。但都匀市公园景区存在路线不明确，地点标注不详细等问题。很多公园缺少路标和地图，不方便外来游客确定游览地点和规划游览路线。

4. 加大宣传力度

都匀市茶博园是都匀市茶文化宣传的重要基地，茶博园仿照巴拿马世博会中国馆建设，建筑特色明显，将其打造成都匀市经典旅游景区。但是，宣传、管理还需要提高，有关展品、解说较少。可增加宣传建筑设计的意义、价值等，提升展品、展板等品位，提高都匀毛尖和茶博园的知名度。

以秦汉影视城为代表的都匀市影视基地因为热播影视剧的拍摄成为知名“打卡点”。都匀市可以抓住机遇进行宣传，并将影视剧中场景进行适当还原，借助“粉丝”提高都匀知名度。对前往影视城的交通线进行优化，末班车适当延长，增加影视城活动，设置体验式游览环节，将影视城打造为集影视拍摄、游客娱乐为一体的产业基地，成为都匀旅游新的增长点。

都匀市整体旅游景点较多，但宣传较少，诸如石板街、百子桥等，知名度较低。潜在开发点较多，诸如三线建设遗址、少数民族村寨，以及其他待开发的自然风光。尤其是三线建设相关遗址为本地独有特色遗留，诸如建筑、防空洞等设施有很大的开发利用空间。

5. 加大人才培养力度

通过企业与地方高校的接轨，有针对性地培养、培训旅游业专业服务人才和管理人才，提高接待能力，加强旅游业服务监督的力度，制定旅游相关标准，保障游客和从业人员的基本权益，促进旅游产业的高层次发展。

第九章　福泉市旅游发展研究

第一节　福泉市旅游发展现状

一、福泉市概况

福泉市位于贵州省中部，黔南布依族苗族自治州北部。东邻凯里市和黄平县，南与麻江县接壤，西界贵定、龙里、开阳三县，北与瓮安县相连。南北最长 55.2 千米，东西最宽 52.1 千米。

境内地势西部和北部较高，东部次之，中部和南部较低，最高海拔 1715.8 米，最低海拔 614 米，平均海拔 1020 米。地貌类型以山地为主，丘陵次之，坝地较少。土壤类型以石灰土最多，黄壤次之，水稻土和紫色土较少。

福泉属亚热带季风气候湿润区，热量丰富、雨量充沛，无霜期长，年均温 14℃左右，年积温 4574℃ ~ 5609℃，无霜期 245 ~ 278 天。年均降水量 1033 ~ 1220 毫米，光、热、水同季，适宜多种农作物生长发育，大部分地区一年两熟。

福泉市地处苗岭山脉中段北坡，林业资源丰富，草灌生长茂盛，森林覆盖率逐年提高（图 9-1）。

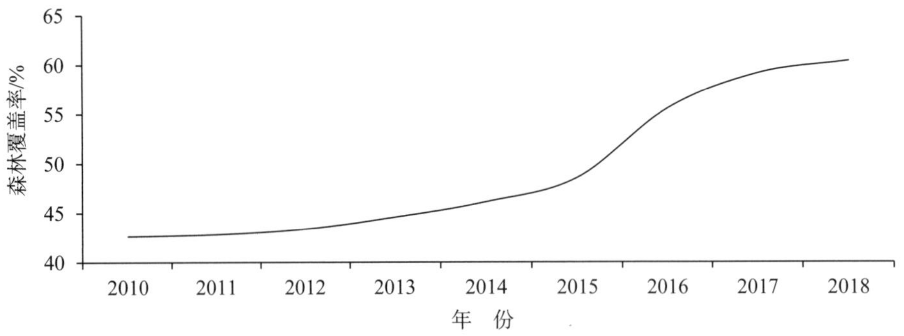

图 9-1　2010 ~ 2018 年福泉市森林覆盖率变化

二、福泉市旅游发展现状

福泉市立足国际新型磷化工产业基地和国家级循环经济示范基地、黔中商贸物流中心、历史文化名城“两基地一中心一名城”发展定位，深入挖掘文化内涵，依托福泉古城文化、道教文化、商圣文化、民族文化等多元文化底蕴，全力打造古城文化旅游景区。

依托良好的文化旅游资源优势，以古城文化旅游景区建设为核心，辐射带动全市旅游产业发展，实现景区景点建设和旅游品牌趋优向好，建成集休闲、观光、访古、健身、娱乐、养生、悟道等为一体的全域旅游风景名胜区。文化旅游产业与新型工业化、新型城镇化、农业产业化实现融合发展，文化旅游产业逐渐成为支撑资源型城市转型的重要接续产业。

1. 旅游发展优势

1）旅游资源优势明显

福泉市旅游资源丰富，融历史人文景观和自然景观为一体，内涵丰富。无论是休闲旅游，还是文化旅游都独具特色。有国家AAAA级旅游景区1个（福泉古城文化旅游景区），国家AAA级旅游景区2个（双谷省级生态体育公园、黄丝旅游度假景区）。有全国重点文物——明代的福泉城墙和被称为“西南桥梁之冠”的葛镜桥（俗称豆腐桥），有“全国十佳道教圣地”福泉山、岔河“国家级湿地公园”、洒金谷“省级风景名胜区”、云雾山森林公园和贵州省“十佳漂流景区”蛤蚌河，有始建于春秋战国时期的竹王城遗址，有岔河麻秧洞、牛场白马洞、陆坪朝阳洞等多处喀斯特溶洞，有保留完好的100余座明清石桥。

福泉古城文化旅游景区（含太极宫、福泉山、古城墙），位于福泉市区。景区内有文庙、福泉井、草鞋井、古城墙、小西门水城等较为有名的历史遗迹。福泉古城墙周长4700米，高7米，始建于明洪武十四年（公元1381年），有着600多年的历史。现存小西门水城及5个城门洞和部分城垣，都属于明代建筑。小西门水城，由内城、水城和外城三道城构成，城水相依，结构独特，被誉为“贵州的八达岭”，具有很高的历史、科研和旅游观赏价值。福泉山上有一泉，名为福泉，是福泉市的名称来历。太极文化园是以道家文化、太极养生文化为主的人文景观，是国家AAAA级旅游景区。福泉城墙先后两次被列为省级重点文物保护单位、黔南布依族苗族自治州首批爱国主义教育基地、第五批全国重点文物保护单位。

双谷生态体育公园，位于福泉市金山街道双谷村，距市区6千米。景区拥有20000亩梨园、5000亩葡萄园、2000亩杨梅园、30亩五彩花田、20千米五彩骑行慢道、5.2千米全国山地自行车赛专业基地赛道。公园提供儿童游乐设施，设置露营空地，还可品尝本地蔬菜、林下养禽、葡萄酒等绿色食品，为农业旅游和城市居民休闲放松提供了基础条件，是国家AAA级景区。

福泉黄丝旅游度假景区，位于黄丝江边。江边寨先后获得“中国少数民族特色村寨”“全国休闲农业与乡村旅游示范点”“全省新农村建设示范点”“贵州100个魅力民族村寨”“黔南布依族苗族自治州最美旅游景区”称号。结合区位优势和自然资源禀赋，按照“生态绿色、乡村旅游、农业观光、休闲度假、文体训练、养生圣地”的乡村旅游景区发展定位和“农村服务社区、现代农业园区、乡村旅游景区”三区合一的原则，对江边景区进行高标准规划、高质量建设，全力打造黄丝江边旅游景区。景区风景较好，有布依族村寨依托，为当地人烧烤、游泳、野炊等休闲娱乐提供了场所，是国家AAA级旅游景区。

福泉洒金谷水利风景区，位于福泉市郊，风景优美，具有地方特色，交通便利，是贵州东线及南线风景旅游的第一站和集散地。主要依托沙河、麻哈河、卫阻河、徒河水库等而建，属于城市河湖型水利风景区。景区以“保护水资源、维护水环境、保障水安全”为宗旨，集多种功能于一体。2017年被列入第十七批国家水利风景区、国家AAA级旅游景区。

2）文旅融合促进旅游产业发展

福泉市拥有“中国少数民族特色村寨”“全国休闲农业与乡村旅游示范点”两张国家级名片。全面发展休闲采摘游、田园风光游、民俗文化游、养生体验游等多种业态，成功举办全国山地自行车赛、翰林文化艺术节、“金谷春雪·花海双谷”梨花节、“六月二十四”民族文化节、阳戏文化节等，推动文化旅游互动融合发展。

近年来，福泉市大力发展“梨、茶、畜”主导产业，特色农产品不断增加，为福泉市旅游业提供了丰富的土特产。围绕“国家新型工业化产业示范基地、黔中商贸物流中心、贵州历史文化名城”发展战略定位和“提速、转型、升位，推动跨越、构建和谐、率先小康，打造绿色磷都·幸福福泉”的总体目标任务，充分挖掘“一城一山一峡谷，一神一仙一福地”文化底蕴，全力打造古城文化旅游景区。

3）社会经济基础条件优越

从福泉市三次产业增加值占GDP的比例看，产业结构比较合理，二、三产业所占比例较大，为旅游产业发展奠定了良好条件（表9-1）。

表9-1　2010 ~ 2018年福泉市产业结构变化

年份	一、二、三产业增加值比例	一、二、三产业结构比例
2010	6.44 ∶ 25.64 ∶ 21.81	≈11.94 ∶ 47.57 ∶ 40.49
2011	6.35 ∶ 33.66 ∶ 26.11	≈9.61 ∶ 50.91 ∶ 39.48
2012	7.60 ∶ 39.61 ∶ 32.44	≈9.52 ∶ 49.74 ∶ 40.74
2013	8.66 ∶ 44.52 ∶ 39.06	≈9.39 ∶ 48.27 ∶ 42.34
2014	11.68 ∶ 51.24 ∶ 49.12	≈10.42 ∶ 45.73 ∶ 43.84
2015	12.99 ∶ 55.78 ∶ 55.66	≈10.44 ∶ 44.83 ∶ 44.73
2016	13.82 ∶ 61.13 ∶ 63.40	≈9.99 ∶ 44.18 ∶ 45.83
2017	15.23 ∶ 69.66 ∶ 70.63	≈9.79 ∶ 44.79 ∶ 45.42
2018	16.34 ∶ 79.19 ∶ 80.63	≈9.27 ∶ 44.95 ∶ 45.78

据 2010 ~ 2018 年福泉市国民经济和社会发展统计公报，福泉市国内生产总值呈上升趋势，但增速逐渐趋缓（图 9-2）。经济增长提升了人们生活水平，促进人们生活需求的多样化，直接促进旅游业发展。

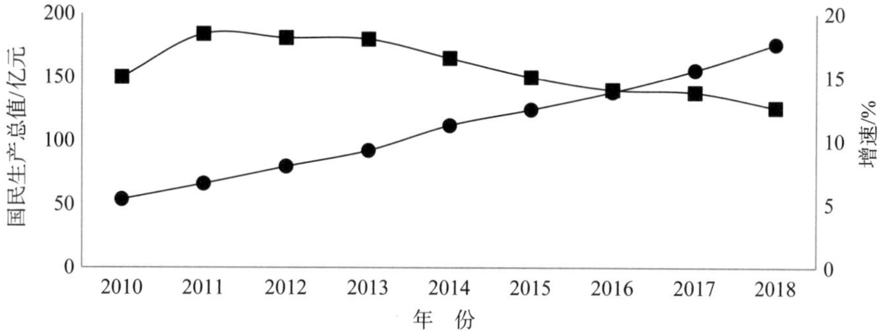

图 9-2　2010 ~ 2018 年福泉市国民生产总值及增速

从收入情况来看，2010 ~ 2018 年福泉市人均生产总值逐渐增加，城镇居民人均可支配收入和农民人均纯收入均呈上升趋势（图 9-3）。人均可支配收入增加直接影响人们的旅游动机和旅游目的地的选择。

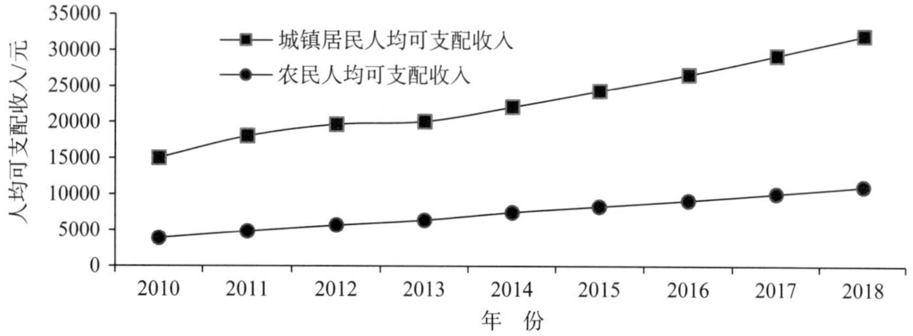

图 9-3　2010 ~ 2018 年福泉市人均收入变化

2. 旅游发展中存在的问题

1）旅游专业化水平有待提高

福泉市旅游业存在旅游产业化程度低、旅游创新不足、旅游专业人才缺乏等问题。旅游产品开发意识不够，旅游产品特色不明显或呈现同质化现象，无法满足旅游市场的多元需求和旅游业的全面发展。旅游资源需进一步整合，旅游产业化亟待提升，从事旅游产业的专业化水平有待提高。尤其是旅游管理专业人才缺乏制约了旅游业长足发展。

2）特色文化仍需挖掘，旅游竞争力亟待提升

福泉市发展历史悠久，特色民族文化较多，原生态文化资源、传统文化内容丰富多彩，但是其旅游开发仍然以新开发为主，对传统文化旅游资源挖掘不够。要加强旅游景区特色建设，努力做到与周边景区优势互补，提高旅游竞争力。

第二节　福泉市旅游可持续发展对策建议

一、旅游发展历程分析

由 2010 ~ 2018 年福泉市国民经济和社会发展统计公报数据可知，福泉市旅游综合收入从 7.75 亿元增长到 81.21 亿元，总量逐年增加（图 9-4），旅游收益逐步提升。

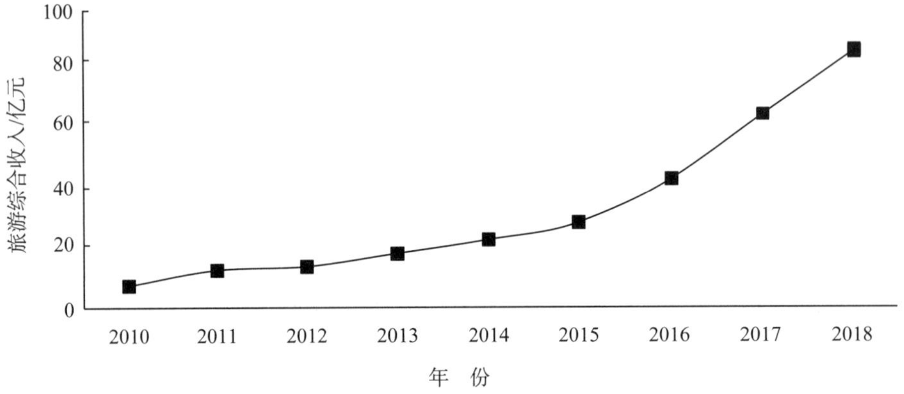

图 9-4　2010 ~ 2018 年福泉市旅游综合收入变化

根据福泉市旅游收入和 A 级旅游景区数量变化两方面情况，分析福泉市旅游发展阶段（表 9-2）。2001 ~ 2007 年，福泉市的旅游业还没有呈现规模，旅游收入较少，旅游发展较为缓慢，处于旅游初期起步阶段。2007 ~ 2015 年，加快了旅游基础设施建设，加大了旅游投资力度，开拓多种形式的旅游营销渠道，增强了福泉市旅游品牌效应，旅游产业初步具有规模，进入平稳发展阶段。2016 年以来，福泉市 A 级景区数量增加（表 9-3），高等级旅游景区增加较快，在住宿、餐饮、旅行社等方面投入加大，全域旅游得到全面发展。福泉市旅游产业形成规模，吸引了大量的省内外游客，入境游客数量大幅增加，旅游收入提高较快，进入提质升级阶段。总体来看，福泉市旅游发展历程呈现由缓慢发展的起步阶段至平稳发展阶段再至提质升级阶段的快速发展态势。

表 9-2　2000 年以来福泉市旅游发展阶段

年份	发展阶段	发展速度	发展态势
2000 ~ 2007	起步阶段	缓慢	规模很小
2007 ~ 2015	平稳发展阶段	平稳发展	基础设施投入增加
2016 年至今	提质升级阶段	快速发展	全域旅游发展，乡村旅游开展

表 9-3　A 级旅游景区数量变化

名称	A 级	批准时间
福泉市古城文化旅游景区	AAAA	2016 年 12 月 30 日
福泉市黄丝旅游景区	AAA	2016 年 11 月 4 日
福泉市双谷生态体育公园旅游区	AAA	2016 年 12 月 19 日

二、福泉市旅游发展对策建议

福泉市旅游景区较少，但开发情况较好。如福泉古城景区、洒金谷景区、黄丝江边景区等，充分利用景区某一点优势涵盖周边景物，进行整体开发，这一开发模式值得借鉴。但在旅游发展中仍存在宣传不到位、交通不便、服务质量有待提高等问题。结合福泉市实际，提出两点发展对策。

1. 针对不同的旅游主题进行合理规划

福泉市重点对以福泉古城为主的建筑群进行开发，古城墙、平越驿站、太极宫、文庙等古建筑（仿古建筑）群已经初具规模，游客数量不断增加。洒金谷是福泉市近郊的著名景点，风景优美，景色特殊，极具特色，且距离市区较近，交通便利，具有很高的旅游价值。洒金谷附近还有葛镜桥、古驿道等人文景观，可对从洒金谷到葛镜桥的峡谷段进行综合开发，带动周边整体发展。黄丝江边景区和双谷生态园等都是乡村旅游的代表，主要游客群体为周边县市居民，为其提供烧烤、采摘、休闲娱乐等服务，可以带动当地旅游的发展，为当地居民创收，对乡村振兴有一定的推动作用。

2. 注重细节规划和科学配置基础设施

福泉古城旅游区景区面积大，景点分散，游客集散中心、景区整体导览图和介绍手册、景区内公共交通等软硬件设施还有待加强和提高。首先，在游客服务中心，通过景区导览图、介绍手册等，让游客了解景区景点分布、景点特色，合理规划自己的旅游线路。其次，在景区内开行公共交通，将各景点串联起来，方便游客在各个景点间往来；也可在景区中开行自行车等代步工具，方便游客观光。再次，在各景点合理设置餐饮服务、纪念品销售等，方便游客在游览之后，休息、用餐以及购买商品。最后，合理制定不同层次的住宿价格，在保证服务质量的同时，满足不同游客需求。

第十章　瓮安县旅游发展研究

第一节　瓮安县旅游发展现状

一、瓮安县概况

瓮安县是革命老区县、全国绿化造林百佳县、贵州省双拥模范县和社会治安综合治理平安工作红旗县。瓮安县东邻黄平县，南连福泉市，西接开阳县，西北抵遵义市，北交湄潭县，东北靠余庆县，得天独厚的地理条件，成就了瓮安“西南出海通道、成渝连接东盟”的交通要塞地位。是乌江航运和黔中地区的交通枢纽，同时也是川、渝至两广和两湖的捷径。瓮安县属亚热带季风性湿润气候，冬无严寒、夏无酷暑。

瓮安县地处长江流域的乌江、沅江水系，主要河流有乌江和瓮安河。乌江横贯北部，将县境切成南北两块，南块约占4/5，多水田，北块较小，多旱地。地貌复杂多样，有山地、丘陵、盆地。

瓮安县矿产资源十分丰富，野生动植物资源种类繁多。全县有各类天然草场65万亩，300亩以上的连片草场98个。

二、瓮安县旅游现状

1. 发展优势

1）旅游资源丰富独特

瓮安县形成以草塘千年古邑旅游区、江界河国家级风景名胜区、朱家山国家森林公园文化旅游度假区为主的著名旅游景点。其中，江界河大桥、朱家山原始森林、古生物化石群等极具科学考察旅游价值。

朱家山国家森林公园，位于瓮安县城东约50千米。总面积4888.2公顷，森林覆盖率为92.1%。完好地保存着地球同纬度上独有的常绿阔叶原始森林。

江界河国家级风景名胜景区（含江界河大桥），位于乌江中游，距瓮安县城约42千米。融自然山水、峡谷风光、革命历史纪念遗址、原始森林、喀斯特溶洞和现代桥梁建筑于一体，有红军强渡乌江天险的战斗遗址和世界悬臂跨径最大的桁式拱桥——江界河大桥。交通便利，风景优美。

仙桥山，位于瓮安县望洞村，距县城5千米。雄峙于南北伸展的长岭之巅。山顶有一长方形穿洞，远望似一面中天明镜，又若仕女发髻上的玉簪。因其是山峰顶上的透光穿洞，与一般低处的“天生桥”不同，是较为有特色的地质景观。

下司石林及石林欢乐谷，位于瓮安县猴场镇境内，距瓮安县城 7.5 千米。下司石林形成于 4 亿年前，是发育类型较齐全、保存较完整的极具观赏性的连片喀斯特石林。石林长约 2 千米，宽约 0.5 千米，石高约在 6 ~ 15 米之间，整个景区宛如大型盆景。欢乐谷娱乐项目融入其中，为景区增添了无限的生机和活力，同时也极大地满足了游客多方面的需求。可与草堂景区连成一线进行游览。

瓮安县长征文化特色突出，红色旅游景区连片分布。中国工农红军在瓮安县用生命和热血谱写了红色经典的乐章。1998 年，瓮安县被贵州省委命名为革命老区县。被周恩来同志誉为“伟大转折的前夜”的猴场会议，是一次彪炳史册的会议。猴场会议会址、纪念馆，位于瓮安县草塘镇西 1 千米的猴场村宋家湾村民组。猴场会议会址始建于 1912 年，是一座藏式风格的四合院，俗称“一颗印”。内有正厅 5 间，下厅和厢房各 3 间，中间为石嵌天井。2009 年，猴场会议会址被中宣部授予“全国爱国主义教育示范基地”。猴场会议纪念馆位于猴场会议会址西侧，紧邻会址，有通道相连。对展示红军长征四过瓮安、宣传猴场会议、弘扬长征精神、传承红色文化具有重要意义。周边还有毛泽东行居、红军干部团休养连旧址等红色遗迹。是红色旅游经典景区、爱国主义教育基地、第四批全国爱国主义教育示范基地、第八批全国重点文物保护单位。

瓮安县是生命起源之地，千年文明古邑。这里曾发现距今 5.8 亿年的动物群化石，是迄今发现最早的动物群化石。草塘千年古邑旅游区，位于瓮安县猴场镇，距瓮安县主城区 14 千米。中国草塘千年古邑旅游区以猴场红色文化新村为核心区，汇聚优秀的商贾文化、土司文化、人文文化及红色文化，同时有着川湘滇黔民风民俗的深厚文化底蕴。旅游区内有实木双面大戏楼、内阁中书第、黔山第一进士楼、土司衙门、湖广会馆、古客栈等古建筑。交通方便，环境优美，自然人文景观优势突出。国家 AAAA 级旅游景区、贵州省首批推出的 15 个“升级版”景区，贵州省文化旅游十大品牌、2014 年中国最具价值文化（遗产）旅游目的地。

非物质文化遗产丰富。贵州省级非物质文化遗产“灯夹戏”，蕴含着区域民族认同的文化观念和人文意识。“搓梗仔采阿诗”属于典型的苗族芦笙舞，通过音乐的旋律、舞蹈的肢体语言更直接、更形象地表达苗族同胞的生产、生活方式，以及对生活的愿望与态度。

2）社会经济发展促进了旅游产品多样化

从三次产业增加值占 GDP 的比例看，产业结构逐步合理，第三产业增加值逐步增长（表 10-1）。

表 10-1　2014 ~ 2018 年瓮安县产业结构变化

年份	一、二、三产业增加值比例	一、二、三产业结构比例
2014	17.47 ：32.77 ：36.62	≈ 20.10 ：37.70 ：42.20
2015	18.38 ：36.35 ：42.46	≈ 18.90 ：37.40 ：43.70
2016	22.93 ：40.10 ：52.06	≈ 20.00 ：35.00 ：45.00
2017	25.20 ：45.88 ：58.83	≈ 19.40 ：35.30 ：45.30
2018	26.99 ：50.78 ：66.79	≈ 18.67 ：35.13 ：46.21

2014 ~ 2018 年，瓮安县国内生产总值呈上升趋势，但增速逐渐趋缓（表 10-2）。

表 10-2　2014 ~ 2018 年瓮安县国内生产总值及增长率

年份	GDP 总值 / 亿元	增速 /%
2014	86.85	15.9
2015	97.19	14.6
2016	115.09	13.7
2017	129.9	13.0
2018	144.55	10.8

从收入情况来看，2014 ~ 2018 年瓮安县人均生产总值逐渐增加，城镇居民人均可支配收入和农民人均纯收入均呈上升趋势（表 10-3）。人均可支配收入增加，人们需求多样化，对促进旅游发展有重要作用。

表 10-3　2014 ~ 2018 年瓮安县人均收入变化

年份	人均生产总值 / 元	城镇居民人均可支配收入 / 元	农民人均纯收入 / 元
2014	22362	21891	7519
2015	24997	24124	8324
2016	29453	26343	9156
2017	33087	28899	10109
2018	36716	31528	11130

2012 年，成功申报省级低丘缓坡开发利用试点县。平定营镇万亩红阳猕猴桃基地、瓮水街道办事处的花桥现代休闲观光农业科技园区、猴场镇三佰佬现代农业示范区和猴场镇万亩中药材基地开始建设。这些农业生产基地都可以建成旅游景点，将农业生产与旅游活动相结合，促进旅游产品类型逐渐多样化。

5.8 亿年前多细胞动物化石群地质遗迹成为该区域旅游特色之一。

发展现代山地特色高效农业，建成“贵州绿茶”国家级农产品地理标志示范样板县，

“瓮安白茶”“瓮安黄金芽”获国家地理标志产品称号，瓮安欧标茶知名度不断提升。

草塘古邑旅游景区和猴场特色古镇升级改造，瓮安千年古邑旅游区成功创建省级旅游度假区，瓮安雍江水利风景区成功申报国家级水利风景区。

2. 旅游发展中存在的问题

1）基础设施还有待完善

交通设施发展缓慢，目前景区间没有比较完善的交通线。旅游接待能力尚弱，星级饭店较少，餐饮业种类较单一，民宿产业亟待发展。

2）旅游专业人才缺乏

旅游业产业化程度仍然较低，旅游管理缺乏专业人才的指导与参与，制约了旅游业高层次的发展。

第二节　瓮安县旅游可持续发展对策建议

一、旅游发展历程分析

目前，瓮安县有国家级 AAAA 级景区 1 个、国家级 AAA 级景区 1 个、国家级 AA 级景区 1 个。2014 ~ 2018 年，瓮安县旅游综合收入从 17.80 亿元增长到 70.08 亿元，旅游接待游客总量在逐年增加。统计数据表明，旅游业在较快发展（表 10-4），旅游发展在一定程度上促进了瓮安县经济社会的发展。

2001 ~ 2007 年，旅游发展处于初步发展阶段，发展较为缓慢。2007 ~ 2015 年，A 级旅游景区从无到有，旅游投入增加，注重了旅游设施建设，处于旅游发展的平稳发展阶段（表 10-5）。2016 年以来，瓮安县进入快速发展阶段，呈现出“井喷式”发展，瓮安县旅游发展进入提质升级发展转型阶段。瓮安县开始注重品牌的示范带动作用。山水游、森林游、民俗游等初步形成了规模。2018 年 5 月，猴场镇被命名为“贵州省民间文化艺术之乡”。

总体来看，瓮安县旅游发展定位逐渐清晰，呈现由起步阶段到初步发展到近年来的提质升级转型阶段的发展态势（表 10-6）。

表 10-4　2014 ~ 2018 年瓮安县旅游收入变化

年份	旅游总收入 / 亿元	旅游人数 / 万人	国内旅游人数 / 万人	入境旅游人数 / 万人
2014	17.8	212.98	—	—
2015	22.45	277.16	—	—
2016	35.7	406.96	—	—
2017	53.62	—	264.16（外省游客）	0.0219
2018	70.08	808.38	56.0（过夜游客）	0.0627（过夜游客）

表 10-5　瓮安县 A 级旅游景区

名称	等级	评定时间
瓮安县草塘千年古邑旅游区	AAAA	2015 年 3 月 11 日
瓮安县朱家山景区	AAA	2016 年 2 月 15 日
瓮安县映山红景区	AA	2009 年 12 月 19 日

表 10-6　2001 ~ 2018 年间瓮安县旅游发展阶段

年份	发展阶段	发展速度	发展态势
2001 ~ 2007 年以来	起步阶段	缓慢发展	—
2007 ~ 2015 年	初步发展阶段	平稳发展	A 级景区数量增加
2016 年至今	提质升级阶段	快速发展	旅游全面发展、定位逐渐清晰

二、对策建议

1. 创新旅游开发模式

根据瓮安县旅游发展实际，应该采用点、线、面有机结合的旅游开发模式。从满足多元化旅游消费需求出发，改变旅游景区的景点式供应模式，将具有当地特色的旅游景区、特色乡村等旅游基地构成精品旅游路线。

为了满足游客“快行慢游”的出行要求，深化交通线的旅游功能，提高游客在景区间转换的满意度。加强景区之间和景区内部的旅游标识建设，做好引导，全面提升旅游环境氛围。

由于草堂古邑中有比较完备的餐饮、住宿等场所，可以作为旅游中心和旅游集散地，以其为中心辐射到周边景点、景区。

2. 准确定位，打造精品

近年来，瓮安县以“千年古邑 · 红色瓮安”为旅游品牌定位，挖掘红色文化资源，大力发展全域旅游。红色旅游资源主要有猴场会议会址、红军强渡乌江遗址、红军干部团休养连旧址、毛泽东行居、朵丁关红军战斗遗址等。在打造精品旅游线路中，以猴场红色文化新村为中心的核心区，以猴场集镇为重点的保护区，深入挖掘红色文化、商贾文化、土司文化。

此外，瓮安县的山地农业发展历史悠久，具有得天独厚的优势，在政策指导下可以将山地农业资源转化为生态旅游资源，打造一批以观光、采摘、亲子体验为主的乡村休闲旅游地。

第十一章　惠水县旅游发展研究

第一节　惠水县旅游发展现状

一、惠水县概况

惠水县位于贵州省中南部，黔南布依族苗族自治州西部，土地总面积 2471.79 平方千米。东与贵定县、平塘县接壤，南与罗甸县交界，西与长顺县毗邻，北与龙里县和贵阳市花溪区相连。

惠水县位于黔中高原的南部，地处苗岭南端向广西丘陵过渡的斜坡地带，属岩溶坝地地貌和侵蚀常态地貌。境内地势高、切割深，沟谷纵横，地形破碎，是典型的山区县。

全县河流属珠江流域的红水河水系，包括涟江和高家河。位于县境西部的涟江，自北向南纵贯全境，形成地势平坦的涟江大坝；位于县境东部的高家河，自北向南出境后经平塘县，在罗甸县汇入蒙江进入红水河。

惠水县属亚热带季风湿润气候，年平均气温在 14℃ ~ 16℃，年积温 5769℃，多年平均降水量 1213.4 0 毫米；年均日照时数 1318 小时；无霜期 252 ~ 299 天。水热同季，有利于农业生产。但倒春寒、冰雹、暴雨洪涝、秋季绵雨、干旱等灾害性天气常有发生。

二、惠水县旅游现状

1. 旅游发展的优势条件

1）资源优势

惠水县旅游资源主要有大坝、峡谷、瀑布、湖泊、溶洞、暗河等自然景观资源，已开发有百鸟和风景区、清水苑、滴水崖、溶洞群、文笔峰、马鞍井、荷花池等景点。

青河景区，位于好花红镇青河村境内，距县城 33 千米。涟江之水顺流而下经青河村境内，全长 4 千米。青河风光以清澈透亮的河水、险峻秀丽的峡谷为主体，以“悬索桥”“响水关”“父母山”“鳄鱼晒阳”“将军跪水”“枇杷石林”等景观为主。风景优美，具有地方特色。

岗度瀑布群位于岗度镇，分为王猛瀑布、火龙瀑布、外丈瀑布、打条瀑布、锅底瀑布。瀑布较为壮观，具有比较大的开发价值。

涟江燕子洞风景区，位于距离惠水县城 74 千米的羡塘镇。燕子洞景区有山、水、洞、谷，呈现雄浑奇险、秀美清幽的特点。燕子洞高约 215 米、宽 50 米，上百万只白腰雨燕栖息在这里，是国内最大的候鸟栖息洞穴、省级风景名胜区、“中华 100 大生态亲水美景口碑金榜”、“国际爱燕总部基地”、“中国绿色村庄”。

好花红乡村旅游区是国家 AAAA 级景区，位于惠水县城南好花红镇，距县城 15 千米，是一个集休闲度假、康体养生、乡村体验、民俗旅游为一体，展现“好花红”文化内涵的综合性度假旅游区。交通方便，有民族特色。

涟江公园，位于惠水县涟江中路，涟江河畔，是一座集休闲娱乐、避暑消夏、康体健身、植物科普教育、文化活动、亮化景观为一体的城市休闲公园。国家 AAA 级旅游景区。

九龙山景区距离惠水县城 8 千米，硬化油路到达景区，交通便利。9 座山峰以左三、右三、后三的形式排列成“椅子”的形状，中间另有一座山峰居主位。是与贵阳黔灵山、长顺白云山齐名的黔中三大佛教圣地之一。九龙寺至今已有三百多年历史，建筑布局合理，做工精巧，古朴大方，翘角飞檐，雕龙画凤，壮丽辉煌，为黔南各寺之冠。有公交车前往，离县城距离较近。九龙寺周边，分布着苗族村寨，苗族风情浓郁。

惠水县有比较典型的布依建筑。布依族居住地的选择多重于水源，一般多选择在依山傍水、风光秀丽的平坝或丘陵，在有河流或小溪的地带建房立寨。一般寨后靠山，寨前有田园，山川环绕，是独具特色的居住环境。其建筑风格也独具特色。

民族风俗特色显著，主要有特色婚俗礼仪、特殊的丧葬习俗。比较隆重的节日有“过大年”(春节)、“三月三”“四月八”“六月六”“九月重阳”等。也有和其他民族共同过的节日，“五月端午”“七月半”等，但过的形式有所不同。

2）区位优势

惠水县地处黔中腹地，紧邻贵阳市和贵安新区，在省会贵阳市的 1 小时经济圈内。101 省道和 309 省道纵横贯穿县境，贵广高铁的开通，惠罗、惠兴高速的建成，以及规划和在建的惠安高速、惠都和都香高速的启动，都匀—安顺城际铁路、贵阳—惠水—兴义的铁路和贵阳—百色的快速铁路等外联通道的打通，奠定了惠水县区域性交通枢纽地位。

各种交通运输道路的建设，促使惠水县与贵阳市、安顺市、兴义市、都匀市，以及广西壮族自治区等构成良好的交通联系。

基础设施的便利程度是旅游顺利发展的前提和基础，尤其是县城到旅游景区的交通路线的合理规划，旅游景区的卫生条件，服务区域的水电供应等，是影响旅游景区质量的重要指标。惠水县旅游景区交通便利，可进入性较好，具有旅游产业发展的良好基础条件。

3）政府政策的大力支持

2006 年，惠水县被农业部授予“中国金钱橘之乡”。2007 年，惠水县委、县政府出台了《关于加快旅游业发展的决定》，促进了旅游产业的发展。2014 年，黔南布依族苗族自治州第六届旅游产业发展大会在惠水县好花红乡成功举办。同年，好花红乡村旅游景区被批准为 AAA 级景区，被评为“首批少数民族特色村寨”。惠水县政府注重支持旅游基础设施建设和生态环境改善，特别是好花红乡被列入 100 个示范小城镇之一后，先后修订和编制了有地方布依风情特色的发展规划，打造“好花红布依寨”及其配套建设商业休闲区和民族文化旅游区，有序建设“好花红”民族博物馆、“好花红”民族文化中心和民族风情园、布依风情欢乐岛、千户布依水寨、好花红文化广场。

4）经济社会发展、资源特色独特为旅游产业发展奠定了良好基础

从三次产业增加值占 GDP 的比例看，产业结构逐步合理，第三产业增加值所占比例上升趋势显著（表 11–1）。2012 ~ 2018 年，惠水县国内生产总值呈上升趋势，增速逐渐趋缓（表 11–2），社会经济在稳定增长。人均可支配收入的增加，促进了人们需求多样化，提升探索世界的积极性，是地方旅游产业发展的基础条件。从人均收入情况来看，2012 ~ 2018 年，惠水县人均生产总值逐渐增加，城镇居民人均可支配收入和农民人均纯收入均呈上升趋势（表 11–3）。

表 11–1　2012 ~ 2018 年惠水县产业结构变化

年份	一、二、三产业增加值比例	一、二、三产业结构
2012	10.46 ： 16.28 ： 16.38	≈ 24.26 ： 37.76 ： 37.98
2013	12.06 ： 18.58 ： 20.34	≈ 23.66 ： 36.44 ： 39.90
2014	17.25 ： 21.60 ： 24.62	≈ 27.30 ： 34.10 ： 38.60
2015	18.06 ： 24.19 ： 28.45	≈ 25.60 ： 34.20 ： 40.20
2016	22.06 ： 26.88 ： 35.44	≈ 26.10 ： 31.90 ： 42.00
2017	24.35 ： 31.45 ： 42.90	≈ 23.00 ： 33.90 ： 43.10
2018	25.88 ： 35.51 ： 51.70	≈ 22.90 ： 31.40 ： 45.70

表 11–2　2013 ~ 2018 年惠水县生产总值及增长率

年份	GDP 总值 / 亿元	增速 /%
2012	43.12	17.3
2013	50.98	17.8
2014	63.47	15.3
2015	70.69	14.2
2016	84.38	12.8
2017	98.7	12.1
2018	113.1	10.80

表 11-3　2013 ~ 2018 年惠水县人均收入变化

年份	人均生产总值 / 元	城镇居民人均可支配收入 / 元	农民人均纯收入 / 元
2012	—	—	5488
2013	—	19502	6256
2014	17949	21466	7330
2015	19967	23634	8114
2016	23770	25785	8910
2017	27683	28286	9801
2018	31583	30803	10800

惠水县民族文化旅游资源丰富，布依文化、农耕文化、乡村文化是其旅游资源的特色和亮点。拥有好花红"美丽乡村"建设示范点、布依民歌《好花红》发源地。在漫长的历史岁月里，创造了丰富多彩的民族文化，其中不乏芦笙、蜡染、吊脚楼、枫香染等艺术珍品；每年的"三月三""六月六""糯米坡节""端午节"等传统民族特色节日，好戏连台、精彩纷呈。特别是《好花红》民歌，早在 20 世纪 60 年代就唱响祖国大江南北，现已成为惠水县乃至贵州省的文化品牌。惠水县被称为中国"黑糯米之乡"、中国"金钱橘之乡"、中国"优质米之乡"、中国"小黄姜之乡"。先后入选全国"百佳深呼吸小城""中国生态魅力县""2015 中国避暑休闲百佳县"等。

"好花红乡村旅游"景区荣获国家 AAAA 级旅游景区，涟江公园为国家 AAA 级景区。为惠水县发展休闲度假、康体旅游、养生养老等特色旅游产品创造了良好条件。惠水县正在逐步形成具有当地特色的布依农庄、乡村旅游酒店、农业观光体验等乡村旅游业态。

2. 旅游发展存在的不足

1）基础设施建设尚待提升

目前，高速公路建设较快，路况较好，但是通往景区的交通条件还需要进一步提升，旅游景区的餐饮服务、基础设施等亟待提质升级。

2）旅游服务管理人才专业水平尚需提高

旅游景区服务管理人员素质是影响旅游产业可持续发展的重要因素。综合利用多种培养模式，提高旅游服务管理人员的接待能力、职业技能、安全卫生意识和环境保护意识。

近年来，惠水县旅游事业虽然处于快速发展阶段，但由于多方面因素的影响，总体来看，其旅游产业化程度仍然较低。惠水县旅游景区服务管理人员总体文化水平亟待提高，通过提高总体受教育程度，促进对旅游产业的理解，有助于改善对乡村旅游发展的理念，加强旅游资源挖掘和旅游产品创新，尤其是旅游企业管理专业人才的指导与参与，对旅游业高层次的发展有重要作用。

3）旅游产品同质化的激烈竞争

旅游产品单一、旅游产品同质化是近年来全域旅游、乡村旅游背景下普遍存在的困扰，旅游产品创新是决定旅游产业发展的重要手段。

惠水县周边的安顺市、贵阳市、黔西南等区域的旅游资源丰富、旅游发展比较成熟、旅游产品种类多样，黔南州内龙里县、贵定县等地的资源优势和旅游发展也带来了激烈的竞争。

惠水县以传统“农家乐”为主的乡村旅游产品，难以满足游客个性化、多样化的需求，目前开发的参与度较高的乡村体验旅游，为促进旅游的提质升级有重要作用。

4）生态环境与文化传承环境保护还有待深化

随着全域旅游和乡村旅游的开展，体验亲近自然是重要的旅游方式，但是很多景区在旅游经营管理方面存在“重收益、轻自然环境保护”的现象，环境破坏的情况时有发生。

惠水县的特色民族文化较多，但目前存在着民众对传统文化作为旅游资源开发的自觉性较低，破坏了原生态文化环境。因此，文化传承与保护亟需重视。

第二节　惠水县旅游可持续发展对策建议

一、旅游发展历程分析

据惠水县国民经济和社会发展统计公报数据，2012 ~ 2018 年惠水县旅游综合收入从 5.94 亿元增长到 39.09 亿元，旅游接待游客总量在逐年增加（图 11-1），表明旅游产业在不断发展。

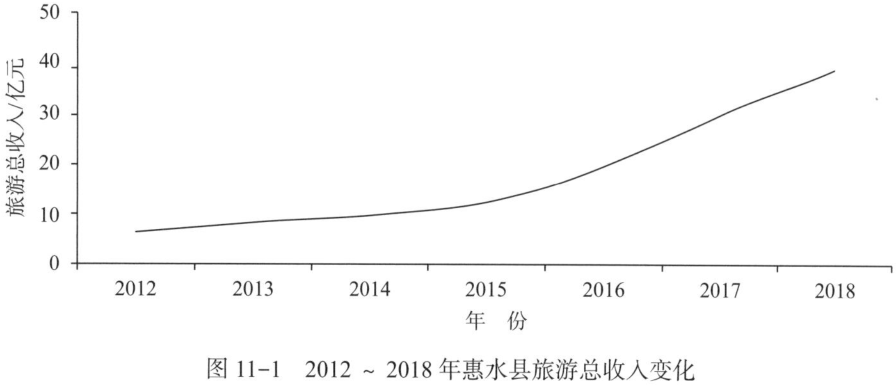

图 11-1　2012 ~ 2018 年惠水县旅游总收入变化

结合旅游收入和 A 级旅游景区数量变化两方面情况看，2001 以来惠水县的旅游发展可以划分为 3 个阶段。

2001 ~ 2007 年，惠水县旅游发展缓慢发展。2008 ~ 2015 年，惠水县 A 级旅游景区从无到有，旅游人数和旅游收入逐渐增加，为旅游产业发展的起步阶段。2016 年以来，A 级旅游景区数量在只有 1 个 AAA 级景区的基础上，又增加 1 个 AAAA 级旅游景区，旅游收入增加较快，进入快速发展阶段（表 11–4、表 11–5）。旅游发展进入提质升级转型阶段，旅游定位逐渐清晰。

总体来看，惠水县旅游发展呈现由缓慢发展到加快发展阶段、再到快速发展阶段的发展态势。

表 11–4　惠水县 A 级旅游景区及其批准时间

名称	等级	评定时间
惠水县好花红乡村旅游区	AAAA	2017 年 11 月 10 日
惠水县涟江公园景区	AAA	2014 年 7 月 18 日

表 11–5　2012 ~ 2018 年惠水县旅游发展阶段

年份	发展阶段	发展速度	发展态势
2001 ~ 2007 年	起步阶段	缓慢	—
2008 ~ 2015 年	初步发展阶段	加快	A 级景区从无到有
2016 以来	快速发展	较快	A 级景区质量提升、乡村旅游开展

二、旅游发展对策建议

1. 根据资源特点和社会需求，打造旅游品牌

随着社会经济的快速发展，旅游者的需求呈现多样化的趋势，在挖掘农耕文化的基础上，打造多种形式的特色品牌。惠水县有比较丰富的旅游资源，以燕子洞为代表的自然资源，以好花红乡村旅游区为代表的人文资源，具有很大的开发潜力。

2. 增加游客参与度，提高旅游满意度

好花红乡村旅游区距离县城较近，交通方便，有公交车通达。好花红乡村旅游区是体验民族风情，了解布依族、走进布依族的好去处。《好花红》是贵州省具有代表性的民歌之一，是贵州省的一张名片。目前，好花红乡村旅游区开发、宣传模式主要以吸引周边居民和游客为主，对外来游客吸引力较低。因此，今后的开发和宣传中，可以《好花红》为主线，以布依族特色为重点，打造乡村旅游基地。增加体验式活动，促进非物质文化遗产、民族手工业的发展和传承；增加亲子活动环节，促进游客亲子体验。参考电视节目《向往的生活》等“慢综艺”模式打造民宿，给游客提供自给自足的场所，游客在菜地中采摘食材，自己动手做饭，提高游客的参与度，目的在于增加游客停留时间，

提高旅游收入。

3. 结合地方特色，加强艺术氛围，提高宣传效果

摆榜梯田是具有开发价值的农业景观，其周边的少数民族村寨有独特的风俗和节庆活动，可以进行着重开发。梯田和古村落是很多摄影爱好者向往的地方，可以鼓励当地居民穿着民族服饰，举办摄影艺术节，吸引各地爱好者前来。位于摆榜梯田中间的当地建筑，与其他地方的梯田相比有其独特的地方，可以着重进行宣传和开发；并发掘周边村寨的节庆活动，进行艺术加工，为游客展演，增加民族文化艺术氛围。

燕子洞是惠水县知名度较高的自然景观，其万千燕子归巢的景观十分壮观，被选入很多知名纪录片中。其优美独特的自然景观也是摄影爱好者向往的地方。目前，燕子洞还处于待开发状态，基本上没有相关基础设施建设，也没有路标指引，前往较为困难。建议该景区进行保护性开发，基本上保持景区原始状态，保持山洞的神秘性和独特性，打造成特色旅游景区。进行针对性开发，建设成为以吸引摄影爱好者为主的摄影创作基地。

第十二章　龙里县旅游发展研究

第一节　龙里县旅游发展现状

一、龙里县概况

龙里县名取自龙架山之“龙”、乡里之“里”之义，位于贵州省中部，隶属黔南布依族苗族自治州，全县总面积1521平方千米，辖5镇1街道79个村（社区），居住有汉族、布依族、苗族等20余个民族，少数民族约占41%。

龙里县植被繁茂、生态良好，有1.33万公顷的集中连片森林覆盖区，森林覆盖率达到60%。

龙里县属亚热带季风湿润气候，温和舒适，日照充沛，冬无严寒，夏无酷暑，年平均气温14.8℃，最冷月均温4.6℃，最热月均温23.6℃；年降水量1100毫米左右，多集中在夏季；年日照时数1160小时左右，无霜期280天以上。

二、龙里县旅游发展现状

1. 旅游发展优势

1）旅游资源丰富

龙里县是文化悠久、民族多彩之乡。“龙里”建置于唐代，历史悠久，留下了历史名人王阳明、徐霞客、林则徐，地质学家万鹤仙等的足迹。红军长征两次过龙里，完成了毛泽东“四渡赤水”战略思想实施，留下了观音山、倪儿关、清水江、簸箕桥等红军长征文化遗址和真实感人的故事。

有闻名遐迩的巫山古岩画群、冠山古建筑群、云台古寺、吊洞古人类活动遗址、果里洞棺葬、营屯古营盘等人文景观。

有双龙镇·巫山峡谷国家AAAA级景区和龙里大草原、龙架山国家森林公园、茶香十里刺梨沟、湾滩河孔雀寨等4个国家AAA级景区。已开发有吸纳现代元素、融和山水景观的龙门镇、龙里水乡、油画大草原等项目，极富生态之美。

龙里大草原，位于龙里县龙山镇中排村。既有山峦叠峰，又有悠远宽广的特点，是贵州高原上独一无二的高山平台草原。总面积9万余亩，由五里坪、亮山坪、谷鸟坪、王寨坪等组成，其中千亩以上草坪9个，最大的草坪是亮山坪，面积有1.20万亩；最长的草坪是五里坪，长4.50千米，草原地势平坦，天际线分明，海拔高度在1500 ~ 1700

米之间，年均气温 13℃，气候宜人。

龙里油画大草原旅游区，位于龙里县龙山镇余下村，距贵阳市 30 余千米，距贵阳龙洞堡机场 28 千米。为贵阳市近郊徒步旅行、健身康体、科考教学、探险寻秘的好地方。大草原总面积 3400 余亩，由众多个大小不一的草坪组成，海拔在 1500 ~ 1700 米之间。景区内除千亩原始植被草场外，还有数百亩格桑花、白杜鹃花海。整个景区在保留高山台地草原原貌的基础上，增设了客运观光索道缆车、玻璃栈道、极速滑草及空中滑索等项目。

龙架山国家森林公园地处贵州中部苗岭山脉中段，是长江流域乌江水系与珠江流域红水河水系分水岭，公园总面积 6079 公顷。由龙架山、猴子沟、响水河 3 个景区组成。其中，龙架山景区面积 1446 公顷，猴子沟景区面积 3445 公顷，响水河景区面积 1188 公顷。是国家级森林公园、"贵州生态旅游度假示范基地"、国家 AAA 级旅游景区、"国家生态文明教育培训基地"、第二批"中国森林氧吧"。

双龙镇巫山大峡谷景区融传统古镇建筑与峡谷景观为一体，用中国传统的院落式建筑来承载现代人时尚休闲度假的慢生活；用丽江束河古镇式的柔软时光理念，打造轻松、浪漫的度假氛围；同时，萃取成都宽窄巷子经典的中华文化，将商业地产与中国传统古建筑完美结合，打造集中国古典文化与现代时尚元素融为一体的度假目的地。交通便捷，设计理念先进。具有"景在城中、城在画中"的特色，是国家 AAAA 级旅游景区。

中铁国际旅游度假区位于贵州双龙临空经济区，是中国中铁集团投资建设的大型旅游文化产业项目。以绿色生态、宜居养生、低碳环保为理念，以主题公园、体育公园为主线，以康体休闲、养老养生为支撑，以旅游观光、休闲度假为品牌，打造集旅游、休闲、避暑、养老、会展、培训等"旅、居、业"一体化发展的综合性国际度假区。通过差异化竞争，打造成贵州个性化旅游、休闲、体育、度假基地。由于靠近龙洞堡国际机场，交通便捷，客源地可以面向全国和世界。

湾滩河景区，位于素有"万亩大坝"之称的湾滩河湾寨、羊场一带，是龙里的"米粮仓"，田园风光秀美，依山而建的布依族、苗族民族传统村落散布，民族文化特色突出，民族特色浓厚。

龙里民风淳朴、热情好客，民族服饰绚丽多彩，民族工艺品古朴精致，有着正月跳月、跳洞、四月八、六月六、"七夕"情歌节、端午游百病等丰富多彩的民族节日。

近年来，龙里县统筹推进"五位一体"总体布局和"四个全面"战略布局，坚守发展和生态两条底线，紧扣省州主基调主战略，以脱贫攻坚统揽经济社会发展全局，聚焦民生改善、产业发展、城镇化建设，全面提升县域综合实力，经济社会发展呈现良好态势，先后获得中国刺梨之乡、国家现代农业示范区、中国物流实验基地、国家科技富民强县、中国最美健康养生旅游名县、国家卫生县城、中国刺梨名县等荣誉称号。2015 年，成功创建贵州省同步小康达标县。2018 年，获批全省首个内陆开放型经济发展先导区——黔中龙溪内陆开放型经济发展先导区。

2）社会经济奠定旅游发展基础

龙里县经济发展综合测评连续位居全省前列，2016 年位列全省县域第一方阵第二位，2017 年位列全省县域第一方阵第一位，经济社会发展群众满意度 2015 年、2016 年、2017 年连续位居全省第一。2018 年 9 月 21 日顺利通过国家第三方评估检查，成功退出贫困县。

从三次产业增加值占 GDP 的比例看，虽然第二产业比例较大，但是产业结构逐步合理。存在的问题主要是第三产业增加值的增加缓慢（表 12–1）。

表 12–1　2013 ~ 2018 年龙里县产业结构变化

年份	一、二、三产业增加值比例	一、二、三产业结构比例
2013	5.95 ∶ 35.47 ∶ 12.50	≈ 11.03 ∶ 65.79 ∶ 23.18
2014	8.46 ∶ 40.32 ∶ 15.54	≈ 13.16 ∶ 62.68 ∶ 24.16
2015	8.89 ∶ 44.88 ∶ 17.73	≈ 12.43 ∶ 62.77 ∶ 24.80
2016	9.14 ∶ 49.21 ∶ 21.42	≈ 11.46 ∶ 61.69 ∶ 26.85
2017	10.49 ∶ 55.38 ∶ 23.58	≈ 11.73 ∶ 61.91 ∶ 26.36
2018	11.22 ∶ 63.57 ∶ 26.43	≈ 11.10 ∶ 62.80 ∶ 26.10

2013 ~ 2018 年间，龙里县国内生产总值逐年增加，呈上升趋势，但增速逐渐趋缓（表 12–2），社会经济平稳增长。

表 12–2　2013 ~ 2018 年龙里县生产总值及增长率

年份	GDP 总值 / 亿元	增速 /%
2013	53.91	18.20
2014	64.33	17.10
2015	71.49	15.00
2016	79.77	13.80
2017	89.44	13.40
2018	101.22	12.90

从收入情况来看，2013 ~ 2018 年间龙里县人均生产总值逐渐增加，城镇居民人均可支配收入和农民人均纯收入均呈上升趋势（表 12–3）。人均收入增加对于促进旅游产业发展具有关键作用。

表 12–3　2013 ~ 2018 年龙里县人均收入变化

年份	人均生产总值 / 元	城镇居民人均可支配收入 / 元	农民人均纯收入 / 元
2013	/	20008	6408
2014	40180	21860	7513
2015	44640	24155	8354

续表

年份	人均生产总值 / 元	城镇居民人均可支配收入 / 元	农民人均纯收入 / 元
2016	49692	26474	9223
2017	55504	29174	10191
2018	62520	31917	11221

3）区位优势逐渐凸显

龙里是入黔咽喉、四会五达之地，“负山阻溪，为入省咽喉”，位于省会贵阳市近郊，是贵阳市的东大门、黔南布依族苗族自治州的北大门，距贵阳市中心 28 千米，距龙洞堡国际机场 20 千米；有湘黔、黔桂、贵广、沪昆过境铁路（高铁）可“通三湘、下两广”；210 国道，厦蓉、贵新高速横贯东西，再加上在建的高速道路，将有至少 10 条快速通道与贵阳市互通。

近年来，龙里县以“打造黔南区域经济开放合作样板区，建成贵阳副中心城市”为定位，以贵龙城市经济带、黔中龙溪内陆开放型经济发展先导区两大经济板块为引领，统筹推进一、二、三产业协调融合发展，有全省最大的快递物流园区、全省最大的蔬菜批发市场、全省最大的水果批发市场、全省最大的海鲜批发市场和全省最大的建材交易市场。因此，区位优势正在凸显。

4）旅游产品多样化发展较快

目前，龙里县有 AAAA 级旅游景点 1 个，AAA 级旅游景点 5 个。主要的民族节日有苗族跳月、杀鱼节、布依族三月三、布依族和苗族四月八、各民族端午节游百病等。民族民间文化深厚，民风民俗纯朴。

龙架山森林公园在龙里县城近郊，有贵州高原濒危植物繁育中心、贵州省中亚热带珍稀植物园、天保工程龙里林场示范苗圃，有以龙山梨和猕猴桃为主的观光果园。

位于县城内冠山上的紫虚观主体建筑保存尚好，由主体建筑紫虚阁、左右厢房、前殿、山门、文昌祠组成二进院式古建筑群，被列为省级文物保护单位。

2. 旅游发展中存在的问题

1）旅游资源特色体现不够充分

龙里县的全域旅游已初步成型，旅游产品有多样化发展的趋势，但是仍然以景观型旅游为主，体验型旅游的发展仍处在起步阶段，休闲度假旅游形式还需深度开发。

旅游产品特色创新不够，没有充分体现当地独特的民族文化资源特色，还存在旅游景点同质化严重的现象。

2）旅游产业化发展水平亟待提高

目前，龙里县的旅游业产业化程度仍然较低，缺乏旅游服务、旅游企业管理等专业人才。

第二节　龙里县旅游可持续发展对策建议

一、龙里县旅游发展历程

龙里县国民经济和社会发展统计公报数据显示（图 12-1），2013 ~ 2018 年龙里县旅游综合收入从 6.85 亿元增长到 53.51 亿元，旅游接待游客总量在逐年增加。统计数据表明，龙里县旅游发展较快。

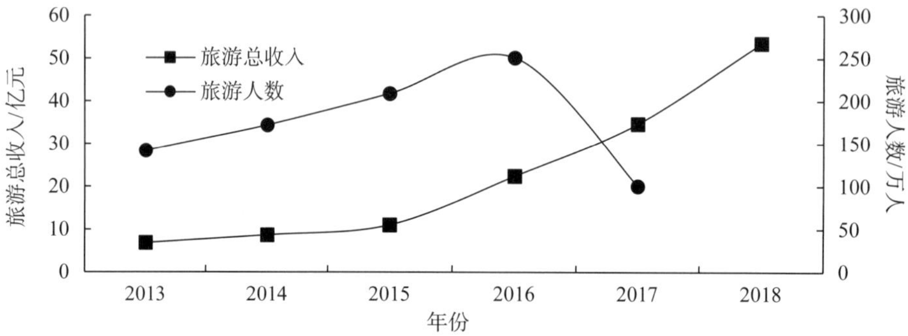

图 12-1　旅游收入与旅游人数变化

结合 A 级旅游景区数量和旅游收入水平两方面数据，分析龙里县旅游产业发展的历程。

2001 ~ 2007 年，龙里县的旅游发展处于缓慢发展阶段。旅游投入开始增加，注重了基础设施建设，旅游产业发展开始受到重视。2008 ~ 2015 年，龙里县 A 级旅游景区从无到有，旅游产业开始加速发展。2016 年以来，A 级旅游景区数量增加，A 级等次升高，旅游收入增速较快（表 12-4）。龙里县旅游发展急剧增速，呈现“井喷式”发展。A 级景区数量增加，高等级旅游景区增加较快，旅游收入大幅增加；在住宿、餐饮、旅行社等设施方面投入加大，山水游、森林游、民俗游等初步形成了规模，全域旅游得到了全面发展。

总体来看，龙里县旅游发展呈现由缓慢平稳发展到快速发展、高速发展然后提质升级转型的发展态势（表 12-5）。

表 12-4　A 级旅游景区等级级评定时间

名称	等级	评定时间
龙里县中铁双龙镇巫山峡谷旅游区	AAAA	2016 年 12 月 30 日
龙里县龙架山景区	AAA	2009 年 12 月 24 日
龙里县大草原景区	AAA	2016 年 12 月 19 日
龙里县十里刺梨沟景区	AAA	2017 年 7 月 13 日
龙里县孔雀寨景区	AAA	2017 年 12 月 18 日
龙里县贾托山风景区	AAA	2019 年 11 月 13 日

表 12-5　2014 ~ 2018 年龙里县旅游发展阶段

年份	发展阶段	发展速度	发展态势
2001 ~ 2007 年	起步阶段	缓慢	—
2008 ~ 2015 年	快速发展阶段	平稳	A 级景区数量增加，品质提升
2016 以来	提质升级阶段	快速	全域旅游深化、乡村旅游展开

二、旅游发展的对策建议

1. 利用特色优势，创新旅游产品

龙里县交通区位较好，前往贵阳、都匀等地都相对便利。但与大多数地方的旅游发展现状相似，龙里县旅游景区与其周围乡村存在分割现象，不利于全域旅游和乡村振兴的深层次发展。

将旅游开发与地产开发相结合，是龙里旅游开发的特色之一。中铁国际旅游度假区、云栖谷双龙镇等景区，均是将旅游产业和地产相结合进行开发，不仅建设出了具有特色的旅游景观，同时推动了周边地产的发展，形成了适合当地的发展模式，对当地的旅游发展起到了一定的推动作用。

2. 完善规划设计，提高游客满意度

龙里大草原和龙里油画大草原是龙里县著名的自然景观。草原景观在贵州省较为少见，且龙里大草原距离贵阳市较近，交通较为便利，适合自驾，也有公交车可到达游客服务中心。但游客服务中心距离核心景区较远，步行道路设计相对不合理，耗费游客体力，缆车等设施收费较高。景区中有关景区介绍和景区规划图的资料较少，核心景区标志不明显，让游客不能及时了解自己所处的位置。龙里大草原和龙里油画大草原让游客难以辨析，基础设施仍需完善，缺少讲解和指引，景区游线设计不合理，景观特色不突出，需要进行整合和提升。

湾滩河景区是龙里开发潜力较大的农耕文化景区，是龙里重要的粮食生产基地，有苗族、布依族传统村落分布，并有自然风景镶嵌其中，还有古营盘等历史遗存，田园风光秀丽，自然景色旖旎，历史遗迹众多，具有很高的开发价值。可以设置合理游线，将各种景观有机串联起来，在各景点之间开行公共交通（自驾容易造成拥堵和停车难等问题，同时要考虑不熟悉路况的游客），对于有特色的村寨进行保护性开发，如建设民宿等，发展住宿和餐饮，为游客提供服务；开发民族手工业、非物质文化遗产传承与体验基地，增加游客停留时间，促进非遗产品和农产品销售；在自然景观中合理设置观景台和休憩处，中间穿插茶社和小商品销售点，销售当地特色产品和饮食，方便游客需求的同时，也为当地居民提供了就业机会。

第十三章　贵定县旅游发展研究

第一节　贵定县旅游发展现状

一、贵定县概况

贵定县东邻麻江县，东北与福泉市毗连，东南连都匀市，南与平塘县接壤，西南紧靠惠水县，西北与龙里县相挨，北面与开阳县隔河相望。距省会贵阳市 80 千米，距龙洞堡机场 68 千米，距州府都匀市 96 千米，距凯里市 90 千米。

境内地下水资源丰富，且水质优良，富含多种矿物元素，为低矿化度微酸到中性淡水，县境南部的都六乡、定南乡、岩下乡等处地下水为优质矿泉水，已开发面市。

植物资源丰富，有森林、草地、农作物、药用植物、野生经济植物和珍稀名贵植物。贵定县东南部发育有常绿阔叶落叶混交林，灌木丛林、高乔木灌草丛等中亚热带类型，多为壳斗科、樟科、山茶科、栎科及高乔木等，具有中亚热带生态的明显特征；西部及北部则是阔叶林、灌丛及灌草丛等植被类型并逐步演变为次生的针叶林、针阔混交林，少量阔叶林、灌丛及灌草丛等植被类型。

二、贵定县旅游发展现状

1. 旅游发展优势

1）旅游资源丰富

杨家寨的白龙宫梦幻旅游景区是一组高质量的巧妙风景组合。位于洛北河下游，距县城 15 千米。景区内山、水、林、洞、瀑、潭、壁、谷等景观具有喀斯特地貌特征。

天然穿心桥水帘洞瀑布奇妙旅游景区，集百米落差瀑布、长天生桥洞、原始森林于一体，景区内山泉树石，幽谷溪涧，曲径通幽。附近有一前一后形如两头巨猪的猪王山、清纯恬静的莲花冲、叠瀑飞湍的簸箕冲等。与洛北河漂流中段景区相沟通，是省会贵阳市附近一组高品位、高质量的自然景观组合。

斗篷山旅游景区位于贵定、都匀、麻江三县（市）交界处的斗篷山，为国家级风景名胜区，其主峰和“天池”位于贵定县境内，海拔 1961 米，蕴藏着极其丰富的生物资源，保存着原始生态环境，具有神秘探奇性。主要景观有原始森林、天池宝鉴、瞒天幽径、怪谷野花等，是贵州不可多见的名山，具有重要的旅游开发价值。

黄龙山高原草场位于新铺乡，壮丽的高原风光、浓郁的苗族风情和精美的苗族传统蜡染刺绣服饰工艺吸引着国内外旅游者。山顶开发为独具特色的高原苗族风情旅游区、斗牛场，修建了苗族民俗文化村，使用射弩围猎狩猎，建设城市中小学生高原夏令营基地，让游客亲自参与体验高原风光苗家风情。以壮丽的高原风光、浓郁的苗族风情为显著特点，国家非物质文化遗产苗族原生态舞蹈“长衫龙”的故乡。

盘江—音寨布依族村寨是民风淳朴、风情浓郁的布依村落，是贵州省人民政府公布的首批 13 个省级民族自然保护村镇之一，是全省的乡村旅游示范村寨，已被国家旅游局命名为全国农业旅游示范点，贵定洛北河省级风景名胜区内重要的景点。2005 年，贵定县成功举办了音寨“金海雪山”旅游文化节及“贵定盘江冰脆酥李节”，极大地提升了音寨景区的知名度。通过中央电视台、贵州电视台、《香港商报》、《贵州日报》、新华网、新浪网等 30 多家媒体的宣传报道，到音寨的游客倍增。目前，音寨已树立“游金海雪山，观黔中美景，品云雾贡茶，尝盘江狗肉，购盘江酥李”为主题的一个乡村旅游特色品牌。

音寨附近的牟珠洞中有阴河、暗竹、石笋、石钟、石鼓、石佛、石鱼、石乳等喀斯特地貌，洞前犹存明嘉靖以来的古建筑遗址。历代名人曾到此游览并留下吟诵诗词，是声名远播的贵州名胜之一。

云雾湖休闲观光度假景区，位于苗岭山脉，著名的明清贡茶——云雾茶的盛产地。山腰处有清乾隆时所立的云雾贡茶碑，是省级重点文物保护单位。云雾山附近的万亩良田盛产有名的优质云雾米和优质云雾油菜籽；周围还分布着清代道光年间的犀头岩圣母堂和同治年间的云雾天主教堂，还有风景奇美的甲子屯、水口山、连珠山、谷峡山自然景观。

阳宝山宗教文化旅游景区，位于贵定县城北，早在明清时即与四川峨眉山、云南鸡足山并称为西南三大佛教名山、朝香圣地。在后山建有飞凤寺等宏大建筑群，有白云大师修身养性的仙人洞，还有塔林 100 余座，是贵州的佛教中心。具有很高的文物、艺术、历史、审美和科研价值，具有很高的旅游开发价值。

2）精品旅游线路建设逐步完善

贵定县启动了“金海雪山”景区提质升级、“稻梦空间”（二期）、金海雪山 · 四季花谷旅游景区、匠人小镇（一期）、阳宝山佛教文化旅游度假区及贵定县云雾湖体育公园等精品景区建设；已推出云雾茶旅游 + 平塘救星石、金海雪山 + 四季花谷旅游线路道路；金海雪山 + 洛北河漂流 + 阳宝山、甘溪森林公园 + 洛北河漂流 + 摆龙河湿地公园两条线路涉及的道路正在修建，将陆续推出；继续推进农家乐评星授级工作、金海雪山提质升级项目、阳宝山佛教文化旅游区开发项目，已在音寨打造了特色酒店、特色客栈；区域组合旅游线路正在规划中。

3）创新旅游宣传方式

2013 年，“以‘金海雪山’品牌为带动，着力发展乡村休闲旅游业”。建设了金南新区、“金海雪山”等五星级宾馆、布依民族展览馆。成功举办第七届“金海雪山”旅游文化节，首届贵定云雾贡茶旅游文化节，全国、全省职业院校手工制茶技能大赛，茶旅一体化和新乡村旅游点得到培育和拓展。

2015 年，组建县旅游发展管理委员会和旅游发展服务中心，贵定甘溪森林公园和摆龙河湿地公园申报国家级公园通过评审；甘溪森林公园成功列为“国家生态文明教育示范基地”；云雾镇荣获“贵州十大茶旅目的地”和“贵州十大古茶树之乡”称号。“金海雪山”乡村旅游和云雾茶旅一体化实现新提升，启动阳宝山文化旅游区建设，持续举办“金海雪山旅游文化节”“金海雪山冰脆酥李节”“云雾贡茶旅游文化节”等节庆活动，成功举办“金海雪山首届稻雕文化艺术节”。

4）社会经济与旅游产业发展相互促进

从三次产业增加值占 GDP 的比例看，产业结构基本合理，第一产业占比较少，第二、第三产业占比较大，但是第三产业增加值的增加较缓慢（表 13–1），还需积极发展第三产业，促进其产值增加比例，促使产业结构更加合理。

表 13–1　2011 ~ 2018 年贵定县产业结构变化

年份	一、二、三产业结构
2011	14.23 ∶ 47.61 ∶ 38.15
2012	13.79 ∶ 48.97 ∶ 37.24
2013	13.66 ∶ 48.20 ∶ 38.14
2014	15.14 ∶ 44.51 ∶ 40.35
2015	14.17 ∶ 44.89 ∶ 40.94
2016	13.13 ∶ 40.08 ∶ 42.79
2017	13.36 ∶ 44.66 ∶ 41.99
2018	12.77 ∶ 44.67 ∶ 42.56

从统计数据看，2011 ~ 2018 年，贵定县国内生产总值呈上升趋势，但增速逐渐趋缓（表 13–2），总体呈现平稳增加趋势。

表 13–2　2011 ~ 2018 年贵定县生产总值及增长率

年份	GDP 总值 / 亿元	增速 /%
2011	34.8080	—
2012	42.1084	—
2013	50.9025	16.3
2014	62.4164	15.4
2015	69.7895	13.83
2016	79.1132	13.70
2017	88.7630	13.20
2018	99.8983	12.30

从收入情况来看，2011 ~ 2018 年贵定县人均生产总值逐渐增加，城镇居民人均可支配收入和农民人均纯收入均呈上升趋势（表 13–3）。虽然城乡人均可支配收入存在差距，但是人均收入的增加促进了人们生活水平的提高，也促进了人们对旅游活动的需求。

表 13–3　2011 ~ 2018 年贵定县人均收入变化

年份	人均生产总值 / 元	城镇居民人均可支配收入 / 元	农民人均纯收入 / 元
2011	—	12880	4612
2012	18287	15800	5425
2013	—	18784	6190
2014	26095	20486	7197
2015	29104	22658	7989
2016	32810	24855	8851
2017	36641	27415	9763
2018	41111	30046	10797

在贵定县经济发展的基础上，旅游产品多样化发展迅速。目前有奇特喀斯特地貌的杨家寨白龙宫梦幻旅游景区、天然穿心桥水帘洞瀑奇妙旅游景区、黄龙山高原草场风光、盘江、云雾湖休闲观光度假景区、云雾山万亩茶园、云雾山附近的万亩良田、犀头岩圣母堂、甲子屯、水口山、连珠山、谷峡山等自然景观，有浓郁的苗族风情和精美的苗族传统蜡染刺绣服饰工艺、音寨布依族村寨、阳宝山宗教文化旅游景区佛教中心等人文景观。

5）加快了特色品牌建设

贵定县注重开发特色旅游资源，打造了具有民族特色的旅游产品，尤其是特色村寨建设发展较快。昌明镇文江村获评贵州省乙级乡村旅游村寨；盘江镇音寨村“金丽农家”、金南街道“大伙食团”获评贵州省四星级乡村旅游经营户；昌明镇“布依古月山庄”、金南街道“聚龙山庄”“双源农家乐”“聚泳福”酒楼获评贵州省三星级乡村旅游经营户；盘江镇“金海客栈”获评贵州省三星级乡村旅游客栈；盘江镇“金丽农家”“刘记饭店”获评黔南州铜花级乡村旅游民宿。“长桌宴山庄”获评省级精品级乡村旅游客栈；宝山街道高原村“东山苗寨”获评贵州省乙级乡村旅游村寨；盘江镇音寨村“清清农家乐”获评贵州省优品级乡村旅游客栈；新巴镇的“母鸡田寨”获评贵州省标准级乡村旅游村寨；金南街道“布衣游乐园、旺景乐园休闲山庄”，云雾镇“长寿农家乐、麒麟酒家”，新巴镇“独木河山庄、攀兴旅游休闲山庄”获评贵州省三星级乡村旅游经营户；清清农家乐、阮氏酸汤鱼、双丰楼、静宁人家获评贵州省四星级乡村旅游经营户；云雾镇东坪村长寿寨获评贵州省甲级乡村旅游村寨。

2. 旅游发展存在的不足

贵定县旅游发展迅速，但是由于发展时间较短，旅游业产业化程度仍然较低。旅游服务缺乏专业管理人才，不利于旅游业高层次的发展。

交通设施发展较缓慢，旅游景区比较分散，目前没有开发出比较完善的景区间交通线，基础设施仍有待提高。

旅游接待能力尚需提升，餐饮业、民宿等相关产业亟待丰富。

第二节　贵定县旅游可持续发展对策建议

一、贵定县旅游发展历程

贵定县国民经济和社会发展统计公报数据显示，2014 ~ 2018 年旅游综合收入从 90.14 亿元增长到 230.69 亿元（表 13-4），接待游客总量逐年增加。目前，金海雪山获评国家 AAAA 级旅游景区，阳宝山佛教文化旅游区、贵定云雾茶乡旅游景区分别于获评国家 AAA 级旅游景区（13-5）。

结合旅游总收入和 A 级旅游景区数量两方面数据，分析贵定县旅游产业发展历程。

2001 ~ 2007 年，旅游发展较为缓慢，A 级旅游景区从无到有，开始加大了旅游基础设施建设、旅游投资力度，开展多种形式的旅游营销渠道，增强了旅游品牌效应。

2008 ~ 2015 年，贵定县旅游发展快速发展。贵定县 A 级景区数量增加，高等级旅游景区增加较快，风景游、民俗游等初步形成了规模，在住宿、餐饮、旅行社等设施方面投入加大。2016 年以来，贵定县旅游呈现"井喷式"发展，A 级旅游景区数量增加，旅游产业发展较快，开始由高速发展向提质升级的模式转变（表 13-6）。

表 13-4　2011 年以来贵定县旅游收入变化

年份	旅游总收入 / 亿元	旅游人数 / 万人
2011	18.53	210
2012	19.66	305.6
2013	25.4	306
2014	31.44	370
2015	38.77	410
2016	53.50	614.14
2017	87.00	999.64
2018	96.80	1057.1

表 13-5　贵定县 A 级旅游景区等级及评定时间

名称	等级	评定时间
贵定县金海雪山景区	AAAA	2007 年 12 月 19 日
贵定金海雪山四季花谷旅游景区	AAA	2016 年 11 月 4 日
贵定县阳宝山文化旅游区	AAA	2017 年 8 月 24 日
贵定县云雾茶乡旅游景区	AAA	2017 年 12 月 18 日

表 13-6　2014 ~ 2018 年贵定县旅游发展阶段

年份	发展阶段	发展速度	发展态势
2001 ~ 2007 年	起步阶段	缓慢	
2008 ~ 2015 年	初步发展阶段	平稳加速	A 级景区增加
2016 年以来	提质升级阶段	快速	全域旅游深化、乡村旅游展开

二、旅游发展的对策建议

1. 创新旅游开发模式

贵定县旅游资源较多，有比较独特的自然和人文风光，适合综合开发模式。以巩固乡为例，其屯堡遗址的石牌坊、古驿道有较好的开发价值，可以将自然景观（空洞山）、人文景观（古道、石牌坊、古石桥、古营盘）综合起来进行开发，并适当加入当地民族特色，开发文化体验、文创园地、休闲娱乐、摄影基地。在开发过程中，可将民族服饰、农耕场景等适当引入景区，满足不同旅游爱好者的需求，但要注意避免同质化现象。

2. 增加旅游产品类型和接待模式

金海雪山、音寨和四季花谷连片性较好，以金海雪山最为著名，是贵定县代表性景点，交通比较便利，基础设施较为完备。但仍存在交通问题，比如，从高铁站到景区的公交车不能直接到达景区，如果乘坐，需要游客走 3 千米以上才能到达核心景区；县城有小巴车可以到达景区，但在旅游旺季，景区交通拥堵严重，小巴车不能按时发车和到达，影响游客的行程安排。自驾游客同样面临着交通拥堵和停车难问题，数量众多的私家车涌入景区，影响游客心情。大多数游客属于经过式游览，在当地消费较少，可以适当开发民宿提供餐饮、住宿等，为游客提供了便利条件，也增加了游客停留时间。油菜花、酥李花等季节性较强，可以适当结合民族文化、农耕文化等进行互补式开发。

阳宝山是贵定县的地标之一，有关阳宝山的传说较多，其中的古遗址和传说可以进行一定开发利用，依托靠近县城的优势，打造成县城周边的旅游景点之一。

第十四章　长顺县旅游发展研究

第一节　长顺县旅游发展现状

一、长顺县概况

长顺县位于贵州省中部，黔南布依族苗族自治州西部，属黔中经济区、黔中核心城市群、贵安新区重要拓展区和黔南"贵惠长龙"环贵阳城市经济带，是黔中经济区中离省城最近的新阶段国家扶贫开发重点县。全县辖5镇1乡1街道，共82个村（居），少数民族人口占57%。

全年平均气温15.6℃，全年最高气温32.4℃，最低气温-3.2℃，全年日照总时数1073小时，全年降水量1530.5毫米。

二、长顺县旅游发展现状

1. 旅游发展优势条件

1）旅游资源丰富

杜鹃湖国家水利风景区，位于长顺县城西北18千米，是第二批国家水利风景区，集山、水、鸟、林、泉、洞、寨于一体，是贵州唯一水上杜鹃花景区，是国家AAA级旅游景区。与贵阳、安顺成金三角之势，交通便利，与黄果树、龙宫、红枫湖等著名景区共同构成贵州西线旅游线路。景区有规模较大的高山杜鹃、中国历史名山白云山、神秘的夜郎古城——广顺夜郎古镇、乌麻河瀑布群、格凸河大峡谷等著名景点。

贵州省神泉谷景区位于长顺县城北部乌麻河流域，属典型喀斯特峰丛山谷地貌。在峡谷的平坦地带，种植有千亩花海，形成了风光旖旎的独特景观。

白云山位于长顺县白云镇北部，海拔1462米，冬暖夏凉，气候宜人。白云山风景名胜区旅游资源比较丰富，但比较分散，共有景物景观14个，面积20平方千米。白云山已被列为贵州省级文物保护单位，是贵州历史上四大佛教名山之一。

中华银杏王，位于长顺县天台上，景区内有7棵上千年树龄的古银杏树，主树高50余米，树围16.8米，树干胸径5.4米，冠幅101.4平方米，树龄4760余年，是目前国内外已知最长寿的古银杏树。古银杏树历经千年风霜，依旧枝繁叶茂，果实累累，立春则豆蔻含苞，至夏则葱绿欲滴，仲秋尤金黄可掬、璀璨炫目，冬季则玉骨琼枝，一季一景。

凤凰坝生态农业体验园，以长顺夜郎文化、长顺高钙苹果、紫王葡萄为依托，集民族文化、现代农业产业、乡村旅游、休闲观光、四季采摘等为一体的综合性现代农业生态休闲观光园。属于农业观光性质景观。

杏王山红色旅游度假区，位于贵州省长顺县广顺镇，距长顺县城 30 千米。面积约 150 平方千米，包括杜鹃湖景区、杏王山红军标语纪念馆、广顺镇天台苗族村、种获乡生联村。

广顺州署文化园，在原址进行了恢复重建，主要包括广顺州署文化园、但家花园、南城门、西城门、一河两岸景观等。城北倚马鞍山，中有玉带河，依山顺水而建，横街小巷不规则分布，玉带河自西向东穿城而过，将城分为南北两部分，有多座石桥连接。为贵州八大古镇之一。

2）经济社会发展基础较好

从三次产业增加值占 GDP 的比例看，产业结构逐步合理，但是变化不显著，尤其是第三产业增加值的增加缓慢（表 14–1）。

表 14–1　2013 ~ 2018 年长顺县产业结构变化

年份	第一产业、第二产业、第三产业增加值比例	一、二、三产业结构比例
2011	—	24.46 : 34.47 : 41.07
2012	—	21.44 : 29.88 : 48.68
2013	66986 : 90893 : 162058	≈ 20.94 : 28.41 : 50.65
2014	142310 : 546002 : 850900	≈ 25.27 : 25.27 : 49.46
2015	109415 : 118642 : 232019	≈ 23.78 : 25.79 : 50.43
2016	125964 : 130344 : 273449	≈ 23.80 : 24.60 : 51.60
2017	13.64 : 15.26 : 31.02	≈ 22.80 : 25.50 : 51.80
2018	145912 : 173179 : 357644	≈ 21.6 : 25.6 : 52.8

2013 ~ 2018 年间，长顺县国内生产总值呈上升趋势，增速逐渐趋缓（表 14–2）。

表 14–2　2013 ~ 2018 年长顺县生产总值及增长率

年份	GDP 总值（亿元）	增速（%）
2011	19.21	16.1
2012	26.54	18.4
2013	31.99	17.7
2014	41.37	15.3
2015	46.01	13.6
2016	52.98	13.1
2017	59.91	12.3
2018	67.6735	11.80

从收入情况来看，2013 ~ 2018 年间，长顺县人均生产总值逐渐增加，城镇居民人均可支配收入和农民人均纯收入均呈上升趋势（表 14–3）。

表 14-3　2013 ~ 2018 年间长顺县人均收入变化

年份	人均生产总值 / 元	城镇居民人均可支配收入 / 元	农民人均纯收入 / 元
2013	28241	18525	5826
2014	—	—	—
2015	24685	22018	7512
2016	28322	23978	8331
2017	31894	26280	9214
2018	35899	28724	10172

2013 ~ 2018 年间长顺县城镇化率增长较快，由 2014 年的 34.59% 增长到 2018 年的 54.91%（表 14-4），表明在新时代背景下新型城镇化水平在提高。

表 14-4　2013 ~ 2018 年间长顺县户籍人口及城镇化率变化

年份	户籍总人口 / 万人	城镇人口 / 万人	城镇化率 /%
2013	25.65	25083	—
2014	25.62	—	—
2015	26.31	7.46	—
2016	26.79	6.37	23.8
2017	26.87	8.13	—
2018	27.18	8.7788	—

3）旅游产品类型逐渐多样化

杏王山红色旅游度假区，包括杜鹃湖景区、杏王山红军标语纪念馆、广顺镇天台苗族村、种获乡生联村。

杜鹃湖国家水利风景区是集山、水、鸟、林、泉、洞、寨为一体的贵州唯一水上杜鹃花景区。

白云山已被列为贵州省级文物保护单位，是贵州历史上四大佛教名山之一。

“天子洞”位于潜龙阁左侧，为一天然洞。沿中一巨石平卧，传建文帝在此下榻，石床右端登七级出一洞口至山绝顶处，称白云盖顶，此洞口也称望天洞，传为建文帝登基遥望京城（今南京）思乡之处。

2. 旅游发展中存在的问题

1）旅游资源分散、旅游产品类型单一

旅游资源整合不够、旅游产品单一成为制约当地旅游业发展的重要因素。长顺县旅游产品虽然有多样化发展的趋势，许多旅游景区已初步成型，但在旅游形式、旅游产品开发方面特色不够，仍然以景观型旅游为主，体验型旅游发展仍处在起步阶段。

2）旅游产业化程度低

旅游专业人才缺乏，旅游景区分布比较分散，交通设施发展缓慢，景区间交通线不完善。

第二节　长顺县旅游可持续发展对策建议

一、长顺县旅游发展历程

长顺独特的山地风貌，宜人的生态气候，神秘的民族风情，催生了一批丰富的旅游资源。目前，有 AAA 级旅游景区 3 个，文物保护单位 24 个。长顺县重点以“一山”（白云山）、“一湖”（杜鹃湖）、“一树”（中华银杏王）、“一井”（潮井）、“一府”（广顺州府）为主，建成“全省乡村休闲旅游基地”。长顺冬无严寒，夏无酷暑，平均气温 15.7℃，是养生度假的天堂。

从长顺县国民经济和社会发展统计公报数据看，2014 ~ 2018 年长顺县旅游综合收入从 90.14 亿元增长到 230.69 亿元，旅游接待游客总量在逐年增加（表 14–5）。

结合长顺县 A 级旅游景区数量变化和旅游收入两方面，分析其旅游产业发展历程。

2001 ~ 2007 年，旅游发展较为缓慢，A 级旅游景区从无到有，旅游产业发展进入起步阶段（表 14–6）。2008 ~ 2015 年，长顺县旅游发展速度较快。期间，旅游基础设施建设、旅游投资力度加大，旅游营销形式开始多样化，旅游品牌效应开始增强。2016 年以来，长顺县呈现“井喷式”发展，A 级景区数量增加，在住宿、餐饮、旅行社等设施方面投入加大。旅游发展开始由高速发展向提质升级的模式转变。

总体来看，长顺县旅游发展呈现由缓慢发展到快速发展然后到提质升级的发展态势（表 14–7）。

表 14–5　2013 年以来长顺县旅游收入变化

年份	旅游总收入 / 亿元	旅游人数 / 万人
2013	11.79	149.68
2014	—	—
2015	17.88	214.46
2016	27.29	303.83
2017	40.27	479.40
2018	60.21	664.50

表 14–6　长顺县 A 级旅游景区等级及评定时间

名称	等级	评定时间
长顺县杜鹃湖景区	AAA	2007 年 12 月 19 日
长顺县神泉谷休闲旅游区	AAA	2018 年 5 月 16 日
长顺县凤凰坝乡村休闲旅游区	AAA	2018 年 5 月 16 日

表 14-7　2014 ~ 2018 年长顺县旅游发展阶段

年份	发展阶段	发展速度	发展态势
2001 ~ 2007	起步阶段	缓慢	—
2008 ~ 2015	初步发展阶段	加速	A 级景区增加
2016 年以来	提质升级阶段	快速	全域旅游深化、乡村旅游开展

二、旅游发展的对策建议

1. 创新发展旅游综合模式

首先，科学评价景点特色，结合产品新业态，从满足多元化旅游消费需求出发，打造精品旅游景区、特色乡村等旅游基地；深化旅游景区之间交通线的旅游功能，做到“美好景色不间断”，让顾客享受到“快行漫游”的旅游高境界；从全域旅游理念出发，优化旅游环境，“软硬”环境条件都要达标，也就是加强基础设施、旅游业态、产品和服务质量等方面的建设，达到提高旅游满意度的目的。

2. 完善优质景区建设

杜鹃湖景区是长顺县最著名的景区，其中包括面积较大的高山杜鹃、白云山及瀑布群等自然景观，夜郎古城等人文景观，因其距离安顺市和贵阳市较近，交通便利，在区位上占有优势。但杜鹃湖景区开发较为迟滞，景区设施建设不完备，公共交通不完善，风景优美但游客难以前往。在打造景区时，要首先考虑交通问题。对于自驾游客，要满足公路畅通，停车位充足；对于自助游游客，要保证有公共交通可以利用。在加强宣传的同时，开通安顺市、贵阳市到达景区的直通车，按照固定班次时间准时发车，形成规律，可以吸引更多的游客前往。

在打造景区的时候，要注重游线规划，了解游客需求，不能妄加揣测；通过社会调查，将自身独具特色的一面打造出来，如接连成片的高山杜鹃、神秘的夜郎传说等都可以作为宣传开发的重点。在打造山地景区时，要注意安全性，如贵州季节性洪水、地质灾害频发等，要注意防护。并且在游线规划时要考虑游客体力，并做好指示标志，说明步行道距离和可能导致的体力消耗，提醒游客做好准备。

广顺州署文化园是近年来打造的古文化街区，其建筑具有地方特色，历史文化浓厚，游客评价较好。其交通相对便利，从贵阳、黔南州等地有班车可以前往，但其宣传不够，且后期维护较为迟滞。亟待提高旅游景区开发的深度和维护力度。

第十五章　荔波县旅游发展研究

第一节　荔波县旅游发展现状

一、荔波县概况

荔波县地处云贵高原向广西丘陵过渡地带，东南与广西壮族自治区的环江、南丹县毗邻，是大西南面向大华南、大岭南的交通咽喉，也是贵州南下出海最近的通道。全县总面积2431.8平方千米，辖1个办事处5镇2乡，94个行政村，6个居委会，少数民族人口占92.7%，主要有布依、水、苗、瑶等少数民族。荔波是中共一大代表邓恩铭烈士的故乡，国家AAAAA级旅游景区，拥有"中国南方喀斯特"世界自然遗产地和"世界人与生物圈保护区"两张世界级品牌，被誉为"地球绿宝石"和"全球最美喀斯特"，成功列入国家首批创建全域旅游示范区、全省创建全域旅游示范县，先后荣获全国文明县城、国家生态示范区、中国十大森林、中国森林氧吧、中欧绿色和智慧城市、国际王牌旅游目的地、中国最具投资潜力的旅游目的地等荣誉称号。

二、荔波县旅游发展现状

1. 旅游发展的优势条件

1）旅游资源丰富

旅游资源极其富集。荔波生态良好，气候宜人，集山、林、洞、湖、瀑、险滩、急流于一体，浓缩了贵州山水风光的所有精华，森林覆盖率达69.55%。民族文化资源古朴神秘。

大小七孔景区是樟江风景名胜区的四大风景片区之一，地处贵州高原南缘地带。景区集林、洞、湖、石、水等多种景观于一体，玲珑秀丽，享有"超级盆景"之誉。景区以精巧、秀美、古朴、幽静著称，移步换景，令人耳目常新。风景优美，被称为"地球腰带上的绿宝石"。世界自然遗产，1988年被列为国家级自然保护区、国家AAAAA级旅游景区。

茂兰国家级自然保护区位于贵州省荔波县南部。主要保护对象为亚热带喀斯特森林生态系统及其珍稀野生动植物资源，森林覆盖率达88.61%，是地球同纬度地区残存下来的一片面积最大、相对集中、原生性强、相对稳定的喀斯特森林生态系统。系国家级自然保护区、世界生物圈保护区、“中国二十二条最佳生态旅游线路”之一、“中国最美的森林”、“中国南方喀斯特”世界自然遗产地、全国科普教育基地。

荔波万亩梅园地处贵州最南端的荔波县洞塘乡境内、茂兰自然保护区一侧，距荔波县城约 30 千米。与周围的苍翠绿海与碧峰万顷的世界遗产喀斯特原始森林连成一片。

荔波古镇坐落在贵州省荔波县玉屏镇建设村南门坝上菜园，是一处仿古旅游综合体项目。这里是一个融中国古典建筑、园林艺术、贵州荔波民族文化传承保护和展演为一体的，集旅游、运动、商务、休闲娱乐、商业及配套住宅于一身，涵盖吃、住、行、游、购、娱六大要素的民族文化旅游综合体项目。国家 AAA 级旅游景区。

荔波瑶山古寨为国家 AAA 级旅游景区。是中国最后一个持枪部落，至今有些地方仍保留着“刀耕火种”的原始耕作方式和原始粗犷的风俗，被誉为“原始社会遗存的活化石”，而白裤瑶也被人类学家称为“东方印第安人”，是一个古老民族文化与现代文明交相辉映的旅游胜地。

尧古寨位于永康乡西南部，处于世界遗产地的核心区，距县城 18 千米。全寨共有 63 户 234 人，全部为布依族。尧古寨群众以布依风情建筑、民族文化资源等形式入股成立荔波及省内首家乡村旅游专业合作社——“尧古村旅游专业合作社”，并成立了由群众组成的民间舞蹈表演队和傩戏表演队，为寨子增添了不少文化底蕴。房屋是具有布依族风格的干栏式建筑，俗称“吊脚楼”。民族节日有“四月八”“六月六”“七月半”等。有一座上百年的造纸作坊，至今保留着以山竹为原料的原始造纸技术。民族特色浓厚，商业开发较少。

梦柳布依风情小镇是一个新建的仿古小镇，它紧临小七孔景区。小镇上客栈很多，各种服务设施也很到位。住在这里，非常方便游览大小七孔景区。主要为大小七孔游客提供住宿和餐饮等服务开发出来的具有布依族风味的小城镇。

邓恩铭烈士故居是贵州省文物保护单位、贵州省爱国主义教育基地、贵州省全民国防教育基地，位于荔波县向阳中路 32 号。室内陈列着烈士少年时代用过的笔、墨、砚台、墨盒、玉首饰、幅符、衣架、马灯、家信等实物，以及介绍烈士生平和革命事迹的图片、资料。故居内还保存着邓恩铭少年时代用过的木床、桌子、椅子、凳子、石磨、药碾、八挂钟等遗物。

2）全面挖掘优质旅游资源

近年来，荔波县紧紧围绕“世界知名、国内一流的旅游目的地和休闲度假胜地”的战略定位，大力实施全域旅游战略，推动旅游业持续井喷式增长。

荔波生态良好，气候宜人，集山、林、洞、湖、瀑、险滩、急流于一体，浓缩了贵州山水风光的所有精华，旅游资源极其富集。负氧离子每立方厘米最高可达 18 万个，年平均气温在 18℃左右，冬无严寒，夏无酷暑，是一个天然氧吧、天然基因库。境内有全县拥有国家AAAAA级樟江风景名胜区、国家级茂兰自然保护区、水春河漂流、黄江河国家级湿地公园、瑶山古寨景区、四季花海和寨票、水浦、大土民宿等景区景点及分布在全县各地的300多个古朴的适合开发旅游的村寨。景区目前已开发57个景点，经专家考证达到世界级的6个、国家级的25个。

荔波是中共一大代表邓恩铭的故乡、革命老区，现有邓恩铭故居、板寨红七军会师旧址、打响贵州抗日第一枪的黎明关旧址等全国革命遗址12个，是红色文化体验基地和爱国主义教育基地，红色文化底蕴深厚。

荔波是一个少数民族聚居县，民族节日多姿多彩，民族风情古朴浓郁。玉屏水浦和瑶山董蒙等省级民族保护村寨，“水书”和“布依文”入选国家珍贵古籍名录，《猴鼓舞》和《打猎舞》入选省级非物质文化遗产名录，有热烈诙谐的布依族婚礼唱“朗外”、盛大非凡的水族“卯坡”对歌、自由纯朴的苗族婚恋、古朴神秘的瑶族凿壁谈婚和抢腰带等民族习俗，富有悠远古朴的特色。

3）基础设施建设稳步推进，区位优势凸显

交通环境日益顺畅便利，综合立体交通体系正在形成。“独山至荔波至环江、三都至荔波至南丹”“一纵一横”高速公路已纳入省、州“十三五规划”并提前实施建设，荔波将迎来高速交通时代，形成以荔波为中心的南部旅游乃至贵州南部旅游的集散中心，以便利通畅的大交通带动旅游全面提质升级。

“两高两航”综合立体交通体系逐步形成，交通便利。荔波县城距省会贵阳220千米，车程不足3小时，距广西南宁市420千米，车程5小时。随着荔波机场正式通航、麻驾高速、驾荔高速公路全线贯通，省道206、省道312完成改扩建通车，贵南高铁、三荔高速、机场改扩建、樟江航运开工建设，荔波交通优势得以明显提升。先后开辟广州、南宁、长沙、贵阳等航线。

随着贵广高铁开通、驾荔高速正式通车，荔波县旅游产业出现淡季不淡、旺季爆棚的“井喷”景象。“贵南高铁”过境荔波并设站，开启了荔波“高铁旅游目的地”新时代，省、州“十三五规划”实施建设，形成了全域旅游的大环线、小环线、网络线，构建“陆空并进、内优外快”的立体旅游交通体系，为将荔波打造成为黔桂旅游中心城市和游客集散地，促进荔波全域旅游作支撑。

4）旅游经济效益不断提升

近年来，荔波县经济社会发展提速、综合实力提升较快。基础设施明显改善、发展环境最大优化、城乡面貌变化巨大、人民群众得到实惠最多。增比进位综合测评2014、2015、2016、2017连续4年在全省同类县市位列第一名，主要经济指标均保持两位数增长。2017年在省考核同类方阵中，营商环境指数排位第一。并连续4年全州营商环境排名第一。

从三次产业增加值占 GDP 的比例看，产业结构较为合理，尤其是第三产业增加值占比较高，但增加缓慢（表 15–1）。

表 15–1　2014 ~ 2018 年荔波县产业结构变化

年份	第一、第二、第三产业增加值比例	一、二、三产业结构
2014	84285 ∶ 121470 ∶ 209151	≈ 20.31 ∶ 29.28 ∶ 50.41
2015	87597 ∶ 129214 ∶ 236208	≈ 19.34 ∶ 28.52 ∶ 52.14
2016	89044 ∶ 140057 ∶ 275694	≈ 17.64 ∶ 27.75 ∶ 54.61
2017	97803 ∶ 155924 ∶ 309705	≈ 17.36 ∶ 27.67 ∶ 54.97
2018	103381 ∶ 176800 ∶ 337240	≈ 16.74 ∶ 28.64 ∶ 54.62

2011 ~ 2018 年，荔波县国内生产总值呈上升趋势，增速逐渐趋缓（表 15–2），社会经济在平稳增加。

表 15–2　2011 ~ 2018 年荔波县生产总值及增长率

年份	GDP 总值 / 亿元	增速 /%
2011	20.88	15.5
2012	27.47	16.9
2013	32.74	16.7
2014	41.49	15.5
2015	45.30	13.3
2016	50.48	12.5
2017	56.34	11.9
2018	61.74	9.30

从收入情况来看，2014 ~ 2018 年荔波县人均生产总值逐渐增加，城镇居民人均可支配收入和农民人均纯收入均呈上升趋势（表 15–3），为旅游业发展提供了经济基础。

表 15–3　2014 ~ 2018 年荔波县人均收入变化

年份	人均生产总值 / 元	城镇居民人均可支配收入 / 元	农民人均纯收入 / 元
2014	32618	21057	6916
2015	35620	23247	7670
2016	39492	25479	8452
2017	43542	27925	9314
2018	46986	30363	10246

5）旅游产品品牌效应逐渐凸显

荔波县至今保存着的世界上面积最大的喀斯特原始森林，其间居住着布依、水、瑶等少数民族。因地处中亚热带南缘，加之喀斯特地貌生境复杂多样，森林生态空间广阔，蕴含着丰富的动植物种类及遗传种质资源。各种森林植物、各类动物及部分大型真菌，共有 4000 余种。除有大量的国家重点保护的珍稀濒危动植物外，由于喀斯特地貌和特殊生境，产生了许多新的特有物种，茂兰古老孑遗植物如被誉为植物界的“大熊猫”单性木兰，在全世界几乎灭绝的情形下，在茂兰还保存着 2 万余株；特种植物如荔波大节竹、荔波鹅尔枥、荔波球兰、荔波唇柱苣苔等；钙生植物较多，是亚热带喀斯特地貌上生物多样性保存最为完好的一块宝地，是一个巨大的生物资源“基因库”。野生动物丰富奇特，珍稀濒危动物中国家一级保护动物有云豹、蟒、白颈长尾雉、林麝、中华秋沙鸭 5 种，二级保护动物有猕猴、黑熊、穿山甲、白鹇、虎纹蛙等 100 余种；洞栖和岩栖动物如翼手目、啮齿目的鼯鼠科等种类；特有动物等。同时，也产生了许多动物新种和特有种。

荔波县具有古朴多元的民族文化。水书是古代水族先民用类似甲骨文和金文的一种古老文字符号，记载水族古代天文、地理、民俗、宗教、伦理、哲学、美学、法学、人类学等的古老文化典籍。它所涵盖的内容充分展示了水族人民的智慧，至今都深深地影响着现代水家人生产、生活的方方面面。2002 年 3 月，水书纳入了首批“中国档案文献遗产名录”。历史悠久的布依古法造纸，在尧古寨已开展了体验式古法造纸项目。荔波的布依族、苗族、水族、瑶族村寨中，几乎每家都有一台木质的织布机，用自种棉花纺线、织布，利用蜡染手艺制作各种图案的扎染土布。

旅游发展改变了曾经靠山吃山的村民们上山砍柴、狩猎的原有生存方式，大批年轻人走出大山，大量游客走进大山，促进了文化交流和传播。

6）政策优势

荔波县旅游发展政策对其旅游产业发展具有重要的推动作用。在旅游业全球化发展的大背景下，抓住中国新时代社会主义新农村建设的发展契机，在国家、省、州等政策支持下，荔波县旅游产业获取较快发展，在提质增效、转型升级等方面效果较好，旅游效益显著。

2007 年，荔波县作为“中国南方喀斯特”的重要组成部分被列为《世界遗产名录》，成为世界自然遗产。2016 年底，著名旅行杂志《孤独星球》评选出了年度最触动心灵的 15 张风景照，荔波小七孔上榜。不断提升的知名度和丰富的旅游资源，不仅为荔波带来了游客，也为荔波带来了更多政策支持。贵州省、黔南州、荔波县等各级相关政策为荔波旅游发展提供了强劲的动力。

2014 年，全面抓好旅游规划和营销策划，打造旅游升级版，加快景区扩容提质。瑶山景区、茂兰景区加快建设，成功打造全省首个生态汽车露营基地，甲良思凡谷、兰鼎山森林公园等 10 个新景区（点）开发有序推进，乡村旅游蓬勃发展。

2015 年，依托丰富的旅游资源优势，努力打造荔波旅游升级版，围绕旅游服务产业、服务经济，统一旅游宣传形象定位，打造荔波旅游品牌，不断扩大旅游市场营销。

2016 年初，贵州省政府批复同意荔波县创建全域旅游示范县。2018 年发布的《中共贵州省委　贵州省人民政府　关于加快旅游业发展的意见》提出，“在不断完善现有景区、景点设施，提高品位的基础上，按照统一规划，努力建设和推出一批交通便捷、环境优美、安全舒适、服务优良，在全国旅游市场上影响大、竞争力强的旅游景区、景点和旅游路线”，“加快建设和完善一批喀斯特地质地貌等各种类型的博物馆”，并明确提出“将荔波等县建成‘中国优秀旅游县’”；在基础设施建设等方面，也对荔波发展明确提出“建成荔波等支线机场”等。其中，“做好旅游规划”，“加快旅游交通设施建设”，“完善旅游配套服务设施、加强旅游景区生态建设和环境保护，抓好旅游城镇和旅游沿线环境综合整治工作”，“整顿和规范旅游市场秩序，全面提高旅游业服务质量”，“加大旅游宣传促销力度，进一步开拓国内外旅游客源市场”，对荔波知名度提高，旅游形象提升，国内外游客数量增加，游客出游便捷度、舒适度提高，荔波景区及周边发展具有重要推动作用。“加大对旅游业的投入”，“拓展旅游项目融资渠道”，“实行土地使用优惠政策”，“实行税费优惠政策”，“深化旅游管理体制改革”，“扩大旅游业对内对外开放”，“发挥价格杠杆的调节作用”，“在全社会营造支持、关心旅游业发展的氛围”等政策，为荔波旅游发展提供了新的契机，吸引来更多的旅游开发企业，带来先进的开发理念，对荔波进行合理开发，推动景区提质升级，促进景区周边开发，增加游客停留时间，提高荔波知名度，增加旅游收入，推动旅游更好、更快发展。

2017 年，全域旅游优化升级，景区提质扩容项目成功，宾馆酒店、可接待床位、乡村旅游接待单位、旅行社及分社、旅游专业合作社、旅游食品经营户、旅游从业人员等增加较快。

2018 年，旅游经济快速发展，服务业发展水平进一步提高，住宿餐饮业发展明显。

作为知名旅游目的地，黔南州相关文件政策对荔波县发展有着更明确的规划。《黔南旅游业“十三五”发展规划》，提出，建设以荔波为龙头的世界遗产和天文地质奇观综合旅游区，作为全州三大重点综合旅游区之一，将荔波作为一级旅游集散地；加快荔波等县市的旅游交通体系建设，在荔波小七孔等建立重要的国际旅游集散中心；形成贵阳—都匀—三都—荔波高速公路沿线的自驾车旅游智慧旅游示范线路；加大旅游市场开发力度，推动荔波梅花节等赏花游等相关政策。积极推荐荔波县创建全域旅游示范县。

2019 年，《黔南州关于支持和鼓励发展研学旅行实施方案》提出的“世界自然遗产线路”“民族文化线路”“红色文化线路”都与荔波有关。充分体现了荔波旅游在黔南州旅游中的重要程度及政策关注程度。

经过多年探索，荔波县逐渐形成了“545”的全域旅游发展体系，出台了《关于实施全域旅游发展战略的决定》和《荔波全域旅游发展战略规划》，制定了一系列政策措施，对当地旅游发展的具体措施，如《荔波县关于支持“旅游民宿业”发展优惠办法》等，对相关产业给予资金保障、政策优惠和服务保障。

《黔南日报》在《荔波县实施全域旅游战略推动旅游业“井喷式”增长》中指出，各项政策措施的提出，优化了旅游发展环境，营造了“政府主导、企业主体、市场运作、部门联动、全民参与”的大旅游格局。同时，组建成立荔波县旅游发展委员会、旅游法庭、旅游警察大队等，切实构建旅游发展体制机制。试行旅游投诉先行赔付制度，建立了“快处快赔”“基金”，全面推进“明码实价·诚信荔波”体系创建；建立 110 社会应急联动机制，着力构建了“快审快结、快处快赔”的旅游纠纷速裁模式。

近年来，荔波县全面优化了旅游环境，注重支持旅游基础设施建设和生态环境改善，正逐步把旅游产业培育成战略性支柱产业和优质现代服务业，促进荔波县发展成为在旅游业带动下多业融合、人地和谐的生态型文化旅游地。

2. 旅游发展中存在的问题

1）旅游产业综合水平亟待提高

随着旅游产业迅速发展，荔波县旅游接待能力逐渐增长，但是在星级饭店、餐饮业种类和民宿产业等方面还需加大力度，尽量避免同质化现象，做出自己的特色。

近年来，荔波县旅游产业发展水平提高较快、效果较好，但横向比较而言，其旅游业产业化程度仍然较低，从事旅游服务业的人员职业素养有待提高，旅游管理专业人才缺乏，制约了旅游产业综合水平的高层次提升。

2）周边旅游市场竞争激烈

荔波县旅游发展相对于旅游发展成熟区域还存在一定问题，如“全域旅游”发展模式、旅游资源开发等方面，与广西、黔东南、贵阳市、黔西南等区域的旅游产业相比，存在同质化现象。

广西山水旅游、黔东南州的民族民俗文化等在国内外享有盛名，而荔波县很多有特色的旅游资源就某些方面看，还处于旅游发展的起步阶段，必然受到旅游竞争带来的威胁。

第二节　荔波县旅游可持续发展对策建议

一、荔波县旅游历程

荔波县国民经济和社会发展统计公报数据显示，2014 ~ 2018 年荔波县旅游综合收入从 90.14 亿元增长到 230.69 亿元（表 15-4），接待游客总量逐年增加。统计数据表明，旅游业呈现较快发展态势，旅游发展效果较好。

2001 ~ 2007 年，荔波县旅游发展处于缓慢发展阶段。2008 ~ 2011 年，旅游投入逐渐增加，基础设施建设加快，荔波县 A 级旅游景区实现了从无到有，旅游发展开始加速（表 15-5）。期间，荔波县将发展旅游作为经济发展的重要举措，加大了旅游基础设施建设，加大了旅游投资力度，开展多种形式的旅游营销渠道，增强了旅游品牌效应。

2015 年以来，荔波县旅游快速发展，呈现“井喷式”发展态势。A 级景区数量迅猛增加，高等级旅游景区增加较快，山水游、森林游、溶洞游、民俗游等初步形成了规模，入境游客数量增加较快。荔波县旅游发展由高速发展向提质升级的模式转变（表 15-6）。

总体来看，荔波县旅游发展呈现由缓慢发展到快速发展然后到提质升级的发展态势。

表 15-4　近年来荔波县旅游收入变化

年份	旅游总收入 / 亿元	旅游人数 / 万人	国内旅游人数 / 万人	入境旅游人数 / 万人
2014	54.90	636.80	—	—
2015	67.47	780.69	—	—
2016	77.93	881.28	578.66（外省）	13.95
2017	105.57	—	729.69（外省）	0.2900
2018	141.86	1615.63	—	—

表 15-5　荔波县 A 级旅游景区等级及评定时间

名称	等级	评定时间
荔波樟江旅游景区	AAAAA	2015 年 7 月 13 日
荔波县瑶山古寨景区	AAAA	2011 年 12 月 18 日
荔波古镇景区	AAA	2016 年 1 月 4 日
荔波县恩铭故里景区	AAA	2017 年 8 月 24 日
荔波寨票渔隐民宿景区	AAA	2017 年 8 月 24 日
荔波县佳荣大土苗寨景区	AAA	2017 年 12 月 18 日
荔波县梦柳布依风情小镇景区	AAA	2017 年 12 月 18 日
荔波县瑶麓青瑶古风园景区	AAA	2017 年 12 月 26 日
荔波县万亩梅原景区	AAA	2019 年 11 月 13 日
荔波县布洛亚景区	AAA	2019 年 11 月 13 日

表 15-6　2000 年以来荔波县旅游发展阶段

年份	发展阶段	发展速度	发展态势
2001 ~ 2007 年	起步阶段	缓慢	—
2008 ~ 2011 年	初步发展阶段	平稳加速	A 级景区数量增加
2015 年以来	提质升级阶段	快速	全域旅游深化、乡村旅游展开

二、旅游发展的对策建议

1. 创新旅游新业态

荔波县属于黔南旅游及贵州旅游的标杆，现有的大小七孔景区和茂兰景区是知名旅游目的地，具有很高的知名度，品牌效应较好。

荔波县在旅游发展中创造了很多成功模式，但是仍然存在旅游景区与普通乡村之间的分割现象，不利于实现全域休闲化、景观化和旅游化。因此，亟需提升服务体系，创新旅游业态，积极促进旅游产业转型发展。

荔波县旅游开发模式应该从旅游产品新业态出发，扩大旅游产品的供给广度和深度，从满足多元化旅游消费需求出发，打造精品旅游景区、特色乡村体验基地等，促进旅游产业均衡分布；加强旅游景区间的交通设施便利化，满足外地游客的“快行慢游”；优化旅游环境，提高满意度。

2. 以游客为主体，注重完善细节

大七孔景区作为荔波县旅游的代表，风景优美，具有代表性。开发较早也较为完备，路线设计较为合理，游客集散分流等经过了合理规划。县城客运中心有固定班次巴士前往，方便快捷。现大、小七孔合并，门票有效期为两日，游客游览时间需要 1.5 ~ 2 天，现在游客服务中心附近新建的梦柳布依风情小镇可为游客住宿、餐饮、娱乐等活动提供保障，并有从游客中心发往西江千户苗寨等地的大巴车，极大地方便了自助行游客。

每年前往大小七孔的游客众多，景区出口较多，建议在每个出口处标明此出口的乘车难易程度、前往县城或周边景区的快捷方式等，方便游客选择。

茂兰保护区也是荔波的另一张名片，其原始森林、万亩梅园等美丽的宣传图片给众人留下了深刻的印象。其本身景区面积较大，各类风景较多，人为开发较少，比较适合自驾、探险、徒步爱好者前往游览。但各景点信息更新不及时，尤其是夏季，道路被冲毁或阻断等自然灾害导致景点关闭时有发生，但景区通报相关信息不及时，游客耗费很长时间到达心仪景点之后发现关闭，会导致对景区好感度降低。针对此类情况，景区可借助贵州大数据发展，建立相关信息平台，通过视频监控、设置专人巡查等，逐日发布景区内各景点信息，便于游客及时调整行程；并可将此平台扩展为游客网上购票、包车、向导雇佣等多功能旅游平台。

3. 尊重历史，注重本色开发

荔波县城中的邓恩铭故居、荔波古镇等景区极具特色。邓恩铭故居作为著名的红色旅游景区，带动了周边的发展。邓恩铭故居和荔波古镇之间距离并不远，二者连线之间有永济泉（风格罕见的古水井）、古建筑（当地典型木结构建筑民居）、古街巷（残存有时代特色标语）等遗迹，可适当对中间地段进行开发，将二者有机联系起来，增加游客游

览地点，延长游客停留时间，销售当地特色产品、提高经济收益。在新建文化街区的同时，注重对原有老建筑、遗迹等的保存，做到新旧结合，风格统一。不能拆旧建新，切断历史脉络。

在荔波县周边，有很多少数民族村寨，诸如瑶族瑶山古寨、尧古布依寨等村寨，建筑、服饰、风俗等都极具民族特色，有很大的开发潜力。有部分村寨正在尝试进行开发，但调研期间发现效果并不如想象中的好。荔波县少数民族村寨开发，首先，需要解决的是交通问题，外来游客大多是以自助游为主，需要借助当地公共交通前往各景区。首先，让游客可以有车到达，并严格按照公布的班次进行发车。其次，进行保护性开发，最大程度对原有建筑、民俗等进行保护，尽量不破坏原始面貌。再次，可适当根据游客观赏、拍摄需求，增加农耕、纺织、庆祝等活动，并收取一定费用，来维持景区运行，并调动居民积极性，提高居民收入。

荔波县旅游开发潜力依然巨大，可对现有景区进行整合提升，对旅游资源进行宣传开发，逐步提高荔波旅游专业化水平。

第十六章　三都水族自治县旅游发展研究

第一节　三都水族自治县旅游发展现状

一、三都水族自治县概况

三都水族自治县是全国唯一的水族自治县，位于贵州省黔南布依族苗族自治州东南部，地处“月亮山、雷公山”腹地。东邻榕江县、雷山县，南接荔波县，西至独山县、都匀市，北连丹寨县。县境内大小河流 43 条，水力资源丰富，穿境而过的都柳江，是县内最大的河流，也是珠江的重要支流，极具电力、水运、旅游开发潜力。

三都水族自治县属中亚热带湿润季风气候类型，夏长冬短，春秋分明，夏无酷暑，冬无严寒。由于地形地貌、海拔高度的复杂影响，形成了三都水族自治县气候在地域上的差异，全县分为温热、温暖、温和 3 个气候区域。年平均气温为 18.2℃，最冷月平均气温为 7.8℃；最热月平均气温 26.6℃。年平均降水量 1326.10 毫米，平均降水日数为 171 天，占全年总日数的 46.80%，主要集中在 4 ～ 9 月。年平均日照时数 1131.40 小时，年平均无霜期 316 天。

有铜、铁、煤、汞、金、锑等 20 余种矿产，有鱼类 30 多种，都柳江所产的优质淡水鱼类在省内外素有盛名。

有九阡酒、九阡李、水晶葡萄、香猪、生态鸽、优质大米、竹笋、无公害蔬菜等名优特农产品，远销珠三角、川、渝、湘等省（市）和地区，是珠三角地区的“菜篮子”和“果盘子”。

三都水族自治县素有“像凤凰羽毛一样美丽的地方”之美誉，荣获“中国水晶葡萄之乡”“中国赛马之乡”“中国民间文化艺术之乡”“全国老年气排球之乡”等称号。水书习俗、水族端节、水族马尾绣、水族剪纸已列入首批国家级非物质文化遗产名录。水族马尾绣荣获“国家地理标志保护产品”称号。

二、三都水族自治县旅游发展现状

1. 旅游发展优势条件

1）生态良好，资源丰富

三都水族自治县的生态环境良好。境内生态保存完好，山清水秀，景色宜人，气候温润，全县森林覆盖率达到70%以上，是贵州省十大重点林区县之一，境内负氧离子浓度为每立方厘米1～5万个，荣获“中国森林氧吧”“中国生态魅力县”等称号。美丽的都柳江穿境而过，有秀甲西部的绿色明珠——尧人山国家级森林公园，有百里画廊——都柳江省级风景名胜区，有贵州十大魅力旅游景区、国家AAA级旅游景区——姑鲁产蛋崖。

三都水族自治县有独具特色的民族风情。境内居住有水、苗、布依、侗、瑶等少数民族，民族风情浓郁而独特；有中国象形文字的活化石——水书，有中国刺绣艺术的活化石——水族马尾绣，有世界上最长的年节——水族端节，有古老的东方情人节——水族卯节，有神秘的水族敬霞节、苗族吃新节、布依族小年节等节日；有水族铜鼓舞、斗角舞，苗族芦笙舞、古瓢舞，还有荣获中国舞蹈“荷花奖”银奖、多彩贵州金黔奖的原生态舞蹈——苗族“踩月亮”；有都江怎雷、九阡水各、普安高硐、拉揽排烧等一批特色旅游村寨，还有历史遗迹都江古城垣、水龙引朗石板墓群等。

姑鲁寨产蛋崖景区位于三都水族自治县三合镇姑鲁寨。据当地老人讲，每隔一段时间就会从山崖上自动掉落出与恐龙蛋相似的‘石蛋’，正如山崖下蛋，因此被称为产蛋崖，是奇特的地质遗迹。

尧人山国家森林公园位于三都水族自治县城东南12千米，方圆350平方千米。公园内峰岭连绵、幽谷叠翠、山高谷深、瀑布众多，原始森林浩瀚无垠，野生动物种类繁多，生长着香榧、桫椤、银杏、紫檀、鹅掌楸、南方红豆杉等多种珍树灵草；栖息着豹、猴、鲵、白鹇、红腹锦鸡等37类罕见野生动物。

怎雷寨位于三都水族自治县都江镇东部，距县城41千米，已有300多年历史，是一个民族文化原生态保留十分完好的村寨。村寨背靠青山，前临深涧，层层梯田由山脚累级而上，气势恢宏。寨中民宅多依山而建，均坐东向西，屋架有穿斗抬梁混合式和穿斗式两种，屋面多以小青瓦覆盖，也有少许草顶、树皮顶。2010年12月，被国家建设部和文物局命名为“中国历史文化名村”。

三洞乡作为水族文化、语言中心，有着悠久的文化艺术和独特的民族风情，马尾绣工艺独树一帜，远近闻名，水历、水书是水族人民宝贵的文化遗产，“端节”是水族的传统节日。旅游景点有雪花洞瀑布、仙人桥、猫石、亿万山、帽合山等，民族活动有赛马、对歌。

排烧苗寨位于三都水族自治县三合街道拉揽社区东面的尧人山国家森林公园腹地，距三都水族自治县城19千米。排烧村是全州最古老和保存最为完好的自然村寨，山寨古朴自然，地势高远雄浑，民居依山而建，错落有致，民居一律为木制结构吊脚楼，木房有雕花窗子、“美人靠”式栏杆的苗族风格建筑。整个山寨浑然天成，寨中树竹掩映，周围山水秀美，风光旖旎，被外国友人称赞为“天地连接的村庄”。2012年12月19日，被列入“中国传统村落”名录；2015年9月22日，排烧村成功入选10个省级示范性“民族文化旅游村”重点保护单位；2017年10月30日，中国人类学民族学研究会苗学研究专业委员会挂牌“排烧苗寨古村落田野调查与研究基地”。

2）经济稳步发展

从三次产业增加值占 GDP 的比例看，产业结构逐步合理，但一、二、三产业比例变化缓慢（表 16–1）。相对而言，第一产业产值比例较大，第二产业产值比例较小，第三产业产值比例增长缓慢。

表 16–1　2013 ~ 2018 年三都水族自治县产业结构变化

年份	第一、第二、第三产业增加值比例	一、二、三产业结构
2013	76838 ：55673 ：200702	≈23.06 ：16.71 ：60.23
2014	130544 ：66403 ：240465	≈29.84 ：15.18 ：54.98
2015	135603 ：74831 ：278948	≈27.71 ：16.29 ：57.00
2016	174178 ：85924 ：325324	≈29.75 ：14.68 ：55.57
2017	191420 ：106790 ：374719	≈28.45 ：15.87 ：55.68
2018	206313 ：126863 ：429787	≈27.04 ：16.63 ：56.33

2014 ~ 2018 年，三都水族自治县国内生产总值呈上升趋势，增速逐渐趋缓（表 16–2），国民经济平稳增长。

表 16–2　2014 ~ 2018 年三都水族自治县生产总值及增长率

年份	GDP 总值 / 亿元	增速 /%
2014	43.7412	14.2
2015	48.9382	13.2
2016	58.5426	12.3
2017	67.2929	12.4
2018	76.2963	11.30

从收入情况来看，2013 ~ 2018 年，三都水族自治县人均生产总值逐渐增加，城镇居民人均可支配收入和农民人均纯收入均呈上升趋势（表 16–3）。为旅游产业发展提供了良好基础条件。

表 16–3　2013 ~ 2018 年三都水族自治县人均收入变化

年份	人均生产总值 / 元	城镇居民人均可支配收入 / 元	农民人均纯收入 / 元
2013	28241	18424	5751
2014	/	20167	6758
2015	18281	22204	7501

续表

年份	人均生产总值 / 元	城镇居民人均可支配收入 / 元	农民人均纯收入 / 元
2016	—	23980	8289
2017	24942	26282	9151
2018	28176	28700	10066

3）区位优势逐渐凸显

三都水族自治县的交通区位优越。县城距州府都匀市 40 千米、省府贵阳市 120 千米、广州市 600 余千米，境内有 G321、S206、S205、S204 等公路干线，厦蓉高速公路、三荔高速、荔榕高速和贵广高速铁路横贯东西南北，并设置匝道口和高铁站，乘高铁到都匀市仅需 12 分钟，到贵阳市仅需 50 分钟，到广州市仅需 4 个半小时，余安高速、永兴铁路等在建，形成了集高速、高铁、铁路、公路于一体的交通网络。

从旅游区位优势看，东邻贵州民族风情重点区域黔东南州，南接世界自然遗产地荔波，北与全国优秀城市都匀相连。“两高”开通后，其交通区位优势凸显。发达的交通条件和良好的区位优势，为三都融入黔中经济区、长株潭经济区、珠三角经济区提供了便捷条件，使三都具备了通江达海、走向世界的现代经济发展基础，珠三角地区将成为重要的客源地。

4）旅游产品逐渐多样化

三都水族自治县拥有古朴迷离的民俗民风和令人神往的自然景观，旅游资源别具特色。在人类发展的历史长河中，水族人民在长期的生产生活实践中，创造了丰富多彩的民族文化和独特的民族风情，水族有自己的语言、文字和历法，有“端节”“卯节”等传统节日，水书被誉为“中国象形文字的活化石”。民歌形式多样，有双歌、单歌、蔸歌、调歌、诘歌等。有粗犷奔放的斗角舞，庆祝丰收的铜鼓舞，庄严的水族祭祀仪式，有古朴典雅的“干栏式”建筑，有工艺精湛、闻名遐迩的水族马尾绣、剪纸、服饰和风味独特的传统饮食，有一泻三迭的中和飞瀑、浑然天造的塘州仙人桥、通天测地的“晴雨石”、玄机难解的“产蛋崖”、闻歌起舞的“风流草”，等等。同时，还有都江古城垣、羊福摩崖墓群、引朗石板墓等名胜古迹，很有研究和开发价值，中和镇庙良村、八猫寨、都江镇怎雷村、三洞乡板告村等一批民族旅游村寨相继建成，并接待了中外游客。

旅游是文化传播的重要平台，而特色文化是旅游发展的精髓。三都水族自治县紧紧围绕打造“远古水族、灵绣三都”品牌和中国民族文化创新体验示范县战略目标来发展。水族建筑的民族风格是其独特优势，水族饮食如鱼包韭菜、三都风味酸等具有独特魅力，水族马尾绣是典型水族文化标志，具有特色的水族旅游产品是旅游发展的重要组成部分，加强旅游产品种类开发，可增加其旅游市场活力。

2. 旅游发展中存在的不足

1）民族特色旅游打造不完善

三都水族自治县少数民族旅游资源丰富。近几年，三都水族自治县建成了三都水族文化博物馆，水族风情街、万户水寨等一系列带有水族文化性质的设施；专门打造了以民族风情为主，以水族村寨、水族端节、水族卯节、民族工艺品为旅游特色产品的少数民族旅游线路；积极尝试将自然景观与当地水族文化相融合，开发了水族引朗石棺墓、塘州仙人桥、中和瀑布和三洞猫石守田等综合景点。但是，由于旅游发展起步较晚，配套基础设施、经营管理制度等不完善，“最后一公里”的景区交通瓶颈仍是制约旅游发展的关键。旅游接待能力较弱，星级饭店较少、餐饮业种类单一，在一定程度上限制了当地旅游业的发展。

2）旅游产业开发意识亟待提高

三都水族自治县的旅游景点大多位于偏远地带，当地大多数人文化程度较低，处于传统的农耕生活模式，外出打工和种植农作物是当地农民的主要收入。当地群众对于发展文化旅游产业的认识不足，并未认识到自己生活的自然环境、民族风俗习惯、传统节日等都是重要的旅游资源，是带动经济增长、提升自身收益的重要途径。在民族特色文化旅游开发过程中，群众参与度、支持度都较低，阻碍了当地文化旅游产业的发展，旅游产业开发意识亟待提高。

3）旅游专业人才缺乏、旅游管理理念亟待提高

行业人才素质是带动区域经济发展的关键因素，也是旅游产业发展中的关键因素。由于缺乏相关的旅游管理人才，尤其是高层次人才的匮乏，导致三都水族自治县在旅游业整体规划、宣传、管理等环节出现了很多不合理的问题，在很大程度上限制了旅游业的发展。由于历史原因和认知水平等各方面条件的限制，从事旅游服务业的人员存在理念不到位，职业观念有待提高。与此同时，旅游企业缺乏专业管理人才，制约了旅游业较高层次的提升。

4）三都水族自治县旅游产业发展主要存在文化传承与旅游开发衔接不协调、旅游业缺乏可持续发展等方面的威胁

三都水族自治县的文化旅游保存了较为完整的民族特色，汉化程度低，在街头巷尾都能看到身穿水族服饰的水家人。独特的“水书”、精美的马尾绣、古朴神秘的音乐舞蹈、独特的民族节日等民族文化资源作为非物质文化遗产被保护和传承。但是在实地调查中发现，三都水族自治县在旅游景区建设和旅游活动的组织等方面，水族的民族特色表现不够，有些景点受外来因素影响较为严重，缺失了自身文化特色的独特性，存在雷同现象。如三都水族自治县万户水寨规划建设中的建筑、雕塑与西江千户苗寨等民族村寨景点雷同度较高，缺乏自身特色，也就缺少了竞争力。没有特色就没有吸引力，不能满足

游客感受当地特色文化的需求，严重阻碍了三都水族自治县民族文化旅游产业的发展。因此，三都水族自治县水族特色文化旅游中存在的文化与旅游开发衔接不完善的问题亟待解决。

在实地调查过程中发现，三都水族自治县特色民族文化在旅游发展过程中，没有将文化为主的旅游景点与自然景观为主的旅游景区进行统一规划，文化旅游产业没有与当地旅游业的发展进行很好地融合，很多少数民族非物质文化出现了后继无人的现象，民族文化流失较快，缺乏可持续经营。

第二节　三都水族自治县旅游可持续发展对策建议

一、三都水族自治县旅游发展历程

三都水族自治县国民经济和社会发展统计公报数据显示，2015 ~ 2018 年三都水族自治县旅游综合收入从 26.70 元增长到 73.73，旅游接待游客总量在逐年增加（表 16-4）。

结合 A 级旅游景区数量变化和旅游收入增长两方面数据，分析其旅游产业发展历程。

2001 ~ 2007 年，旅游发展较为缓慢，旅游处于起步阶段。2008 ~ 2015 年，旅游投入增加，旅游设施逐步完善，A 级旅游景区从无到有，旅游发展开始加速（表 16-5）。2016 年以来，A 级旅游景区数量没有增加，旅游收入平稳增长。随着旅游基础设施建设、旅游投资力度加大，旅游营销形式增加，三都水族自治县旅游发展亟待提质升级。

总体来看，三都水族自治县旅游发展比较滞后，亟待进入提质升级阶段。

表 16-4　2015 年以来三都水族自治县旅游收入变化

年份	旅游总收入 / 亿元	旅游人数 / 万人
2015	26.70	—
2016	39.44	—
2017	56.71	—
2018	73.73	861.01

表 16-5　2000 年以来三都水族自治县旅游发展阶段

年份	发展阶段	发展速度	发展态势
2001 ~ 2007 年	起步阶段	缓慢	—
2008 ~ 2015 年	初步发展阶段	平稳	A 级景区从无到有
2016 年以来	提质升级阶段	快速	全域旅游深化、乡村旅游开展

二、旅游发展的对策建议

1. 关注特色产品可持续创新发展

三都水族自治县是全国唯一的水族自治县，拥有极具特色的水族文化和手工业产品，有一定的开发价值，也存在诸多问题。诸如，少数民族村寨保存完好，很大程度上是因为其交通不便、位置偏僻等原因，与旅游开发需要交通便利、通达度高，存在一定的矛盾。很多古建筑具有观赏性，具有旅游开发价值，但不能满足当地居民的生活需要。这也是需要解决的问题。

可借鉴西江千户苗寨的做法，建立古建筑保护补偿机制；制定民族服饰、民族文化传承奖励机制；制定“摆拍”激励机制，如被拍摄对象（包括居民、建筑等）获得国际大奖，对被拍摄对象进行奖励等。

2. 加强特色资源的配套建设

三都水族自治县怎雷寨是具有代表性的水族村落，具有很大的开发价值，其原生态民族文化保留十分完好，建筑、梯田等极具特色，是“中国历史文化名村”。当地对怎雷寨进行了开发尝试，但由于旅游交通不便利，效果并不理想。虽然村寨有公路畅通，但并没有旅游班车，公路山路较多，并不适合自驾，因此游客不易接近村寨。怎雷寨在今后的旅游开发中，首先需要保证旅游景区的交通通达性。可以在县城设置旅游班车发车点，不仅方便游客，还能方便周边居民。同时，对村寨进行保护性开发，鼓励村民穿着民族服饰，在节庆、农耕期间举办摄影节，为摄影爱好者提供相关的服务，吸引更多的游客前往。水族有自己独特的文化，建有水书、马尾绣等为代表的博物馆。可以将怎雷寨等的旅游专线车的发车点设置在博物馆附近，游客通过博物馆了解了水族文化之后，进入村寨探访。设置专门的水族文化游线，进行综合开发。

尧人山国家森林公园距离县城较近，其中植物、动物资源都较为丰富，具有较大的旅游价值，但现今景区基础设施不完备，游线不完整，缺少游览示意图和路标，交通不便利。但其较为原始的景观和动植物具有很高的科普价值和摄影价值，可以开发成为科普基地和摄影基地。

建议实行预约制参观（博物馆兼职成为游客集散中心，将餐饮、交通、住宿、深度体验等联系起来）。考虑到当地经济情况，不适合空跑班车，所以实行提前一日预约机制，合理安排班车运营。可以统计希望前往的人数，提前一天预约班车，班车每天按时开行 1 ~ 2 班，将游客集中送往怎雷寨，并集中接回（相当于一日游团，但自主性更强）。对有特殊需要的群体，如摄影团队、科研团队等，可定制旅游路线，满足特定需求。

第十七章　平塘县旅游发展研究

第一节　平塘县旅游发展现状

一、平塘县概况

平塘县地处贵州省南部，享有“中国天眼之城”美誉。下辖9镇1乡1街道、121个行政村，3个居委会，以布依族、苗族、毛南族为主的少数民族人口占59.60%，是国家扶贫开发重点县、麻山山区集中连片特困地区扶贫攻坚县。

东邻独山县，南与广西南丹县毗邻，西与惠水县、罗甸县相连，北与贵定县、都匀市接壤。县城距州府都匀市66千米，距省会贵阳市196千米。全县面积2815.60平方千米，占贵州省总面积的1.60%，占黔南州总面积的10.70%。境内最高处是大塘镇南端的垠上坡，海拔1487.70米，最低处是甲茶镇甲茶村平舟河出境处，海拔402米。

县境内地貌类型和形态齐全，喀斯特区域面积245.23平方千米、山地面积2421.60平方千米、丘陵面积334.90平方千米、盆（坝）地面积9.60平方千米、台地面积8.45平方千米。全县耕地保有量72.56万亩，基本农田面积62.19万亩。

平塘县处于中亚热带季风湿润气候区，冬无严寒，夏无酷暑，热量丰富，雨量充沛，无霜期长，四季较为分明。由于气候温和湿润，地貌类型多样，生态环境复杂，适宜生长亚热带、温带多种生物。县境主要有野生脊椎动物142种，植物有691种。其矿产资源主要为非金属矿。

平塘县属珠江流域红水河水系，境内有平舟河、曹渡河、霸王河及其支流共32条。

二、平塘县旅游发展现状

1. 旅游发展的优势条件

1）旅游资源丰富独特、奇观较多

平塘县是探秘宇宙、天文科考的高地。凭借独特喀斯特地貌洼地地形和优良的无线电环境，500米口径球面射电望远镜（FAST）成功落户平塘县克度镇大窝凼，2011年3月25日正式启动建设，历时5年多艰辛建设，2016年9月25日在平塘县落成启用，习近平总书记发来贺信并将其誉为“中国天眼”。平塘县正日渐成为天文学研究的国际开放门户、全球重要的射电天文学术交流中心、国际天文科普研学基地和科技成果转化基地。

平塘是休闲度假、研学旅行的胜地。平塘是珠江上游重要的生态屏障，属中亚热带季风湿润气候区，平均海拔 710 米，森林覆盖率达 68% 以上，年平均气温 17℃，年均降雨量 1259 毫米，无霜期 312 天。境内风光旖旎、山奇水秀，冬无严寒、夏无酷暑，热量丰富、雨量充沛，空气清新、凉爽舒适，是大自然造就的“天然氧吧”和地质公园。拥有享誉海内外的“三天”奇观和全国唯一的毛南族乡—卡蒲毛南族乡，以及集瀑布、沙滩、竹海于一体的甲茶风景区和享有“玉水金盆”美誉的县城等众多景区景点；出产的牙舟陶已有 600 多年文化传承历史，烧制技艺被列为国家级非物质文化遗产。平塘已相继荣获首批中国十大科技旅游基地、国家级风景名胜区、国家 AAAA 级景区、国家地质公园、中国最美小城、美丽中国之旅十佳山水城市等旅游名片，是一生中一定要去的 66 个中国文化旅游大县之一。

平塘县城三面被碧绿如玉的河水环绕，站在城西莲花坡的聚胜塔下俯瞰县城，宛如盆景，古有“玉水金盆泼客舱”的赞美诗句，故称“玉水金盆”，是国内并不多见的被山水围合的县城。平塘县有大量的喀斯特地貌和丰富的溶岩地质景观，包括了峡谷类、奇峰异石类、溶洞类、气象类、摩崖石刻类等景观优势，拥有国家级喀斯特地质公园和风景名胜区。平塘县旅游资源保留了比较完好的原始风貌，具有古朴、悠远的原生态特点。独具特色的“三天”奇观（天书、天坑、天眼）、少数民族风情、喀斯特地貌是平塘县旅游发展的优势。

掌布河峡谷景区的“救星石”、龙塘风景区的滩多湍急的峡谷和保持完美的原始森林，以及幽深神奇的溶洞、甲茶片区的瀑布和竹林以及亚热带南国风光、平舟河景区的世外桃源般的村寨田园和河谷风光等是平塘县优质旅游资源的代表。

中国天眼景区，位于平塘县克度镇大窝凼。依托 500 米口径球面射电望远镜（简称 FAST）工程，主要由包括大射电观景台、游客服务中心、天文体验馆、中轴迎宾广场等在内的平塘天文科学文化园组成，是了解天文知识、进行科普学习的重要基地。

2）民族特色传统文化传承较好

平塘县是一个少数民族占总人口近 60%的少数民族聚居地区，人口只有 30 多万人，却有 24 个民族，其中布依族、毛南族、苗族是人口较多的三个少数民族。各民族在建筑、服饰、歌舞、饮食等方面，各有特色。独特的地理景观和人文环境，形成了别具一格、丰富多彩的民族风情旅游资源。如塘边镇、克度镇一带的布依风情有“六月六”歌节、“八大行”演奏、粑棒舞、织布舞和冲击吉尼斯世界纪录的民间“绝技绝活”表演；新塘、大塘一带的苗族风情有“芦笙舞”“赶月”等；卡蒲、者密一带的毛南族风情有“火把节”、欢乐逗趣的“猴鼓舞”“地鼓牛”等表现人与动物和谐相处的舞蹈。有全县各族人民都喜爱的龙舟竞赛、要水龙、舞花灯等民族文化、体育活动；有牙舟陶、藤编、刺绣等饮誉省内外的传统工艺品，还有独具特色的民族婚俗、民族服饰、民族饮食、民族建筑等。此外，县境内还有通州天主教堂、基督教堂、古屯堡等文化保护价值极高的文物古迹。

3）旅游产品类型逐渐多样化

映山牌茶叶色泽亮绿，其新茶比省内各大茶场提早二周时间上市，故被中国茶叶流通协会称之为“贵州春茶第一壶”。

平塘县花石的色泽、外观及工艺性能可与我国著名的寿山石（叶蜡石）媲美。造型自然古朴、线条简洁明快、色调淡雅和谐，具有浓厚的出土文物神韵。

平塘县竹制工艺品厂开发的竹雕字画、竹雕扇、竹筒工艺品、竹制家具、竹片拼图等系列产品，得到了专家的高度评价和消费者青睐，特别适合宾馆、办公室、家居装饰。

科普基地独树一帜，带来旅游发展新业态。2012 年 5 月 23 日，编号为第 92209 号的小行星正式命名为“平塘星”。

连片的天坑探险，中国 FAST 项目落户，天文小镇的兴起，都给平塘县旅游业带来新的产品类型。

4）经济社会平稳发展

从三次产业增加值占 GDP 的比例看，第三产业占比最高，产业结构基本合理，但是第一产业占比较大，第三产业变化缓慢（表 17–1），还需要进一步调整产业结构，促进经济结构优化。

表 17–1　2011 ~ 2018 年平塘县产业结构变化

年份	第一、第二、第三产业增加值比例	一、二、三产业结构
2011		≈32.98 ∶ 23.46 ∶ 43.57
2012		≈28.58 ∶ 21.73 ∶ 49.69
2013	8.67 ∶ 6.76 ∶ 16.4	≈27.24 ∶ 21.24 ∶ 51.52
2014	13.78 ∶ 8.11 ∶ 20.53	≈32.48 ∶ 19.12 ∶ 48.40
2015	14.42 ∶ 9.03 ∶ 24.1	≈30.33 ∶ 18.99 ∶ 50.68
2016	18.62 ∶ 10.05 ∶ 27.91	≈32.91 ∶ 17.76 ∶ 49.33
2017	20.44 ∶ 11.49 ∶ 32.25	≈31.85 ∶ 17.90 ∶ 50.25
2018	21.86 ∶ 13.38 ∶ 37.17	≈30.20 ∶ 19.50 ∶ 51.30

2010 ~ 2018 年，平塘县国内生产总值呈平稳上升趋势，增速逐渐趋缓（表 17–2），但是总值在逐渐增加。

从收入情况来看，2013 ~ 2018 年平塘县人均生产总值逐渐增加，城镇居民人均可支配收入和农民人均纯收入均呈上升趋势（表 17–3）。旅游发展的带动作用逐渐凸显。

表 17-2　2010 ~ 2018 年平塘县生产总值及增长率

年份	GDP 总值 / 亿元	增速 /%
2010	15.05	14.8
2011	18.28	14.3
2012	26.64	17.2
2013	31.83	17.7
2014	42.41	16.1
2015	47.55	13.8
2016	56.57	12.9
2017	64.18	12.7
2018	72.41	12.0

表 17-3　2013 ~ 2018 年平塘县人均收入变化

年份	人均生产总值 / 元	城镇居民人均可支配收入 / 元	农民人均纯收入 / 元
2013	13669	18672	5728
2014	17760	20325	6666
2015	19885	22378	7393
2016	23575	24437	8206
2017	26641	26856	9092
2018	26641	29408	10065

5）区位发展机遇

交通便利是旅游区吸引绝大多数游客的重要条件。只有完善基础设施建设，才能推动地处偏远山区的旅游产业的发展。平塘县城距州府都匀市约 50 分钟车程，距省会贵阳市约 90 分钟，是黔南州打造天文经济集聚地和南部旅游康养中心的核心节点。全县高速公路、国省道通车里程达 400 余千米，已实现“乡乡通油路”和 90% 以上乡镇通二级路目标；横穿东西的余安高速平塘段即将建成通车，纵贯南北的贵阳至平塘高速公路正在推进，平塘正快步融入贵阳 1 小时交通圈，成为黔桂重要的枢纽联结地、贵州南部改革开放的重要桥头堡。

2. 旅游发展中存在的问题

1）旅游资源比较分散

平塘县旅游资源丰富，但是各景区景点比较分散，游客在往返之间要花费大量时间。景区分布不集中，一方面加大了游客的交通费用，另一方面消耗了体力，降低了对旅游景区的满意度，从而阻碍了旅游产业的发展。

2）交通基础设施亟待进一步完善

交通便利是旅游发展的关键。地形复杂导致平塘县交通不便，虽然近年来不断加大基础设施建设，基本实现了村村通公路，并且借助“中国天眼”工程建设的独特优势推动了旅游资源的开发，越来越多的中外游客慕名而来，但由于平塘县地处偏远，相对于很多旅游城市而言，其交通比较闭塞。而且由于旅游景区分布比较分散，目前没有比较完善的景区间交通班车，许多旅游景点仅仅满足当地自驾游，不能满足自助游的需求，不利于旅游产业的长足发展。

3）旅游开发特色不够突出

平塘县属于“老、少、边、山、穷”地区，大量年轻人长期在外打工，没有注重旅游开发的经济效益，留守在家的人员思想观念比较传统，单纯依靠政府很难深入开展旅游脱贫。同时，旅游景区项目规划建设多数参考成熟景区的做法，忽视了当地优势的少数民族风情资源，许多景点没有真正体现民族文化的内涵。因此，亟待深入调查少数民族传统文化，揭示民族传统文化旅游资源发展中存在的问题，提出切实可行的解决措施。

第二节　平塘县旅游可持续发展对策建议

一、平塘县旅游发展历程

平塘县国民经济和社会发展统计公报数据显示，2011 ~ 2017 年平塘县旅游综合收入从 28.02 亿元增长到 102.49 亿元（表 17-4），旅游接待游客总量在逐年增加，旅游收入不断增加。

2001 ~ 2007 年，旅游基础设施开始增加，但是不完善，民众的旅游意识尚待提升。政府开始重视旅游发展，基础设施建设投入增加；但是大部分人的旅游意识比较淡薄，尤其是在边远深山区域的人们，还没有认识到所生活环境和生活方式就是一种重要的旅游资源，没有积极参与开发和规划。这一阶段，旅游发展较为缓慢。

2008 ~ 2015 年，A 级旅游景区从无到有（表 17-5）。这一阶段，基础设施投入增加较快，尤其是交通建设的大事业给旅游发展提供了重要的基础条件，人们对旅游发展的重视程度开始提高，尤其是政府政策的引导起到了重要的促进作用。这一阶段，旅游发展速度加快，旅游收入增加，旅游业的带动作用开始显现。

2016 年以来，平塘县旅游发展高速发展，呈现出“井喷式”发展态势。期间，平塘县把发展旅游作为经济发展的重要举措，旅游基础设施建设、旅游投资力度加大，旅游营销渠道多样化，旅游品牌效应开始凸显。天文科普游、山水游、民俗游等初步形成了规模，平塘县旅游发展开始转型（表 17-6）。

总体来看，平塘县旅游发展呈现由缓慢发展到平稳增速然后到提质升级的发展态势。

表 17-4　2011 年以来平塘县旅游收入变化

年份	旅游总收入 / 亿元	旅游人数 / 万人	国内旅游人数 / 万人	入境旅游人数 / 万人
2011	28.02	—	—	—
2012	28.62	—	—	—
2013	36.88	429.55	—	—
2014	45.32	541	—	—
2015	55.29	691.12	—	—
2016	67.81	—	297.93	0.1822
2017	102.49	1274.11	868.94（省外）	1.6883
2018	—	（过夜游客）	36.03（过夜游客）	0.2254（过夜游客）

表 17-5　平塘县 A 级旅游景区等级及评定时间

名称	等级	评定时间
平塘县掌布“藏字石”景区	AAAA	2009 年 1 月 23 日
平塘县中国天眼景区	AAAA	2017 年 11 月 10 日
平塘县甲茶景区	AAA	2017 年 8 月 24 日
平塘县六硐景区	AAA	2017 年 12 月 26 日

表 17-6　2000 年以来平塘县旅游发展阶段

年份	发展阶段	发展速度	发展态势
2001 ~ 2007 年	起步阶段	缓慢	—
2008 ~ 2015 年	初步发展阶段	平稳增速	A 级景区数量增加
2016 年以来	提质升级阶段	快速	全域旅游深化、乡村旅游展开

二、旅游发展的对策建议

1. 注重旅游综合开发模式，促进旅游可持续发展

中国天眼景区以大射电望远镜为主，开发有游客服务中心、天文体验馆、天文影院等配套设施，游客可以先通过天文体验馆、天文影院等对大射电及其他天文知识了解之后，再进入核心景区，俯瞰射电望远镜。总体来看，天眼景区相配套设施完备，路线规划合理。但景区中也存在一些问题亟待解决。首先，景区整体的高大上和周边交通的不对称，自助行游客乘坐大巴车下车之后找不到前往景区的公共交通，虽然开行有公交车但没有明显站牌，无从知道交通信息，大巴车下车点到达景区的“最后一公里”变得困难重重。其次，参观完景区之后，如何返程又成为游客面临的另一重大问题。当地相关部门应重视对此类问题，设计、规划大巴车下车点与游客服务中心之间的交通线，或者

直接将往返途经此地的大巴车上下客点设置在景区游客中心附近，以方便自助游的游客。另外，景区设计档次与人员服务档次差距较大，部分景区工作人员素质有待提高。因游客前往核心景区射电望远镜观景台时是以车为单位前往的，可以每车设置讲解人员，带领游客参观，讲解专业性知识，增进游客了解。并在景区游客服务中心增设科普性指示牌或说明牌，让游客更加了解相关事项。

掌布风景区、甲茶风景区和天坑群风景区是平塘具有代表性的自然风景区，但调查发现存在以下问题。①掌布风景区中以“藏字石”奇观闻名于世。但部分游客表示，景区门票性价比较低，基础设施较差，为了景观旅游开发对自然景观破坏、改造的事情时有发生，虽有前往班车但交通班车随意更改发车时间，打乱游客计划。②甲茶景区风景优美，自然景观丰富，但门票性价比偏低，交通不便，没有班车前往，基本上成为当地人野营、休闲的场所，外地游客的到达度不够。③天坑景区气势壮观，现在仍在建设中，相关基础设施不完善，没有班车可以前往，只能包车或者自驾。

2. 完善旅游交通规划建设

交通是影响诸多景区质量提升的关键因素。调查发现，省外游客自驾数量极低，大多数需要借助当地公共交通到达景区。但当地很多景区山高路远，没有班车直达，或者班车时间不规律，游客只能选择放弃前往。解决好前往景区的交通问题，是旅游景区可持续发展的保障。首先，可以在交通枢纽附近开设旅游集散中心，设置专线旅游车，在官网公布发车班次时间，保证游客可以顺利往返于景区与交通枢纽（县城）之间。其次，提高景区自身基础建设，加大巡查保护力度，保障景区设施的完整性和安全性；并根据景区实际情况设置票价，保证门票价格性价比，提高游客满意度，提升景区品牌效应。

3. 增加传承文化的广度和深度

平塘县牙舟陶有民族特色。但是，虽然设置了牙舟陶博物馆等设施，但公共交通不便，自助游游客很难前往。作为非物质文化遗产，牙舟陶具有很高的价值，但现今牙舟陶纪念品价格较高，形制较为单一。应迎合不同收入阶层游客需求，制造不同价格梯度产品，提高牙舟陶知名度和普及度。并且可设置DIY环节，让游客亲身体验牙舟陶制作的过程，亲手制作纪念品，也有助于牙舟陶制作工艺的传承。

第十八章　罗甸县旅游发展研究

第一节　罗甸县旅游发展现状

一、罗甸县概况

罗甸县地处黔南山地西南部，北高南低。北连惠水、长顺县，西邻紫云、望谟县，东北与平塘接壤，南以红水河为界与广西天峨、乐业两县隔河相望。是一个以布依族为主的多民族聚居的山区县，是“中国火龙果之乡”“中国长寿之乡”和国家农产品质量安全县。

罗甸县属典型的南亚热带湿润气候区，具有春早、秋迟、夏长、冬短的气候特点，年均气温 19.6℃，年降水量 1150 毫米，无霜期长达 335 天，是贵州得天独厚的“天然温室”。以早菜、西瓜为龙头的商品基地，早熟蔬菜有茄子、辣椒、番茄、黄瓜等 25 个品种。是以柑橘为主的水果基地。

境内河流属珠江水系，主要河流有南盘江、蒙江、曹渡河。蒙江由西北向东南斜贯县境，注入红水河。河流落差大，水力资源丰富。植被种类丰富，森林覆盖率较高。矿藏有硅石、铁矿、辉绿岩、米黄色大理石等。101、312 省道公路过境，南盘江可通航客轮。境内的罗甸水晶及罗甸奇石等尤为著名。

二、罗甸县旅游发展现状

1. 旅游发展的优势条件

1）旅游资源丰富

大小井省级风景名胜区，位于罗甸县东北部的沫阳镇境内，距罗甸县城 23 千米，景区总面积 38.30 平方千米，由大小井溶洞、天坑群组成，溶洞群体由响水洞、狮子洞、月亮洞等近百个典型的虹吸管状大小洞穴相连，融山、水、洞为一体，形成了山中有洞、洞中有水，瀑布、地下河（据考证为贵州最长的地下河）、溶洞大厅，千姿百态的奇形怪石、琳琅满目的钟乳、石笋等，大自然赋予的独特风光，构成了一座雄伟壮丽的地下宫殿。被誉为“天下奇洞”“东方洞穴博物馆”。

罗甸县红水河景区位于罗甸县南部的红水河镇镜内。红水河景区又分南段和北段两部分。南段主要包括由大化电站逆水至古河乡的红水河两岸方圆 200 多平方千米。红水河因水电站大坝拦水，形成了宽 300 ~ 500 米、深 30 ~ 50 米的峡谷水库，青山绿水竹木葱茏，最适宜舟游。北段主要指从岩滩电站坝首起，往北逆水 100 多千米，因拦水而形成的串珠长湖，并可上溯至板兰与东兰交界处。这一段景色更加清幽雄奇。

罗甸千岛湖景区，是中国最年轻的湖泊——高原千岛湖，是深藏在贵州、广西两省万山丛中的一块尚未雕琢的“翡翠”。这块“翡翠”不但气魄宏伟，而且景色壮观秀丽，风景独特、优美。

火龙果休闲观光园位于罗甸县东部，地处龙坪镇新民村，距县城 5 千米。依托火龙果种植基地，综合利用周边的山水资源和“长寿之乡”“火龙果之乡”等名片，以布依族水乡特色为主调，在基地周边开发会议中心、休闲旅游、生态餐饮、特色民宿、文化演艺、城乡居住、水上康体养生养老等功能区，打造一个山拥城、城映水、水荡舟、涟漪飘荡、琴声悠悠的特色山水生态文化旅游观光园区。

罗甸“三叠纪”大贵州滩，位于罗甸县城西北部 23 千米的板庚村，方圆十数平方千米范围的高山峻岭、田园、小溪，由地下湖泊和地上的喀斯特地貌组成的。1988 年至 1991 年，中美地质专家经过三年多联合考察发现，“大贵州滩”是古代环境沉积，从“大贵州滩”可以观察到二亿多年前古代环境沉积、运动、增生、收缩和最终消亡的过程，具有十分重要的科研价值。核心景点主要有葫芦寨、观音洞、金钟山、美女山、马脑山、斧头山、鳄鱼山、卧龙石、马灵桥—古驿道—马槽洞等。

2）政策优势

罗甸“十一五”规划纲要明确将罗甸的未来发展目标定位为“贵州南部的物流中心和亚热带湖滨旅游重镇”。打造以亚热带气候资源优势与龙滩电站库区河谷风光相结合，喀斯特地质旅游资源与生态、民族风情文化相结合的战略发展思路。龙滩电站库区即将形成宽阔的库容水面，以及人们对三叠纪大贵州滩地质旅游资源价值的认识提升和开发呼声，即将建设的贵阳经罗甸连接广西、独山经平塘到罗甸二级公路和即将形成的电站库区航运，各级政府对罗甸旅游发展的重视、支持，将促进罗甸旅游业的发展。

3）旅游产品类型逐渐多样化

罗甸具有南亚热带特色的岩溶地貌奇观，风光秀丽，旅游资源丰富。大小井风景区岩溶坍塌千姿百态，明河暗流优美如画，被中外专家誉为“中国的伏克留兹泉”“东方洞穴博物馆”。“三叠纪”大贵州滩（板庚滩），比美国黑西奇湾号称研究现代碳酸盐岩“经典圣地”的巴哈马滩更为理想；神秘莫测的打黛河天坑群具有险、峻、奇、美、幽的特点；南方特色的少数民族神秘古朴；红水河奇石鬼斧神工、浑然天成。

织布舞、刷把舞、饶钹舞、花包舞、板凳舞、毽释和织布舞是在当地布依族人民的生产生活及劳作中创造出来的，展现了布依族劳动人民的生产过程。

当地名优特产丰富，主要有桐油、黑山羊、柑橘、杉、松、泡桐、大叶茶、金银花、桔梗、大小黄草、半夏、通草、何首乌、罗甸奇石、硅矿、辉绿岩、煤、锑、褐铁、铜、砷、汞、冰洲石、软玉等。

4）经济社会稳步发展

从三次产业增加值占GDP的比例看，产业结构逐步合理，第三产业缓慢增加（表18-1）。

表 18-1　2011 ~ 2018 年罗甸县产业结构变化

年份	第一、第二、第三增加值比例	一、二、三产业结构
2011	—	≈25.37 ∶ 40.45 ∶ 34.18
2012	7.85 ∶ 13.26 ∶ 11.88	≈23.80 ∶ 40.20 ∶ 36.00
2013	—	≈21.80 ∶ 37.80 ∶ 40.40
2014	12.48 ∶ 17.77 ∶ 20.57	≈24.60 ∶ 34.90 ∶ 40.50
2015	13.15 ∶ 20.16 ∶ 23.70	≈23.07 ∶ 35.36 ∶ 41.56
2016	15.17 ∶ 22.35 ∶ 17.14	≈23.33 ∶ 34.36 ∶ 42.31
2017	16.55 ∶ 25.50 ∶ 31.67	≈22.46 ∶ 34.58 ∶ 42.96
2018	17.74 ∶ 28.60 ∶ 36.03	≈21.53 ∶ 34.72 ∶ 43.75

2011 ~ 2018 年，罗甸县国内生产总值呈上升趋势，增速逐渐趋缓（表 18-2）。

表 18-2　2011 ~ 2018 年罗甸县生产总值及增长率

年份	GDP 总值 / 亿元	增速 /%
2011	27.80	15.30
2012	32.99	16.90
2013	40.38	17.70
2014	50.82	15.60
2015	57.01	13.60
2016	65.03	12.90
2017	73.72	12.10
2018	82.37	11.10

从收入情况来看，2014 ~ 2018 年罗甸县人均生产总值逐渐增加，城镇居民人均可支配收入和农民人均纯收入均呈上升趋势（表 18-3）。

表 18-3　2014 ~ 2018 年罗甸县人均收入变化

年份	人均生产总值 / 元	城镇居民人均可支配收入 / 元	农民人均纯收入 / 元
2014	/	20502	7160
2015	22175	22593	7933
2016	25158	24604	8711
2017	28345	26720	9573
2018	31523	29028	10483

2. 旅游发展中存在的问题

1）旅游资源分散、旅游产品类型单一

旅游产品开发意识、旅游产品开发创新能力都亟待提高，旅游发展仍处在起步阶段。

旅游资源整合不够、旅游产品单一是制约当地旅游业发展的重要影响因素。目前，罗甸县仅有 1 个 AAA 级旅游景点，旅游形象定位不是十分清晰，旅游景点同质化现象严重。

2）旅游产业化程度低

近年来，旅游产业有了较快发展，但旅游接待能力有待提高，缺乏旅游管理专业人才，旅游景区分布比较分散，交通不便捷，旅游发展的专业化、产业化水平都较低。

第二节　罗甸县旅游可持续发展对策建议

一、罗甸县旅游发展历程

2012 ~ 2018 年罗甸县旅游综合收入从 2.23 亿元增长到 16.17 亿元，旅游接待游客由 44.60 万人增加到 177.99 万人，旅游发展较快（表 18-4）。

从旅游发展历程看，2001 ~ 2015 年，旅游发展较为缓慢（表 18-5）。2016 年有了 A 级旅游景区高原千岛湖休闲旅游区。罗甸县旅游发展呈现由缓慢发展到急剧发展然后到增速趋缓的发展态势。

随着高原千岛湖库区、世界最大射电望远镜落户周边结合部、大小井、三叠纪板庚滩、农家乐、野钓、景区景点及旅游线路等旅游资源开发，推动了旅游业的发展。

表 18-4　2012 年以来罗甸县旅游收入变化

年份	旅游总收入 / 亿元	旅游人数 / 万人	入境旅游人数 / 万人
2012	2.23	44.6	130
2013	/	/	/

续表

年份	旅游总收入 / 亿元	旅游人数 / 万人	入境旅游人数 / 万人
2014	3.72	67.64	154
2015	4.69	85.27	—
2016	7.30	81.8	—
2017	10.96	115.0	—
2018	16.17	177.99	—

表 18-5　2000 年以来罗甸县旅游发展阶段

年份	发展阶段	发展速度	发展态势
2000 年之前	起步阶段	发展缓慢	—
2001 ~ 2017 年	初步发展阶段	平稳发展	A 级景区数量增加
2017 年以来	提质升级阶段	快速	全域旅游发展、乡村旅游展开

二、旅游发展的对策建议

1. 加强综合开发模式规划

大小井省级风景名胜区是罗甸县著名的风景名胜区，其具有丰富的自然景观资源，诸如溶洞、地下河、天坑等，并且有众多中外专家表示其价值意义十分重大，有很大的开发潜力。

景区基本上处于原始状态，风景秀美，有当地居民自发进行竹筏摆渡游览等业务，无公共交通，主要为自驾游或者深度旅游爱好者前往。如果将景区进行合理开发，设置游客服务中心，合理设计规划游线，对景区内的自然景观进行保护和开发，并兴建展览馆普及相关知识，为游客普及有关自然知识，说明景区的重要价值，必将成为罗甸旅游的新的增长点。

2. 结合当地优势，借助周边景区发展

罗甸千岛湖景区是因水电站修建而成水库淹没区，与喀斯特山峰组成风景秀丽的湖光山色，但基础设施相对较差。可以建立休闲度假旅游基地，对周边餐饮等设施进行合理开发，提升景区总体水平。

以罗甸火龙果休闲观光园为代表的农业旅游是罗甸进行旅游开发的又一增长点。罗甸具有丰富的农业资源，以火龙果为代表的农业产品就有很大代表性，可以适当增加游客体验农耕活动，以火龙果生产基地为主，建立农业文化体验基地，增加体验活动环节。

罗甸县境内自然旅游资源比较丰富，且有内河航运与邻省相通，具有一定的开发潜力，并且随着平罗高速等的修通，罗甸可以与周边旅游景区连成游线，进行统一合理开发。

罗甸县可以借助周边景区，找到适合自身旅游发展思路，找到新的增长点。

第十九章　独山县旅游发展研究

第一节　独山县旅游发展现状

一、独山县概况

独山县地处黔南州中南部，与广西壮族自治区接壤，北抵州府都匀市，县城距省会贵阳市 128 千米，距南下出海口北海市 740 千米，距北上长江航道重要城市重庆 600 千米，是大西南进入“两广”的陆上重要通道，素有“贵州南大门”“西南门户”之称。享有全国文化先进县、中国首批传统文化旅游名城、中国民间艺术之乡、花灯之乡之美誉。

独山县城拥有紫林山国家森林公园、九十九滩国家湿地公园、都柳江源省级湿地自然保护区，森林覆盖率 61.03%，年平均气温 15℃，获评“全国十佳生态休闲旅游目的地”，是实至名归的“清凉之都”“避暑圣地”。

二、独山县旅游发展现状

1. 旅游发展的优势特色

1）旅游资源比较丰富

独山县年均温为 15℃，年降水量为 1430 毫米，属亚热带湿润季风气候，具有高原冷凉的气候特点，被誉为“清凉之都”“避暑胜地”。

独山县地质地层具有发育完整、出露较好，反映时空观念、环境因素、生物进化的生物化石丰富等。

独山县境内水系属于珠江流域，水利建设和水库较多。都柳江源湿地自然保护区为贵州省湿地类型保护区。植被生态环境良好，有翠泉森林公园、深沟山水风光、国家级紫林山森林公园等自然旅游资源比较丰富，森林覆盖率较高。草场资源丰富，被列为中国南方畜牧业重点县。

独山奎文阁，位于县城北 21 千米，建于清同治十二年（1873 年）。建筑结构紧密，造型美观、雕刻精细，保留了清代建筑雕镂的艺术特色。由山门、阁楼、西厢房、一耳房组成两进院落，占地 850 多平方米，通高 25 米左右。内设观世音、孔子、关羽、魁星牌位，是专供读书人祭祀魁星神的地方，另一个用途是“私塾学馆”，专门培育乡间学子，是国家 AA 级旅游景区。

净心大观园度假区，位于独山县净心路。由翰林府、诰命府、尹珍府、后花园、影山老街以及儒学文化园组成，是本地水族标志性建筑群。

阳地花灯村文化底蕴丰富，是布依族村寨，人人能歌善舞，拥有花灯队伍、文化广场、自编自导的花灯节目。阳地古寨山清水秀，历史悠久，有民国年间“节励松筠”的牌匾、“旌表节孝悌”赐匾、廖氏祠堂、古香古色的古代门间、“思亲桥”、千年古枫香树等大量古迹。良好的民风民俗，使这里的人们完整地继承了织布、扎扇、编制斗笠等精湛的工艺技术，其饮食、祭祀等各种传统文化鲜明独特。有独荔公路贯穿，交通便利。

天洞景区，位于县城东南约 13 千米。包括天洞、天塔、天王广场、铁皮石斛主题观光园、名人植物园、御花园、天一湖、布依民族风情寨、百岁泉、千岁泉、万寿湖、游客接待中心、游客步道、门楼等。独特的自然景观，丰富的民间传说，植物景观多样。是国家 AAA 级旅游景区。

紫林山国家森林公园，位于独山县城东北，距县城 20 多千米，分东西两个园区，由深沟、翠泉两个原省级森林公园和紫林山自然风景区、猕猴保护区以及紧挨紫林山自然风景区的部分草地组成，公园分为森林生态观光、紫林山峡谷、深沟峡谷、高山草地等 10 个景区和将军石、观音石、观音瀑布等 61 个景点。生物资源丰富、种类多样，以奇峰怪石等典型的岩溶地貌为特色，景区内“翻天印”景观极具特色。是国家 AAA 级旅游景区、全省首批森林公园度假示范区。

深河桥抗日文化园，位于独山县城北 9 千米，园区占地 500 亩，210 国道和贵新高等级公路穿园而过，交通便捷。园区以自然生态、绿化空间和水体作为景观背景，主干路和次干路两条步行道作为整个景区骨架。深河桥抗日文化园是全国青少年教育基地、贵州省抗战爱国主义教育的重要场所、贵州省国防教育基地、重要红色旅游景区，园区由主入口广场、卢沟晓月、民族门、万魂墙、贵州省抗战陈列馆、黔南人民抗日纪念碑、武器展示场、烽火台等组成。是国家 AA 级旅游景区。

2）经济社会发展趋势良好

从三次产业增加值占 GDP 的比例看，产业结构基本合理，第三产业比例较高，为旅游发展奠定了基础条件，但第三产业占比增加比较缓慢（表 19-1）。

表 19-1　2012 ~ 2018 年独山县产业结构变化

年份	第一、第二、第三产业增加值	一、二、三产业结构
2012	8.38 ：13.40 ：14.83	≈22.89 ：36.60 ：40.51
2013	9.62 ：15.30 ：17.93	≈22.45 ：35.71 ：41.84
2014	13.76 ：17.81 ：23.45	≈25.01 ：32.37 ：42.62
2015	14.40 ：19.77 ：27.88	≈23.21 ：31.86 ：44.93

续表

年份	第一、第二、第三产业增加值	一、二、三产业结构
2016	16.90 ∶ 21.71 ∶ 34.48	≈23.12 ∶ 29.71 ∶ 47.17
2017	18.63 ∶ 24.92 ∶ 39.08	≈22.55 ∶ 30.15 ∶ 47.30
2018	20.00 ∶ 28.10 ∶ 46.20	≈21.20 ∶ 29.80 ∶ 49.00

独山县获批中国电商示范百佳县、第八批国家新型工业化产业示范基地（经开区）、省级大学生创业孵化基地（经开区）、省级农民工创业示范园（麻尾园区）。十九大以来，独山县成功创建国家卫生县城、全省森林城市，获评全国森林旅游示范县，飞凤湖景区入选首批国家森林特色小镇试点，翁奇村获评中国美丽休闲乡村。

2011 ~ 2018 年，独山县国内生产总值呈上升趋势，增速逐渐趋缓（表 19–2）。

表 19–2　2011 ~ 2018 年独山县生产总值及增长率

年份	GDP 总值 / 亿元	增速 /%
2011	29.24	14.0
2012	36.62	17.0
2013	42.86	18.1
2014	55.01	16.5
2015	62.06	14.6
2016	73.09	13.3
2017	82.63	13.0
2018	94.34	9.40

从收入情况来看，2012 ~ 2018 年独山县人均生产总值逐渐增加，城镇居民人均可支配收入和农民人均纯收入均呈上升趋势（表 19–3）。

表 19–3　2012 ~ 2018 年独山县人均收入变化

年份	人均生产总值 / 元	城镇居民人均可支配收入 / 元	农民人均纯收入 / 元
2012	14011	/	/
2013	16214	/	5989
2014	20422	/	7029
2015	23036	23175	7823
2016	27053	/	8653
2017	30463	27914	9579
2018	34697	30426	10565

3）旅游产品类型呈现多样化趋势

独山县北部地区有深峡幽谷、飞瀑流泉、百里杜鹃花和天下奇石翻天印、风动石，南部地区有奇异的峰林溶洞和温泉。自然风景优美，喀斯特岩溶地貌突出。

民族文化、风土人情旅游资源也相当丰富。有奎文阁、影山草堂、烈士陵园、兔场摩崖、独秀峰、深河桥抗日纪念碑等文物名胜景观，有布依族、苗族、水族等少数民族民俗风情园，形成了独特的旅游资源条件。目前，独山县已经形成了独具特色的影山文化、花灯文化、抗战文化、饮食文化、宗教文化、民族文化、名人文化等七大文化，为发展民族文化旅游奠定了坚实的基础。

4）区位优势凸显

独山县在生态环境、旅游区位、传统文化等方面具备一定的旅游发展潜力。借助独山县具有的黔桂铁路、兰海高速、210 国道纵贯全境，余安高速与兰海高速在独山十字交汇的独特交通优势，是连贯西南和广西北部湾地区的重要贸易通道和连接两广的重要交通枢纽，贵州南部商贸物流中心功能日益凸显。

2. 旅游发展中存在的问题

1）旅游发展起步晚、水平低

虽然独山县旅游资源丰富，但是从近年来贵州省全域旅游的大背景下，才开始重视对旅游资源的挖掘和开发利用。由于自然环境条件和历史发展原因，当地人们生活比较闭塞，与外界交流较少，虽然保存了一些原生态民风民俗，但也导致了普通民众的旅游资源开发意识淡薄。

虽然旅游发展全面展开，但显著特色较少。休闲旅游在于以便利的旅游基础设施为条件，依托当地的旅游资源，以文化景观与服务项目为载体，达到休闲、放松、愉悦的目的。但从旅游产品开发来看，创新不够，当地独特的民族文化资源特色没有得到充分体现，而且旅游景区存在碎片化、同质化现象，旅游路线规划缺乏对游客的有意识的引导，造成旅游体验不佳的负面印象。

从目前的发展状况来看，独山县旅游资源开发利用虽然呈现多样化发展的趋势，但是仍然以景观型旅游为主，体验型旅游的发展仍处在起步阶段，乡村旅游格局尚未形成，休闲旅游路线不清晰，许多景点可进入性不高。

2）旅游专业人才缺乏

全域旅游的重心在于树立“以人为本”的服务理念，但长期以来与外界交流较少的生活习惯和思维方式，导致在旅游产品设计、旅游形象定位和品牌宣传方面仍然以观光旅游为主，对民族文化传统旅游产品重视不够，影响了当地人从事旅游服务和旅游管理的理念。目前农家乐仍然是乡村旅游的主要模式，以提供简单的餐食，或简单的房屋租赁为主，乡村旅游内容创新不够，缺乏与周围市镇等旅游客源地的互动，经营管理理念有待提高。因此，提高从事旅游服务业人员的职业观念，加强服务意识；加强培训旅游管理专业人才，促进旅游业高层次发展。

第二节　独山县旅游可持续发展对策建议

一、独山县旅游发展历程

2013 ~ 2018 年，独山县旅游综合收入从 27.17 亿元增长到 145.56 亿元（图 19-1），旅游接待游客总量在逐年增加，旅游收入逐年增长。

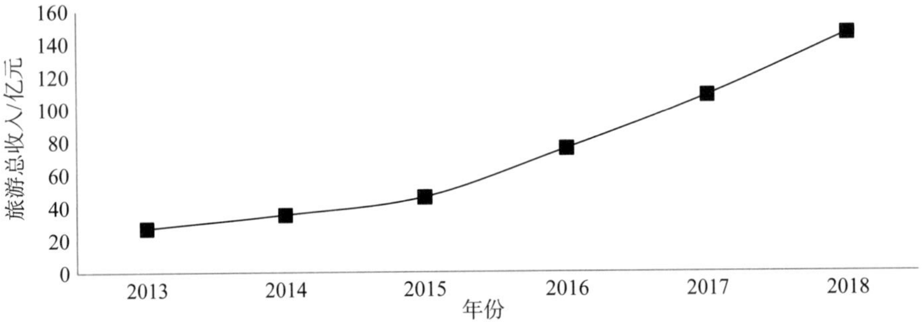

图 19-1　2013 ~ 2018 年独山县旅游总收入变化

独山县在 2000 年之前，旅游发展较为缓慢，属于起步阶段。2001 ~ 2015 年，独山县旅游产业呈平稳发展，属于初步发展阶段。A 级旅游景区开始增加，旅游业发展呈现一定的规模（表 19-4）。2016 年以来，独山县旅游发展呈现“井喷式”快速发展。多措并举发展旅游，加强基础设施建设，加大了旅游投资力度，开展多种形式的旅游营销渠道，逐步扩大独山县旅游品牌效应。独山县 A 级景区数量有所增加，高等级旅游景区增加，独山县旅游开始向快速发展模式转化（表 19-5）。

总体来看，独山县旅游发展呈现由缓慢发展到平稳发展，然后到提质增速的发展态势。

表 19-4　独山县 A 级旅游景区等级及评定时间

名称	等级	评定时间
独山县天洞景区	AAA	2017 年 12 月 18 日
独山县深河抗日文化园景区	AAA	2009 年 12 月 19 日
独山县奎文阁景区	AA	2010 年 12 月 10 日

表 19-5　2000 年以来独山县旅游发展阶段

年份	发展阶段	发展速度	发展态势
2000 年之前	起步阶段	发展缓慢	
2001 ~ 2015 年	初步发展阶段	平稳发展	A 级景区数量增加
2016 年以来	快速发展阶段	快速	全域旅游逐步展开

二、独山县旅游开发中存在的问题

综合以上研究发现，目前独山县旅游发展存在以下一些问题。

1）旅游景区建设的后期维护不足，很多景区基本上处于停滞状态，部分景区在开发时只注重入口处的“高大上”，对景区内部的建设却较为“想当然”，对很多特色景观开发较少。

2）大多数餐饮娱乐场所仅考虑当地人的饮食习惯，形式较为单一，可选择性较少，降低了游客的满意度。

3）旅游发展理念有待提升，服务质量有待提高。

三、独山县旅游发展对策建议

在今后景区发展过程中，需要结合游客需求和旅游市场发展，从游客群体的实际需求，进行开发、建设和宣传。

1. 通过寻找当地的比较优势和特色，进行旅游模式的清晰定位

从独山县旅游资源、区位条件、社会发展和旅游开发等条件看，其旅游发展模式应该将“休闲旅游”“全域旅游”与“乡村旅游”融合，以周边民众为主要客源，从“生态、亲子”等主题出发，打造都匀市、凯里市等相对较发达区域的后花园，其旅游规划要以出行成本小、旅游门槛低、方便易行等特点为主，主要为周末或短期假期放松心情、缓解压力、恢复活力提供旅游产品服务。

与荔波、西江苗寨等成熟旅游景区相比，独山县缺少竞争替代资源。因此，其旅游开发应以挖掘潜在优势资源为主，充分利用其区域优势明显、环境质量好、出行成本低、时间要求较短等优势，结合目前对日常性休闲体验需求规模较大的客观优势，以亲子体验、农事体验等方式来准确定位其旅游发展方式，以都匀市、凯里市、独山县城等周边市镇为重点目标，作为城镇的生态后花园进行打造。

独山县旅游开发模式应该将点、线、面有机结合，设置适宜的乡村旅游路线，将目前旅游景点连点成线，连线成面，建设独具特色的精品旅游线路；将乡村旅游与乡镇产业化相结合，建立有当地特色的农产品种植养殖、特色产业深度加工、乡村手工艺品开发营销，扩大乡村旅游参与主体，拓展旅游经济内生效益，不过度依赖外来资本。

2. 根据旅游资源的特色进行打造，尽量做到与周边旅游资源的优势互补

独山县的旅游资源主要可以分为以下几类：以净心谷、奎文阁等为代表的古建筑（或仿古建筑）群，以深河桥为代表的抗战遗址，以甲定翻天印、大河口瀑布、翠泉森林公园、深沟森林公园等为代表的自然景观，以阳地民族文化村为代表的民族村落等。根据各资源优势进行建设，促进独山县旅游的蓬勃发展。

净心谷是以古建筑（仿古建筑）为主，主要建设为以融合古文化、茶文化、民俗文化为特色的综合旅游景区。有公共交通可以前往，较为便捷。目前仍处于开发阶段，很多基础设施并不完备。由于宣传意识不够，很多游客不能看到当地组织的特色民俗表演，仍亟待开发完善。

针对该景区的后续开发，建议：①增加不同的宣传方式，增加旅游景观和旅游活动说明指示牌，印制导览手册，普及景区中蕴含的文化知识，将景区中的民俗表演、非遗展演等常规化，公开展演时间安排，保证按照既定时间进行表演，如有调整及时发布相关信息，便于游客合理安排自身游览计划，提高游客满意度。②合理设计景区工作人员的服饰等，带给游客“穿越感”，提高体验满意度。③结合少数民族节庆日，举办诸如摄影节等活动，吸引摄影爱好者、文艺爱好者前来采风，提高当地知名度和游客数量。④对景区内和周边住宿要合理定价，在保证服务质量的前提下，设置各档次住宿，以满足不同游客的需求。

深河桥抗日文化园是著名的抗战遗迹，在中国近代史上有着重要的意义，是重要的国防教育基地。已经根据历史资料建造了部分景观，整体设施较为完备。景区交通便捷，有交通干道连接，但是宣传相对较少，后续开发可以与荔波县黎明关遗址、瓮安县江界河遗址等进行连线开发，打造成贵州省重要抗战文化景观。

甲定翻天印、大河口瀑布、翠泉森林公园、深沟森林公园都是独山县具有代表性的自然景观。尤其是甲定翻天印是极具特色的自然奇观，其独特的构造和传说集聚吸引力。但是景区建设并不完备。基本处于无人管理状态。虽然不收取门票，但特色景观相对较少，比较适合当地居民休闲娱乐。

阳地民族文化村是极具特色的民族村落，村民均为布依族，有鲜明的饮食、祭祀等传统文化，并有花灯、织布、扎扇、斗笠编织等非物质文化遗产和传统技艺，以及祠堂、匾额、桥梁等古迹遗存，其独具特色的民族文化氛围具有很大的开发价值。目前尚处于开发初期，大多为村民自发运营。后续发展建议：①可对其古建筑遗存进行保护性开发，并将传统技艺展演与古建筑结合起来，鼓励村民穿着民族服饰，结合游客需求进行传统技艺展演、民俗展示等活动，为摄影、文化创作等爱好者提供服务，扩大宣传效应；可以收取一定费用，提高参与人的收益；②适当进行民宿开发，根据不同价位需求，设置各档次民宿；③设置农耕体验、非遗文化技艺体验等环节，将村落打造成民族文化、农耕文化、传统技艺等方面的体验基地。

注重人才培养积极与地方高等院校联系，培养或引进旅游管理专业人才，全方位促进旅游产业的提升。